# 中國宏觀政策下的
# 商業銀行風險承擔行為

## 實踐、經驗與挑戰

鐘晨、吳雄 著

# 序

改革開放以來，中國實體經濟發展的進程與效率不斷向前推進，按照購買力平價計算，中國在 2014 年已成為全世界最大的經濟體，預計 2025 年左右取得「世界最大經濟體」的稱號①。中國經濟是靠實體經濟支撐的，也要靠實體經濟走向未來，實體經濟的健康發展離不開成熟健全的金融體系保駕護航。近 10 年是國際社會上經歷動盪不斷的 10 年，在 2007 年美國遭遇重大金融危機後，國際經濟局勢日漸複雜，國際金融危機對中國金融系統的威脅不斷加強。在這樣的時代背景下，黨的十九大報告中提出要「守住不發生系統性金融風險的底線」，可見當前中國金融市場的首要任務是嚴防系統性金融風險的爆發，商業銀行對風險的防控與態度，是避免金融危機爆發的關鍵環節。

商業銀行為促進國民經濟發展、支持經濟體制改革、維護社會穩定做出了重要貢獻，在金融資源配置中發揮了至關重要的作用。近年來，商業銀行代理銷售業務快速發展，但同時也出現了誤導銷售、未經授權代理銷售、私自銷售產品以及與合作機構風險責任不清等問題。為保護投資者合法權益，2016 年 5 月，銀監會印發的《關於規範商業銀行代理銷售業務的通知》中規定，除政府債券和實物貴金屬之外，商業銀行只能代銷由銀監會、證監會和保監會依法實施監督管理、持有金融牌照的金融機構發行的金融產品；2017 年 4 月，為指導商業銀行規範抵質押品管理，有效防範和化解信用風險，更加有效地服務實體經濟，銀監會發布《商業銀行押品管理指引》，強調商業銀行應遵循合法性、有效性、審慎性、從屬性原則，加強押品分類、押品估值、抵質押率設定等重點環節的風險管理。該文件的實施有助於提升押品的風險緩釋效應，控制抵押交易的剩餘風險，引導商業銀行平衡好抵押貸款和信用貸款的關係。

從這些政策可以看出，國家十分重視商業銀行風險防範，一方面支持商業銀行適應金融行業多元化發展趨勢與潮流，一方面盡力調控與關注銀

---

① 觀察者．林毅夫：中國很可能在 8 年後成為世界最大經濟體［EB/OL］．(2017-11-19)．https://www.guancha.cn/economy/2017_11_19_435481.shtml．

行各類風險的累積過程。這些政策的密集出抬，也意味著中國商業銀行業並非總是一片「太平盛世」，而是在看似具有較高盈利水準與經營管理能力的表面下，隱藏了不小的風險。商業銀行的經營管理是盈利性、流動性和安全性的有機統一，其核心競爭能力來自於銀行的盈利性。傳統模式的銀行盈利主要靠存貸利差，盈利能力主要可以用存貸利差和存貸金額比來綜合衡量。最近10年互聯網金融日漸發達，金融衍生品市場越來越成熟與完善，金融業衍生品越發豐富，電腦與智能手機的普及使投資者投資途徑多樣化，投資也變得方便。相比而言，傳統銀行的存款利率過低，存款方式複雜，因此不少商業銀行紛紛摒棄了前期制定的相對「保守」的經營發展策略，從傳統穩健性投資逐步開始走向高風險類投資，商業銀行主動承擔風險性投資和項目的行為與意願不斷加強，但在過程中累積著包括操作風險、信用風險、利率風險和市場風險在內的各類風險。因此，學術界和實務界發現，商業銀行的風險並非全部由客觀環境的變化造成，更多的風險累積與銀行主動承擔風險的行為和意願密不可分，影響商業銀行風險承擔行為的因素自然成為了學術界研究熱門課題之一。

當前，中國經濟結構調整步入新的階段，各類保障改革開放成果與進一步深化經濟體制改革的宏觀政策和戰略頻頻頒布，其中不少政策都會對金融行業造成影響，因此對於商業銀行的風險承擔行為也會造成影響。有鑒於此，本書主要通過理論與實踐相結合的研究方法，探索近年來耳熟能詳的幾大類宏觀政策（主要是利率市場化政策、人民幣國際化政策、新型城鎮化政策和超常規發展機構投資者戰略）的影響下，對商業銀行風險承擔行為的具體影響，以及後者應該採取的對策，以瞭解在宏觀政策頒發和實施過程中，各類商業銀行的應對策略與態度，從主觀意願上把握銀行對風險類資產的管理能力和對風險類項目開展的態度。

總的來看，全書在部分借鑑國外發達國家處理類似問題的經驗與教訓基礎上，探索了中國商業銀行在市場經濟與社會轉型的深度改革時期所面臨的機遇與挑戰，為防止系統性金融危機的爆發和避免中國金融行業受到國際市場金融危機的輸入影響提供了一定的經驗與借鑑思路，以期為讀者在對中國商業銀行未來發展方向與趨勢進行思考與判斷時帶來一點啟示。

作者

# 目錄
## Contents

1 引言 …………………………………………………………… (1)
2 商業銀行風險承擔行為概述 ………………………………… (4)
  2.1 商業銀行風險的分類 …………………………………… (4)
    2.1.1 信用風險 …………………………………………… (4)
    2.1.2 市場風險 …………………………………………… (5)
    2.1.3 操作風險 …………………………………………… (5)
  2.2 商業銀行風險累積的原因 ……………………………… (6)
    2.2.1 金融不穩定性 ……………………………………… (6)
    2.2.2 短借長貸期限錯配理論 …………………………… (7)
    2.2.3 風險可蔓延性 ……………………………………… (7)
    2.2.4 負外部性 …………………………………………… (8)
    2.2.5 信息不對稱 ………………………………………… (8)
  2.3 商業銀行的風險承擔行為 ……………………………… (10)
    2.3.1 定義 ………………………………………………… (10)
    2.3.2 衡量標準 …………………………………………… (11)
  2.4 影響銀行風險承擔行為的因素 ………………………… (12)
    2.4.1 宏觀經濟狀況 ……………………………………… (12)
    2.4.2 銀行微觀特徵 ……………………………………… (13)
    2.4.3 股東偏好 …………………………………………… (16)
    2.4.4 宏觀政策 …………………………………………… (17)
  2.5 本章小結 ………………………………………………… (17)

# 3 利率市場化政策與商業銀行風險承擔行為 …… (19)

## 3.1 引言 …… (19)
## 3.2 利率市場化的相關理論 …… (21)
### 3.2.1 金融深化理論 …… (21)
### 3.2.2 利率市場化對宏觀經濟造成的衝擊 …… (22)
## 3.3 利率市場化改革與商業銀行的風險承擔行為 …… (23)
### 3.3.1 中國利率市場化改革的進程 …… (23)
### 3.3.2 利率市場化改革提速對商業銀行的影響 …… (24)
### 3.3.3 商業銀行風險承擔的類型 …… (25)
## 3.4 利率市場化改革的經驗借鑑——以美國和日本為例 …… (28)
### 3.4.1 美國利率市場化改革進程 …… (28)
### 3.4.2 日本利率市場化改革進程 …… (30)
### 3.4.3 對中國利率市場化改革的啟示 …… (31)
## 3.5 防範商業銀行風險承擔行為加劇的對策 …… (33)
## 3.6 本章小結 …… (35)

# 4 人民幣國際化政策與商業銀行風險承擔行為 …… (37)

## 4.1 引言 …… (37)
## 4.2 美日德三國貨幣國際化與銀行「走出去」的經驗啟示 …… (39)
### 4.2.1 美元國際化與美國銀行「走出去」 …… (39)
### 4.2.2 日元國際化與日本銀行「走出去」 …… (40)
### 4.2.3 馬克國際化與德國銀行「走出去」 …… (41)
### 4.2.4 案例分析——德意志銀行走出去與風險承擔的關係 …… (42)
### 4.2.5 美日德貨幣國際化與銀行國際化關係的區別與啟示 …… (45)
## 4.3 商業銀行「走出去」的機遇與挑戰 …… (47)
### 4.3.1 商業銀行「走出去」的現狀 …… (47)
### 4.3.2 人民幣國際化帶給銀行的機遇 …… (48)

|  |  | 4.3.3 人民幣國際化帶給銀行的挑戰 ⋯⋯⋯⋯⋯⋯⋯⋯⋯ (50) |
| :--- | :--- | :--- |
|  | 4.4 | 防範商業銀行風險承擔行為加劇的對策 ⋯⋯⋯⋯⋯⋯⋯⋯ (54) |
|  | 4.5 | 本章小結 ⋯⋯⋯⋯⋯⋯⋯⋯⋯⋯⋯⋯⋯⋯⋯⋯⋯⋯⋯⋯ (55) |
| 5 | 新型城鎮化政策與商業銀行風險承擔：銀行創新角度 ⋯⋯ (56) | |
|  | 5.1 | 引言 ⋯⋯⋯⋯⋯⋯⋯⋯⋯⋯⋯⋯⋯⋯⋯⋯⋯⋯⋯⋯⋯⋯ (56) |
|  | 5.2 | 文獻綜述 ⋯⋯⋯⋯⋯⋯⋯⋯⋯⋯⋯⋯⋯⋯⋯⋯⋯⋯⋯⋯ (58) |
|  | 5.3 | 理論分析框架 ⋯⋯⋯⋯⋯⋯⋯⋯⋯⋯⋯⋯⋯⋯⋯⋯⋯⋯ (60) |
|  |  | 5.3.1 商業銀行創新 ⋯⋯⋯⋯⋯⋯⋯⋯⋯⋯⋯⋯⋯⋯⋯ (60) |
|  |  | 5.3.2 創新生產函數理論 ⋯⋯⋯⋯⋯⋯⋯⋯⋯⋯⋯⋯⋯ (61) |
|  | 5.4 | 計量模型、變量選取和數據來源 ⋯⋯⋯⋯⋯⋯⋯⋯⋯⋯⋯ (62) |
|  |  | 5.4.1 計量模型 ⋯⋯⋯⋯⋯⋯⋯⋯⋯⋯⋯⋯⋯⋯⋯⋯⋯ (62) |
|  |  | 5.4.2 變量選取 ⋯⋯⋯⋯⋯⋯⋯⋯⋯⋯⋯⋯⋯⋯⋯⋯⋯ (63) |
|  |  | 5.4.3 數據來源 ⋯⋯⋯⋯⋯⋯⋯⋯⋯⋯⋯⋯⋯⋯⋯⋯⋯ (65) |
|  | 5.5 | 實證結果與討論 ⋯⋯⋯⋯⋯⋯⋯⋯⋯⋯⋯⋯⋯⋯⋯⋯⋯ (65) |
|  |  | 5.5.1 模型估計結果 ⋯⋯⋯⋯⋯⋯⋯⋯⋯⋯⋯⋯⋯⋯⋯ (65) |
|  |  | 5.5.2 實證結果討論 ⋯⋯⋯⋯⋯⋯⋯⋯⋯⋯⋯⋯⋯⋯⋯ (70) |
|  | 5.6 | 防範商業銀行風險承擔行為加劇的對策 ⋯⋯⋯⋯⋯⋯⋯⋯ (71) |
|  | 5.7 | 本章小結 ⋯⋯⋯⋯⋯⋯⋯⋯⋯⋯⋯⋯⋯⋯⋯⋯⋯⋯⋯⋯ (72) |
| 6 | 新型城鎮化政策與商業銀行風險承擔：銀行規模與效率角度 | |
|  | ⋯⋯⋯⋯⋯⋯⋯⋯⋯⋯⋯⋯⋯⋯⋯⋯⋯⋯⋯⋯⋯⋯⋯⋯⋯⋯⋯ (74) | |
|  | 6.1 | 引言 ⋯⋯⋯⋯⋯⋯⋯⋯⋯⋯⋯⋯⋯⋯⋯⋯⋯⋯⋯⋯⋯⋯ (74) |
|  | 6.2 | 文獻綜述 ⋯⋯⋯⋯⋯⋯⋯⋯⋯⋯⋯⋯⋯⋯⋯⋯⋯⋯⋯⋯ (76) |
|  |  | 6.2.1 農村地區金融與經濟的關係 ⋯⋯⋯⋯⋯⋯⋯⋯⋯ (76) |
|  |  | 6.2.2 城鎮化、農村經濟與商業銀行的關係 ⋯⋯⋯⋯⋯ (78) |
|  |  | 6.2.3 城鎮化與商業銀行發展指標的關係 ⋯⋯⋯⋯⋯⋯ (79) |
|  | 6.3 | 理論假設 ⋯⋯⋯⋯⋯⋯⋯⋯⋯⋯⋯⋯⋯⋯⋯⋯⋯⋯⋯⋯ (83) |
|  | 6.4 | 模型建立與變量選擇 ⋯⋯⋯⋯⋯⋯⋯⋯⋯⋯⋯⋯⋯⋯⋯ (84) |
|  | 6.5 | 實證檢驗結果與分析 ⋯⋯⋯⋯⋯⋯⋯⋯⋯⋯⋯⋯⋯⋯⋯ (87) |

  6.5.1　控制變量迴歸預測符號及影響機制 …………………(87)
  6.5.2　實證結果分析 ………………………………………(88)
  6.5.3　進一步分析 …………………………………………(90)
 6.6　防範商業銀行風險承擔行為加劇的對策…………………(91)
 6.7　本章小結……………………………………………………(93)
7　超常規發展機構投資者戰略與商業銀行風險承擔行為 ……(94)
 7.1　引言…………………………………………………………(94)
 7.2　異質機構投資者的定義與發展……………………………(95)
  7.2.1　異質機構投資的定義 ………………………………(95)
  7.2.2　中國機構投資者的發展歷程 ………………………(97)
  7.2.3　「超常規發展機構投資者」戰略提出的背景 ………(98)
 7.3　理論基礎：異質信念理論與心理學實驗…………………(99)
  7.3.1　個體信念形成中的偏差 ……………………………(101)
  7.3.2　個體選擇偏好的偏差 ………………………………(119)
  7.3.3　群體決策偏差：羊群/從眾行為（herd behaviors）與心理學實驗……………………………………………(130)
 7.4　文獻綜述：異質機構投資者對商業銀行風險承擔行為的影響………………………………………………………………(135)
  7.4.1　異質機構投資者的分類 ……………………………(135)
  7.4.2　商業銀行盈利與其風險承擔行為的關係 …………(137)
  7.4.3　機構投資者持股與企業盈利水準的關係 …………(138)
 7.5　實證研究：異質機構投資者對商業銀行風險承擔行為的影響………………………………………………………………(140)
  7.5.1　數據來源與樣本選取 ………………………………(140)
  7.5.2　變量設定說明 ………………………………………(141)
  7.5.3　計量模型構建 ………………………………………(143)
  7.5.4　變量的描述統計 ……………………………………(144)
  7.5.5　迴歸結果與分析 ……………………………………(144)

  7.5.6 穩健性檢驗結果與分析⋯⋯⋯⋯⋯⋯⋯⋯⋯⋯⋯⋯（148）
 **7.6** **防範商業銀行風險承擔行為加劇的對策**⋯⋯⋯⋯⋯⋯（151）
 **7.7** **本章小結**⋯⋯⋯⋯⋯⋯⋯⋯⋯⋯⋯⋯⋯⋯⋯⋯⋯⋯⋯（152）
**8** **結語**⋯⋯⋯⋯⋯⋯⋯⋯⋯⋯⋯⋯⋯⋯⋯⋯⋯⋯⋯⋯⋯⋯⋯⋯（154）
 **8.1** **主要結論**⋯⋯⋯⋯⋯⋯⋯⋯⋯⋯⋯⋯⋯⋯⋯⋯⋯⋯⋯（155）
 **8.2** **建議與對策**⋯⋯⋯⋯⋯⋯⋯⋯⋯⋯⋯⋯⋯⋯⋯⋯⋯⋯（158）
 **8.3** **研究不足與展望**⋯⋯⋯⋯⋯⋯⋯⋯⋯⋯⋯⋯⋯⋯⋯⋯（161）
**參考文獻**⋯⋯⋯⋯⋯⋯⋯⋯⋯⋯⋯⋯⋯⋯⋯⋯⋯⋯⋯⋯⋯⋯⋯⋯⋯（162）
**附錄**⋯⋯⋯⋯⋯⋯⋯⋯⋯⋯⋯⋯⋯⋯⋯⋯⋯⋯⋯⋯⋯⋯⋯⋯⋯⋯⋯（175）
 附錄一 守住不發生系統性金融風險的底線（周小川）⋯⋯（175）
 附錄二 中華人民共和國商業銀行法（2015年修正）⋯⋯⋯⋯（181）
 附錄三 中華人民共和國銀行業監督管理法(2006年修正)⋯⋯（193）
 附錄四 深化金融合作　促進中國與中東歐國家共同發展⋯⋯（200）
 附錄五 易綱行長在2018年金融街論壇年會上的講話⋯⋯⋯⋯（202）
 附錄六 易綱行長在博鰲亞洲論壇宣布進一步擴大金融業對外開放的具體措施和時間表⋯⋯⋯⋯⋯⋯⋯⋯⋯⋯⋯⋯⋯⋯（206）
 附錄七 2016年農村地區支付業務發展總體情況⋯⋯⋯⋯⋯⋯（207）
 附錄八 中國經濟的對外開放：從製造業擴展到服務業——周小川行長在2017陸家嘴論壇上的主旨演講⋯⋯⋯⋯⋯⋯⋯⋯⋯（210）
 附錄九 創新機制　推進產業交叉融合互動發展——農業部農產品加工局負責人就《全國農產品加工業與農村一二三產業融合發展規劃（2016—2020年）》答記者問⋯⋯⋯⋯（214）
 附錄十 易綱行長在博鰲亞洲論壇2018年年會分論壇「貨幣政策正常化」的問答實錄⋯⋯⋯⋯⋯⋯⋯⋯⋯⋯⋯⋯⋯⋯⋯⋯（218）
 附錄十一 穩中求進　積極有為　更好服務實體經濟——中國人民銀行行長易綱在中國發展高層論壇上的講話⋯⋯⋯⋯（222）
 附錄十二 中國人民銀行　工業和信息化部　銀監會　證監會　保監會關於金融支持製造強國建設的指導意見⋯⋯⋯⋯⋯（226）
**後記**⋯⋯⋯⋯⋯⋯⋯⋯⋯⋯⋯⋯⋯⋯⋯⋯⋯⋯⋯⋯⋯⋯⋯⋯⋯⋯⋯（233）

# 1　引言

　　中國商業銀行起步較發達國家而言較晚，在不成熟的金融市場上承擔了較多風險，加上商業銀行自身的特殊性與逐利性，其在經營過程中可能會採取較為主動的風險承擔行為或策略，這對中國金融體系的穩定性造成了不小的挑戰，不利於黨中央在十九大報告提出的「嚴防系統性金融危機爆發」政策目標的實現①。

　　近年來，發達國家頻頻爆發金融危機，分析其原因，部分學者認為主要在於有關當局監管不力②。大部分金融政策的制定目的在於對本國金融市場進行有效監管，以防止金融危機發生，但巴塞爾銀監會通過研究討論制定了《巴塞爾協議Ⅲ》，旨在彌補金融市場監管者的漏洞。該協議設定了以商業銀行資本充足率為主的財務指標，從應對銀行風險暴露角度來降低商業銀行的破產風險，並避免其採取主動承擔風險的激進做法。由此可見，即便在充分考慮了各類潛在危機的強有力的監管政策與措施下，商業銀行在經營管理過程中仍然會主動承擔一些威脅金融系統穩定性的風險。而且，由於是銀行主動承擔風險，所以或多或少不易被外界投資者或監管層所察覺。但是，當這些風險在外界各類因素刺激下被暴露出來時，整個金融體系都可能發生「地震」。

　　國際市場近年來頻頻爆發的各類金融危機給全球經濟帶來了重創，學術界和實務界紛紛意識到以商業銀行為主的金融機構的風險承擔行為對金融危機爆發具有一定刺激作用，並開始討論一個國家的宏觀經濟政策是否會影響商業銀行的風險累積。比如，在危機經常發生的歐美發達國家，由於長期實行低利率政策，導致金融機構信貸擴張，商業銀行對風險類信貸

---

　① 關於周小川提出《守住不發生系統性金融風險的底線》全文見附錄一。
　② 部分監管法律法規詳見附錄二、三。

業務的容忍度不斷放開，其風險承擔行為日益加劇，這成為商業銀行信貸風險不斷累積的根本原因，可見貨幣政策對銀行的風險承擔行為是具有直接影響的。此外，中央銀行可以通過各類貨幣工具對實體經濟進行宏觀調控，銀行首當其衝是調控的主要對象，銀行對這些貨幣政策工具的反應模式卻並非總是如政策制定者預期般開展。學術界逐漸意識到，在對其他宏觀政策進行消化與反應的過程中，商業銀行的風險承擔行為與意願可能會受到政策的影響，進而衍生出一系列事先不能被準確預測到的其他風險，導致整個銀行業風險承擔程度變動較大，有關當局可能最終會失去對危機爆發的識別力與控制力，自然也就不能有效地監管，導致金融危機頻繁發生。

　　需要注意的是，商業銀行本就是一種特殊的企業，其特殊性體現為銀行以經營風險為主要業務，經營管理水準和風險承擔能力對整個金融體系而言至關重要。在一個國家制定宏觀政策（主要是經濟與金融政策）的過程中，由於金融體系對政策較為敏感，加之中國商業銀行正處於發展創新與改革的關鍵時期，其風險承擔行為勢必會受這些宏觀政策正面或負面的影響，導致風險承擔行為和意願進一步加劇或減弱。中國近年來為了深化金融體制機制改革，鞏固金融體系發展成效，實施了一系列宏觀政策，包括利率與匯率逐步走向市場化，金融市場持續對外開放，制定「以人為本」的新型城鎮化政策，以及制定超常規發展各類合規的機構投資者戰略等。這些政策和戰略無疑對中國金融行業的健康發展起到了關鍵性的推動作用，但也深深影響了作為金融體系「主心骨」的商業銀行的風險承擔行為。

　　以利率市場化改革為例，自1996年開始，中國就在探索適應新中國發展方向與基本國情的利率市場化道路。1996年，中國建立了統一的同業拆借市場，隨後逐步放開了貸款利率上浮幅度和貸款利率下限。2015年1月22日，央行宣布取消存款利率上限。可以看到，歷經20年的努力，利率市場化在形式上已基本完成。利率市場化使得儲戶在存儲資金的過程中擁有了更大的自主選擇權，卻使得商業銀行的競爭加劇。在利率可以自由浮動的新的社會形勢下，部分商業銀行不得不重新定價甚至主動選擇高風險業務開展經營活動，以完成既定的目標收益，從而在明知會加劇自身風險的情形下選擇一些高風險性的業務和項目，最終利率市場化改革影響了中國商業銀行的風險承擔行為。

　　有鑒於此，本書主要通過理論與實踐相結合的研究方法來探索幾類耳熟能詳的宏觀政策與戰略——利率市場化政策、人民幣國際化政策、新型

城鎮化政策和超常規發展機構投資者戰略影響下，商業銀行的風險承擔行為與表現，以及為了消除政策對銀行風險承擔的負面作用，商業銀行在未來可以採取的一些措施與對策。本書的研究將從源頭上瞭解商業銀行風險不斷累積與增多的原因，分析商業銀行在社會處於變革轉型關鍵期面臨的各種機遇與挑戰，並提醒政策制定者和監管部門在制定出抬新的政策或法律法規時，需要對商業銀行風險承擔行為給予密切的關注與瞭解。

# 2 商業銀行風險承擔行為概述

## 2.1 商業銀行風險的分類

商業銀行以信用仲介作為其最基本的功能,並通過經營風險和管理風險獲利,因此對風險的識別、管理、防禦以及定價是商業銀行經營中最主要的內容。其中,銀行風險主要被定義為所有可能導致銀行破產的前期不確定性因素。

在所有經濟活動中,風險隨處可見,風險的客觀存在決定了想要完全避免風險幾乎是不可能的。在傳統定義中,金融風險指的是一筆金融資產在未來時期內由於多方面因素的影響可能遭受的損失。GARP(全球金融風險協會)同時指出,風險是可能產生損失的不確定性的暴露。當前,面對互聯網金融的蓬勃發展,資本市場融資方式的逐漸增多,商業銀行所面臨的風險較以前變得更加複雜。中國銀行風險管理水準滯後,相關技術尚不成熟,對於風險管理的認識基本上停留在信貸風險和制度管理上,與西方發達國家相比,不管是從計量模型的開發、專業人員的培養還是相關風險部門的建立上都存在著巨大的差距。因此,對風險有效地管理與防範,以及專門開展對影響風險的因素的研究等,對中國商業銀行來說都顯得尤為重要。具體的銀行風險按照新巴塞爾協議可劃分為信用風險、市場風險和操作風險。

### 2.1.1 信用風險

信用風險是指交易對手未能履行約定契約中的義務所造成經濟損失的風險,是目前金融系統廣泛存在且歷史較為悠久的風險之一。在商業銀行

領域，信用風險一般可理解為違約風險，是指交易對方（受信方）由於某種原因不能或者不願履行合約從而使得銀行、投資者等遭受損失的風險。對銀行業來說，信用風險是銀行面臨的主要風險。同時這種風險不僅僅存在於貸款之中，也發生在擔保、承兌及表內外業務之中。如果不能在信用風險發生的同時，增加核銷呆帳壞帳的準備金，並在適當條件之下停止利息收入的確認，那銀行將會面臨嚴重的風險問題。

### 2.1.2 市場風險

市場風險則指金融資產與負債的價格變化所造成損失的風險，這也是金融機構面臨的另外一大風險來源，它給企業既定商業目標帶來不少不利影響。對於銀行業來說，市場風險的定義有廣義和狹義之分，廣義的市場風險是指由市場價格波動使商業銀行表內外頭寸所遭受的損失風險（巴塞爾商業銀行監管委員提出）。而由於股票是市場變化的主要風向標，因此在狹義的理解上可認為，市場風險指的就是股票風險。根據《商業銀行市場風險管理指引》，其中對市場風險則給出了明確而完整的界定：因市場價格，如利率、股票價格、匯率和商品價格的波動而造成的商業銀行不可預期和防範的損失。長期以來，信用風險都是銀行最為主要的風險來源，但是截至 2018 年 7 月底，中國 A 股市場一共僅有 26 家上市商業銀行，故商業銀行所面臨的市場風險相對較低。在商業銀行度量市場風險的模型中，最廣為使用的是 VaR（Value at Risk）模型。與傳統的資產負債管理、CAPM 等經典的模型相比，VaR 內部機制較為簡單，便於理解，同時也有著可靠的統計理論基礎。

### 2.1.3 操作風險

最後一類比較突出的銀行風險是操作風險。巴塞爾協議規定，操作風險是指由於不完善或有問題的內部程序、人員及系統或外部事件所造成損失的風險。操作風險是除上述兩者之外的另一個重要風險，與前兩個風險相比操作風險的研究起步相對較晚，研究難度也較大，主要是由於數據的不可獲取以及統計口徑很難明確。對於操作風險的認識來自 20 世紀末，以 Barings 銀行為首的幾大商業銀行因經營問題而倒閉的事件接連發生，讓人們認識到了操作風險的重要性與破壞力。閻慶民、蔡紅豔（2006）[1] 總結了度量操作風險的計量模型，主要包括三大類：基本指標法、標準法、計量

---

[1] 閻慶民, 蔡紅豔. 商業銀行操作風險管理框架評價研究 [J]. 金融研究, 2006 (6): 61-70.

模型法。其中計量模型法在國內外都有很多相關研究，如在險價值、損失分佈法等。

## 2.2 商業銀行風險累積的原因

根據前文的分析，與其他類型企業不同，商業銀行會更為主動地採取具有風險的業務與發展策略，即其風險承擔意願較其他非銀行企業而言更加強烈，甚至有學者指出，商業銀行的本質就是一類以經營風險為主的企業。一般認為，商業銀行之所以更容易導致自身風險加劇，除了會主動選擇高風險投資項目和信貸業務外，原因還在於與一般公司相比，商業銀行更具脆弱性、負外部性、信息不對稱性和風險蔓延性等特性。

### 2.2.1 金融不穩定性

「金融不穩定假說」是 Minsky（1982）[①] 首次提出的，其核心思想是商業銀行普遍具有脆弱性，自此之後銀行脆弱性問題就一直受到廣泛關注。商業銀行的脆弱有時體現為對不斷累積的風險沒有化解能力，這種脆弱性主要來自銀行不可避免的資本結構高槓桿性。

銀行與一般的非金融公司的顯著區別在於其特殊的資本結構，一般來說商業銀行自有資本極少，嚴重依賴吸收存款作為其資金來源，大部分銀行的資產負債率高達 90% 以上（Shleifer, 1986）[②]。銀行借助其高於一般機構與企業的信用，可以籌集幾倍甚至十幾倍於自身資本金的債務，可以說銀行的主要資金幾乎全部來自外部債務。因此，銀行一旦倒閉，債權人將受到比股東更大範圍和程度的利益損失。這種資本結構可以被定義為「低股權、高債權」，因此以追求自身利益最大化為核心的銀行股東具有風險擴張的衝動，這些股東大多是風險偏好者。可見，在普通企業中普遍具有的「股東-經理人」相互制約、相互牽制的治理機制在商業銀行中是很難建立的，反而是股東和銀行職業經理人基於風險偏好的一致性和利益追求的一致性，具有合謀侵害債權人（即儲戶）利益的可能性。

---

[①] MINSKY H A. The financial-instability hypothesis: capitalist processes and the behavior of the economy [A]. Cambridge: Cambridge University Press, 1982: 13–38.

[②] SHLEIFER, VISHNY. Large Share Holders and Corporate Control [J]. Journal of Political Economy, 1986, 94: 461–488.

此外，Macey 和 O'Hara（2003）[1] 提出，高槓桿的資本結構會導致一旦某一家銀行有大額存款被提取，則單個存款人的理性選擇是加入取款行列中去，而銀行準備金不足以同一時間支付所有存款，較高的負債比例使得銀行很容易出現流動性不足，繼而陷入擠兌困境。加上銀行的實際控制權可能在其股東手中，而不在千萬分散的儲戶手中，因此「股東–債權人」代理問題會持續惡化，使得銀行風險進一步暴露和加劇。

### 2.2.2 短借長貸期限錯配理論

商業銀行在實際經營過程中採取的是吸收短期存款，發放較長期限貸款，通過期限轉換為經濟社會提供流動性的方式。存款人希望在緊急情況下能隨時從銀行提走前期存儲的資金，而借款人則希望項目投資期間資金供應能夠源源不斷，且不希望在投資獲得可觀回報之前償還本息。為了滿足資金供求雙方不同的偏好，經過歷史沉澱與行業演變，商業銀行發展出了吸收短期存款、發放較長期限貸款的「短借長貸期限錯配」模式。這種模式在一定程度上可以提高其為社會提供流動性的能力，但銀行經營面臨了較高的風險，甚至容易引發擠兌（洪正，2006）[2]。

銀行之所以願意以增加風險的代價開展短借長貸業務，很重要的原因在於社會存款人數量眾多。假設存款人的提款是隨機事件，則根據大數法則，銀行能夠保持足夠的準備金應付提款，只要不發生較大的風險暴露事件，則銀行發生擠兌的可能性微乎其微。但是，一旦銀行風險承擔加劇，在期限錯配下，引發銀行擠兌的威脅就會被放大。

### 2.2.3 風險可蔓延性

與其他銀行類企業相比，從行業內企業相互影響與爆發系統性風險的角度分析，當單個銀行風險暴露並引發擠兌時，會顯得更為脆弱、更容易被傳染（Kaufman，1996[3]），主要原因在於：第一，存款人相互之間可能出現行為相互傳染的羊群效應。一旦某一銀行爆發擠兌，出現恐慌，則其他存款人出於資金安全角度考慮，會更傾向於將錢從銀行取出，即便這家銀行並不是爆出擠兌傳聞的銀行，即整個銀行體系因此而受到了牽連；第二，

---

[1] MACEY J R, O'HARA M. The corporate governance of banks [J]. Economic Policy Review, 2003, 9 (1): 91–107.

[2] 洪正. 論銀行業公司治理的特殊性 [J]. 經濟評論, 2006 (6): 125–133.

[3] KAUFMAN G G. Bank failures, systemic risk, and bank regulation [J]. Cato Journal, 1996, 16 (1): 17–45.

由於同業影響，銀行間時常發生相互拆借與支付結算業務，這些業務使各家銀行的財務緊密相連，因此單個銀行的償付危機往往會引發「連鎖反應」，即一家銀行在信用風險等風險暴露而遭遇嚴重財務危機時，其他銀行可能也會受到牽連；某一銀行陷入流動性困境甚至破產的話，由於同業間支付體系的存在，流動性緊縮會在整個銀行業迅速傳播與擴散。可見，商業銀行的確存在較高傳染性，其任何分支機構出現的風險問題都有可能引起整個銀行業全線崩潰與全民恐慌，這一點是其他行業甚少出現的問題。

### 2.2.4 負外部性

「負外部性」最早是針對「帕累托最優」理論提出的。Varian（1996）[1]等學者指出金融市場存在失靈現象，主要表現為負外部性。銀行是一類特殊企業，它作為社會信用關係的經營者與實踐者，為實體經濟的運行保駕護航，其風險承擔行為直接關係國民經濟的運行，關乎一國社會的和諧穩定。一旦銀行破產，其所導致的社會成本明顯高於銀行自身的成本，很容易引發「多米諾效應」，從而影響金融秩序，導致實體經濟受到影響，甚至引發金融危機與社會動盪。具體來看，關方平（2000）[2]總結了銀行負外部性的幾大表現，包括會提高整個銀行體系的社會成本，降低銀行整體的市場價值，加大貨幣政策實施和傳導成本，以及對全社會金融資源造成浪費與擠出效應。

解決負外部性的做法一般是通過市場方式進行，即通過「契約」來約束交易行為，使外部成本內部化。但銀行在經營過程中的利益相關主體太多，客戶相對較為分散與難以管理，使得契約訂立與實施的成本過高，故無法以生產方式解決外部性。

### 2.2.5 信息不對稱

委託代理理論是研究現代公司治理和管理科學的邏輯起點，是公司治理理論體系的核心思想，起源於 Berle 和 Means[3] 於 1932 年提出的公司所有權和經營權相分離會造成代理問題的相關觀點。委託代理問題（principal-agent problem）背後的邏輯是企業的所有者（如股東）往往只具備最終的剩

---

[1] VARIAN H R. Intermediate microeconomics: A modern approach [M]. New York: W. W. Norton & Company, 1996: 650.

[2] 關方平. 有問題銀行: 負外部性初步研究 [J]. 金融研究, 2000（7）: 109-116.

[3] ADOLE BERLE, GARFINER MEANS. The modern corporation and private propevty [M]. Liringston Campus of Rutgevs University: Trarsaction Publisher, 1932.

餘收益索取權，但代理人（如公司的管理層）則擁有對公司各項事務進行決策的直接權利，即擁有控制權。由於經營者與公司剩餘收益之間沒有關聯，則可能出於私心或判斷失誤而做出與所有者利益相違背的決策。委託代理問題的後果在於信息不對稱，因此會出現「逆向選擇」與「道德風險」，最終代理人可能做出有損委託人利益的決策。

在博弈論中，逆向選擇源於事前的（ex ante）信息不對稱。關於逆向選擇的經典例子是 Akerlof 提出的「檸檬市場」，指的是賣方在簽訂二手車的銷售合同前，對車況的信息掌握的比買方更多，事前的信息不對稱出現，「劣幣驅逐良幣」，最終導致買主只願意以市場均價來支付車款，市場上僅剩下「檸檬類」汽車。在委託代理問題中，逆向選擇體現為兩個看似差不多的代理人，實際一人比另一人在內在品德或職業操守方面更優秀，但委託人無法通過兩人的外在表現予以甄別。委託人最終只願意以市場均價來支付代理人工資，最終使得品行優良的代理人退出了雇傭市場。而道德風險源於事後（ex post）的信息不對稱。「道德風險」這個詞來源於保險行業，原指簽訂保險合同後的人會更傾向於冒險，從而改變自己的行為。參保人在參保後行為的刻意改變會給保險公司帶來經濟利益的損失，但因事後信息不一致，保險公司無法在合同簽訂後，對參保人進行全面徹底的監控以避免其行為發生改變。所以，要保證參保人的行為在參保前後一致，只能依靠參保人的自我道德約束。在委託代理問題中，道德風險體現為當代理人拿到合同後，他（她）的行為可能會與之前不一致，因此發生道德風險。為了避免委託代理過程中逆向選擇與道德風險的發生，委託人需要訂立契約對代理人的行為偏差進行約束，約束過程會產生代理成本（Ameur 和 Prigent，2010[①]）。

幾乎各個行業都存在一定的信息不對稱問題，銀行業尤其嚴重。一般情況下，在商業銀行股東與經理人之間、存款人與銀行之間、貸款人與銀行之間以及監管者與銀行之間都存在不同程度的信息不對稱問題。理論上，如果信息完全對稱，擠兌就不會發生，因為隨著銀行風險承擔的逐步加劇，掌握完全信息的存款人可以要求銀行支付更高的、與提升後風險相互匹配的利率，這樣銀行為了經營成本的考慮會主動放棄承擔風險的行為與業務，故而在銀行發生擠兌危機之前，風險就減輕了，危機就不會波及其他銀行。

但是，如果信息不對稱的問題被徹底解決，在交易成本也接近於 0 的前

---

[①] AMEUR H B, PRIGENT J L. Behaviour towards risk in structured portfolio management [J]. Internation Journal of Economics & Finance, 2010, 2 (5): 155-162.

提下，資金閒餘方與資金缺乏方就可以繞過銀行等金融仲介直接進行交易，則銀行根本沒有存在的必要性。此外，銀行的核心業務是發放貸款，由於銀行貸款的真實風險受宏觀環境影響較大，而銀行自身可能為了追求較多獲利高但風險也高的貸款業務而降低審核門檻，因此，存款人也許在相當長的時間內都無法確定銀行發放貸款的質量與真實情況。部分銀行即便在發現借款人存在嚴重資信力度下降問題，可能導致無法償還貸款情形下，也可能會通過延長貸款期限、發放新的貸款以償還舊債等手段來隱藏貸款的真實風險，使得信息不對稱情況進一步加劇，因此，銀行風險承擔行為導致更多存款方不能準確評價與估計銀行的風險大小。

綜上，由於商業銀行的業務特殊性、脆弱性與信息不對稱性，在其追求利潤最大化目標時，會增加風險性業務與活動，從而導致系統內在的不穩定性。另外，由於存款人的羊群效應，為社會提供流動性的銀行機構自身容易陷入流動性困境，包括一些經驗良好、有償還能力的銀行，也會受到同行破產的牽連。

## 2.3 商業銀行的風險承擔行為

### 2.3.1 定義

結合眾多學者對風險承擔的詮釋，商業銀行風險承擔行為的廣義定義為：商業銀行為了適應宏觀經濟波動、政策調整，在自身利益最大化的目標下，主動選擇並且承擔某種或某幾種風險的行為與意願。換句話說是商業銀行在某些原因下，主動選擇開展或制定具有更高風險水準的項目或策略的行為（孔德蘭、董金，2008[1]）。而商業銀行風險承擔的狹義定義有三層循序漸進的含義：

（1）風險承擔是以銀行資產負債表中現有風險資產為基礎開展相應經營業務的行為，這種風險是客觀存在的，銀行對此也是知情的，這類風險總體可控；

（2）銀行根據宏觀經濟波動和政策變動，出於對自身利益最大化的追求，主動對其資產和負債的結構進行調整，但過程中可能招致更多風險的行為，銀行對其中風險的高低也是知情的，並自認為可以控制風險；

---

[1] 孔德蘭，董金. 公司治理機制對商業銀行風險承擔影響的實證分析 [J]. 中央財經大學學報，2008（11）：38-42.

（3）銀行對其資產和負債進行調整的決策和意願比較隨機，這些決策和意願影響著銀行的風險承擔水準，是一個動態的調整過程。銀行對項目實施過程中可能的風險略有所知，但並不全面，且可能失去對風險的控制能力。

第一層含義可以通過對銀行資產的風險進行評估得到，後面兩層含義只能定性地進行考察，難用確切的指標去度量。但從另一個角度考慮，銀行風險承擔行為最終會通過業務反應到銀行的資產管理水準上，而資產質量的高低是可度量的，比如學術界往往採用「壞帳率」衡量某一銀行的信用風險。此外，研究也發現商業銀行的盈利能力與其風險水準高低是直接相關的，畢竟銀行主動承擔風險的行為絕大多數時候是為了換取更高的收益，因此也可通過研究商業銀行盈利水準的變化，從側面瞭解其承擔風險的行為意願。

事實上，商業銀行的風險承擔行為會受多方面因素的影響，從外部來看主要受到經濟狀況、央行推出的財政政策和貨幣政策、市場價格和市場監管等宏觀因素影響。比如，當央行推行較低利率時，市場資金流動性提高，商業銀行的貸款門檻降低，相應地，銀行風險偏好提高，風險承受意願增強；內部原因則有管理能力、資產負債結構、業務結構和種類、股東與投資者的偏好、發展目標和規劃等，這些也會改變某一商業銀行的風險承擔行為和意願。

### 2.3.2 衡量標準

在衡量商業銀行風險承擔指標中，國內外學者主要從銀行自身財務數據和資本市場數據兩個方面來進行考察。其中，對於財務數據的運用最為廣泛，主要指標有不良貸款率和銀行的資本充足率，分別可以衡量銀行的信用風險與經營風險（也稱破產風險）。Gonzalez（1974）[1] 等學者對於商業銀行風險承擔的研究首次選取了不良貸款率進行衡量，並取得了令人信服的研究成果，自此，不良貸款率便作為後人研究銀行信用風險的重要參考。國內學者往往也選擇了商業銀行報表中所披露的不良資產率作為衡量，而劉海明等則選擇了資本充足率進行衡量。後來，Hannan 和 Hanweck（2009）[2]

---

[1] GONZALEZ, RAFAEL C. Pattern recognition principles [M]. Boston: Addison-Wesley, 1974.

[2] HANNAN T H, HANWECK G A. Recent Trends in the Number and Size of Bank Branches: An Examination of Likely Determinants [J]. Social Science Electronic Publishing, 2009, 23: 155-164.

創建了Z值表示銀行風險承擔大小，Z值越大，銀行風險承擔能力越弱，但Z值在現實中往往需要根據商業銀行諸多內部數據進行構建，因此在數據獲取方面存在一定困難。

也有學者從資本市場數據角度衡量銀行的風險承擔，即通過上市銀行股價波動正常與否，以及股價波動的程度來進行評價。原因在於當商業銀行主動承擔過多風險時，短時間內並不會立刻反應在財務報表中，而等到這些報表正式披露於世，這些風險可能已經暴露，甚至引發了銀行的危機。但是作為上市商業銀行，就要時刻接受資本市場投資者的「火眼金睛」，這些投資者會動用一切可能的手段獲得某些銀行是否在一定時期內採取了更具風險性業務的信息，並通過「用腳投票」的方式，主動拋售不看好的或具有潛在風險的投資對象，從而導致這些商業銀行股票價格異常波動。比如，Crodlbie and Bohn（2003）[①] 基於KMV模型研究了部分金融機構，表明EDF（預期違約概率）可以通過金融機構信用質量的波動預測其承受信用風險程度的大小，甚至可以預測銀行是否會在未來遭遇破產。中國某些學者，如劉繼雲（2002）[②] 等，則主要通過將股票價格波動異常情況與KMV模型相結合的方式，研究上市銀行的股票風險。

## 2.4 影響銀行風險承擔行為的因素

### 2.4.1 宏觀經濟狀況

經濟環境是影響銀行風險承擔的重要因素，目前學術界已對宏觀經濟對銀行風險承擔的影響達成了初步共識——當經濟處於上行時期時，企業的盈利情況普遍較好，資金週轉期較短，到期無法償還貸款的風險較小。但另一方面，這個時期也是銀行累積風險的時期，由於全社會的投資需求、融資需求較大，並且投資回報率較高，商業銀行的放貸意願也最大，對風險的甄別能力和敏感度將下降。由於宏觀經濟的發展規律具有明顯週期性，研究也發現商業銀行的風險水準會隨宏觀經濟發生週期性波動，所以經濟運行的大環境對商業銀行的風險承擔具有顯著的影響。比如，陳啓清

---

① CROSBIE P，BOHN J. Modeling default risk [R]. New York：Moody's Analytics，2003：12.
② 劉繼雲. 為中國當前的風險投資號脈出方 [J]. 中國統計，2002（1）：31-32.

（2004）[①] 提出宏觀調控會影響銀行風險的敏感度，這些調控會通過貨幣政策的傳導機制來改變銀行管理層對風險的敏銳程度。徐明東、陳學彬（2012）[②] 的研究則認為，商業銀行的規模和資本越大，其對貨幣政策的反應就越發不敏感。此時在諸如利率市場化政策的大力推動下，商業銀行的行為會受到約束，從而減緩信貸擴張的速度。潘敏、張依茹（2012）[③] 基於中國 45 家商業銀行數據研究表明，宏觀經濟的衝擊對銀行風險的影響是負向的。符林、邱田振（2011）[④] 對中國宏觀經濟週期和商業銀行信貸風險情況進行了研究，結論表明中國商業銀行的不良貸款率與經濟增長週期呈負相關。部分學者基於中國銀行業的資本約束現狀，對商業銀行的風險承擔進行了研究，結果顯示 GDP 增速與銀行風險承擔負相關。諸多研究發現，商業銀行風險與 GDP 增速大致呈顯著的負相關關係（曾智等，2017[⑤]）。

筆者認為當經濟處於高速增長期時，一方面，企業整體盈利能力較強，因此企業或個人到期無法償還銀行貸款的概率較小；另一方面，全社會的投資收益率較高，優良的投資標的增多，銀行的投資效益隨之提高，投資風險相對下降，因此銀行的風險降低。

### 2.4.2 銀行微觀特徵

受到銀行個體特性的影響，不同特徵的銀行對政策的敏感度有著不同的表現，這些特徵主要包括以下幾個方面：

（1）資本充足率水準

文獻綜述部分提到，國內外眾多學者將資本充足率作為影響銀行風險承擔行為的最重要的變量之一。Delis and Kouretas（2011）[⑥] 在文中明確指出，資本充足良好的銀行，對貨幣政策調控帶來衝擊的抵禦能力較強，因此其對客觀存在風險的抵抗力較強。銀行資產中自有資金占比越高，銀行投資風險偏好越趨於謹慎，風險承擔越低，這是基於「風險共擔」理論得

---

① 陳啓清. 商業銀行：宏觀調控的風險與對策 [J]. 南方金融, 2004（10）：27-29.
② 徐明東, 陳學彬. 貨幣環境、資本充足率與商業銀行風險承擔 [J]. 金融研究, 2012（7）：48-62.
③ 潘敏, 張依茹. 魚和熊掌能否兼得：中國財政政策效果研究 [J]. 統計研究, 2012, 29（4）：51-59.
④ 符林, 邱田振. 中國經濟週期與信貸風險關係研究 [J]. 金融與經濟, 2011（11）：41-45.
⑤ 曾智, 何雅婷, 曹國華. 負利率、銀行風險承擔與風險異質性研究——基於歐洲銀行業的實證分析 [J]. 商業研究, 2017, 59（7）：44-51.
⑥ DELIS M D, KOURETAS G P. Interest rates and bank risk-taking [J]. Journal of Banking & Finance, 2011, 35（4）：840-855.

出的結論。因為自有資金比例越高，銀行與股東利益勢必越趨於一致，由利益所產生的道德風險問題就越低。江俊蓉（2015）[①]對中國16家上市銀行的資本充足情況進行了研究，發現資本充足率越高的銀行對貨幣政策調整的敏感度越低。

維持一定的資本充足率也是銀行業監管的要求，根據新巴塞爾協議規定，銀行通常需要按一定標準計提緩衝資本，其標準根據貸款的風險進行調整，目的是為了抵禦市場波動、金融風險、債務違約、災害性事件等難以預期的突發事件或系統性風險所造成的損失。研究發現，資本充足率水準對銀行風險主要有兩方面的影響：風險緩釋和風險約束。第一，風險緩釋。不同於傳統企業，銀行的資產主要來自存款和其他類型的負債，自有資金（資本淨額）的充足情況是保障存款人和債券人利益的主要資本，自有資本主要可以用於彌補銀行當期收益與當期應償還債務和利息的差額，一旦當期收入不足，自有資本可臨時填充這一缺口，起到緩衝的作用。第二，風險約束。資本充足率的另外一個作用是限制銀行資本擴張，銀行經營的目標與其他企業一樣是追求利潤最大化，而銀行的利潤來源於資產，因此銀行天生具有擴張規模的意願和動機。資產的過度擴張勢必會導致銀行自身的風險加大，從而影響銀行經營的穩定性。在一定資本充足率的要求下，為了滿足監管機構的最低資本要求，商業銀行在擴張資產規模的同時，必須按一定比例增加自有資本金，從而對商業銀行追逐利潤導致風險累積的情況起到一定約束作用。

（2）商業銀行資產規模

不同資產規模的銀行管理風險能力、風險偏好、風險識別度和容忍度均存在一定的差異，因此對貨幣政策所傳遞的風險敏感度也有所不同。資金雄厚的銀行具有更強的風險管理能力，投資分散程度更高，並且大銀行憑藉優良的信譽和資金優勢，可獲得更優質的投資項目和客戶資源，因此這類銀行所承擔的客觀風險較低，主觀上也不會貿然採取高風險投資項目。但是，也有學者認為，大銀行憑藉先進的風險管理技術和風險轉移手段，且往往存在諸如機構投資者之類的對利潤要求較高的大股東，故其在信貸投放上比小銀行更具風險偏好，風險承擔行為反而更為積極。

（3）盈利能力

一直以來，商業銀行的盈利能力與風險承擔行為之間就存在一定的關

---

[①] 江俊蓉.資本監管約束下貨幣政策對商業銀行信貸的影響研究［D］.杭州：浙江工商大學，2015.

係。從金融學的角度來說，高收益往往伴隨著高風險，因此盈利能力強的銀行同時經營著風險系數相對較高的資產。但從另一方面來講，銀行的盈利能力表現為資產的獲利能力，盈利能力強的銀行具有更高的核心競爭力，其獲取優質資產的能力也往往越強。這一觀點在中國較為適用，比如國有銀行相對於股份制銀行更容易獲得優質的投資項目或貸款項目，股份制銀行相對於城商行更容易獲得穩定的融資渠道。部分學者通過研究，進一步論證了商業銀行盈利能力對其風險承擔水準的影響。彭欽（2015）[①] 選取美國和歐盟全部成員國家的1100多家上市銀行作為樣本，實證研究發現，對比於盈利較高的銀行，盈利性較差或盈利能力較弱的銀行為了改善盈利狀況，更有可能開展高風險的投資項目，如給予信用等級不足以及收入來源不固定的債務人貸款等，故可能出現更多風險承擔行為。國內學者研究也表明了類似的觀點，於一、何維達（2011）[②] 基於中國50家商業銀行1999—2009年數據表明，商業銀行的盈利能力與其自身的風險承擔能力顯著負相關。更多的研究結論支持這一觀點，即商業銀行的風險承擔與其盈利能力之間呈現反比關係。因此，盈利能力與商業銀行的風險承擔之間是相互關聯的。

（4）銀行表外業務與非利息收入占比

Delis 和 Kouretas（2011）[③] 在分析了資產充足程度對銀行風險承擔的影響的同時，還提出了一個觀點，即利率對銀行的風險承擔的影響，會受其資本充足比率增加而減小，而較高比例表外業務規模則會放大這種影響。銀行表外業務是指商業銀行所從事的，按照現行的會計準則不記入資產負債表內，不形成現實資產負債，但能改變損益的業務。表外業務主要指承諾類業務（如貸款承諾、信用卡授信等）、擔保類業務（如融資性保函、銀行承兌匯票、信用證等）和金融衍生交易類業務。中國商業銀行表外業務收入主要以非利息收入為主。在中國商業銀行利潤表中，非利息收入包含手續費和佣金收入、公允價值損益、投資損益、匯兌收益、其他業務收入。國內文獻基本上都是分析非利息收入對銀行風險的影響，或者非利息收入對貨幣政策傳導的影響，而極少有文獻將以上兩點結合起來從風險承擔渠道角度去分析。

---

① 彭欽. 基於行業比較的中國銀行業高盈利研究 [D]. 長沙：湖南大學，2015.
② 於一，何維達. 貨幣政策、信貸質量與銀行風險偏好的實證檢驗 [J]. 國際金融研究，2011（12）：59-68.
③ DELIS M D, KOURETAS G P. Interest rates and bank risk-taking [J]. Journal of Banking & Finance, 2011, 35（4）：840-855.

### 2.4.3 股東偏好

本書研究的商業銀行風險承擔行為主要指商業銀行從事金融業務過程中主動選擇承受的風險大小，而由於當今中國的商業銀行大多是股份制企業，故其風險承擔行為或多或少與股東（尤其是大股東）的意願緊密相關。上市商業銀行的股東比較分散，主要分為散戶和機構投資者兩大類。Bush (2002)[①]指出，在任何有限責任的銀行或公司中，在從債權人和存款人處取得一定量的資金後，公司股東有主動承擔更多銀行風險的衝動。事實上，研究早就表明，在同時具有股權與債權的公司中，股東較債權人而言具有更強烈的風險偏好，因為股東享有剩餘索取權。銀行跟其他公司相比的特殊性在於，其本質是高負債經營的特殊有限責任公司，因此其股東更偏好於在某些時候承擔更多的風險。即便管理者從自身專業角度出發，會積極避免股東做出不利於銀行發展的舉措，但他們在面臨資本雄厚的機構投資者時，由於後者多為擁有較多投票權與現金流權的大股東，則其阻止風險承擔程度增加的行為可能會被這類股東定義為「過度保守行為」（Shleifer and Vishny, 1997[②]; Laeven et al., 2007[③]）。

此外，大股東的存在可能會改變商業銀行的管理水準，而銀行管理水準的高低對其風險承擔有著重要影響。Laeven 和 Levine 的研究表明，銀行存在累計投票權超過 10% 的大股東時，其風險承擔相對較高。餘青 (2014)[④]認為，商業銀行所採取的不同激勵方式對風險承擔的影響程度也存在差異，當給予管理層較為優厚的薪酬待遇時，銀行高管的風險承擔能力顯著降低，此時他們傾向於為銀行制定較為保守的發展策略，以保證自己的收益不受銀行破產風險累積的影響。中外學者通過研究得出了同樣的結論：銀行的管理水準對其風險承擔行為有顯著影響。在考慮公司治理框架時，李小榮、張瑞君 (2012)[⑤]研究也表明，商業銀行的風險承擔能力隨著代理成本的提高而降低；莊宇等 (2013)[⑥]則以國內 13 家上市銀行

---

[①] CM BUSH. 向全能銀行轉變：轉軌國家的風險與收益 [J]. 金融系統演變考, 2002: 87-99.

[②] LA PORTA R, FLORENCIO L D S, SHLEIFER A, et al. Which Countries Give Investors the Best Protection? [J]. World Bank Other Operational Studies, 1997: 133-143.

[③] CAPRIO G, LAEVEN L, LEVINE R. Governance and bank valuation [J]. Journal of Financial Intermediation, 2007, 16 (4): 584-617.

[④] 餘青. 中國商業銀行治理機制與風險承擔行為的研究 [D]. 南昌：江西財經大學, 2014.

[⑤] 張瑞君, 李小榮. 金字塔結構、業績波動與信用風險 [J]. 會計研究, 2012 (3): 62-71.

[⑥] 莊宇, 朱靜, 孫亞南. 公司治理與銀行風險承擔行為——基於中國上市商業銀行的研究 [J]. 經濟與管理, 2013 (10): 34-38.

2001—2012年財務數據為樣本,論證了國內上市銀行的管理層能力與其風險承擔能力間的顯著關係,研究得出了股權集中度會對商業銀行風險承擔具有顯著影響的結論。

本書後續章節會進一步指出,中國上市銀行的大股東往往是一些機構投資者,這些機構投資者由於各自在投資上存在異質信念而對銀行的發展具有不同的影響,因此異質機構投資者在參與投資的過程中會對銀行風險承擔行為產生一定的影響。

### 2.4.4 宏觀政策

目前學術界並沒有統一的研究各類宏觀政策對商業銀行風險承擔影響的著作問世,相關學術研究成果局限於貨幣政策或財政政策對銀行風險承擔的影響方面。原因在於與商業銀行風險承擔關係最為緊密的自然是貨幣政策,眾多研究成果已相當豐富,總計來看有以下一些觀點:

(1) 商業銀行的風險承擔與本國貨幣政策有顯著相關關係,兩者呈現顯著負相關。貨幣政策越寬鬆,商業銀行的承擔風險水準越低。

(2) 貸款利率的提高可降低商業銀行的風險行為,但貨幣供應量的增加能激勵商業銀行的風險行為。

(3) 國有商業銀行的風險承擔與 GDP 增長率呈正相關,但規模越大效果越弱;股份制商業銀行風險承擔與其規模之間是此消彼長的關係。

(4) 商業銀行的風險承擔隨拆借利率波動幅度的增大而提高。

## 2.5 本章小結

通過本章分析可以看出,商業銀行普遍具有風險,是以經營風險而獲得利益的一類特殊企業。商業銀行管理層在經營管理銀行的過程中,對於較高風險的項目和業務具有較強的接受能力與開展意願,這勢必導致銀行業風險的集聚,最終甚至加劇金融體系的系統性風險,因此,影響商業銀行風險承擔行為的因素是一個十分值得研究的課題。

一個國家財經政策與商業銀行風險之間的關係是學術界一個常被談論的話題,但貨幣政策以外的其他政策與商業銀行風險承擔行為之間的關係向來研究較少,原因在於一個國家宏觀政策較為繁多,政策出抬的動機與出發點各不相同,難以放在一個統一的研究框架下進行討論,本書旨在彌補此類研究空白。宏觀政策,尤其是涉及經濟與社會發展情況的一系列政

策，都是關係到經濟社會生活各個方面的，而商業銀行與社會各個方面的聯繫又十分緊密，故勢必受到一些典型宏觀政策和戰略的影響。涉及中國經濟社會發展的宏觀政策和戰略不勝枚舉，本書主要談論四大類政策和戰略，依次為：利率市場化政策、人民幣國際化政策、新型城鎮化政策與超常規發展機構投資者戰略。下文將在充分解讀這幾類典型的宏觀政策與戰略制定背景的基礎上，研究它們對中國商業銀行風險承擔行為所造成的具體影響。

# 3 利率市場化政策與商業銀行風險承擔行為

## 3.1 引言

20世紀八九十年代,歐美國家率先開啓並逐步完成了利率市場化,借著改革的契機形成了日益公平透明的金融市場。中國作為發展中國家,在結合自身發展特色基礎上,一直致力於有序開放金融市場。麥金農(1973)[1]認為,發展中國家的銀行高度國有化,利率受到政府的管制從而不能有效發揮其調節資源配置的功能,這導致金融市場存在發展落後、金融機構效率低下和貨幣化程度低等一系列問題,造成了金融抑制。金融抑制及各種金融價格的扭曲,降低了實際經濟增長率。Leaven L(2003)[2]、王東靜和張祥建(2007)[3]、Chan K,V Dang和I Yan(2012)[4]等眾多中外學者的研究顯示,利率市場化能促進一國經濟增長、緩解金融壓抑、緩解企業(尤其是中小企業)的融資約束,為經濟的持續增長提供動力。因此,中國開展利率市場化改革勢在必行。

近年來,利率市場化改革呈現出提速的新特徵。黨的十八屆三中全會將過去提出的「穩步推進利率市場化」的改革原則,進一步明確為「加快

---

[1] MCKINNON, RONALD I. Money and Capital in Economic Development [M]. Washington, DC: The Brookings Institution, 1973.

[2] LEAVEN L. Does Financial Liberalization Reduce Financing Constraints? [J]. Financial Management, 2003, 32(4): 5-34.

[3] 王東靜,張祥建. 利率市場化、企業融資與金融機構信貸行為研究 [J]. 世界經濟, 2007(2): 50-59.

[4] CHAN K, DANG V, YAN I. Financail Reform and Financail Constraint: Some Evidence from Listed Chinese Firms [J]. China Economic Review, 2012, 23(2): 482-479.

推進利率市場化」，表明改革已步入收尾階段。然而，國際經驗表明，利率放開後會對本國金融體系造成一定的衝擊，尤其是在改革後期進入提速階段時，商業銀行將面臨更大的挑戰。中國銀行業近年來經歷了重組、改制和上市，在經營管理和盈利能力上有了顯著提升，但銀行業的利潤來源仍主要來自存貸款利差收入。在這種情況下，商業銀行如何進行各類風險的識別、衡量和控制引起了學術界和業界的廣泛關注。

就商業銀行的風險承擔行為而言，部分學者認為，銀行業在利率市場化改革中主要會承擔更多利率風險與信用風險，且兩類風險存在相關關係。朱霞、劉林松（2010）[①]及林樂芬、陳旭陽（2013）[②]認為，利率風險是商業銀行在利率市場化背景下所面臨的主要風險，中國各類型的商業銀行抵禦利率風險的能力存在差異性。Daniel（2007）[③]通過動態模型發現，即便是完善金融體系，在金融自由化過程中，銀行也會經歷由初期快速、低風險增長到風險逐漸升高的過程。日本經濟學家鈴木淑夫在其著作《日本的金融政策》中，詳細介紹了日本自20世紀80年代以來的利率市場化進程和進程中實行的利率政策以及商業銀行採用的風險管理策略。中國學者金玲玲、朱元倩、巴曙松（2012）[④]通過實證研究也發現，利率市場化的發展會直接影響商業銀行的利率風險管理水準，銀行存貸利差變化對銀行的淨息差、業務轉型和資產負債結構造成了影響。這些學者的研究成果充分表明，隨著金融自由化改革的提速，銀行業面臨的風險有不減反增的可能。政府與有關部門對此觀點也持贊成態度，可以看到對金融體系風險的防範在利率市場化改革後期成為監管部門的工作重心，如《中共中央關於制定國民經濟和社會發展第十三個五年規劃的建議》提出，「下一步的監管重心在於加強金融宏觀審慎管理制度建設和金融監管框架，健全符合中國國情和國際標準的監管規則。」

因此，本章的研究將重點關注兩個問題：一是中國商業銀行體系在利率市場化改革提速背景下承擔了哪些風險；二是如何有效防範已承擔的風險，以避免在未來造成金融危機和經濟危機。為了回答上述問題，本章以

---

[①] 朱霞，劉林松. 利率市場化背景下商業銀行利率風險管理［J］. 金融改革，2010（2）：40-43.

[②] 林樂芬，陳旭陽. 利率市場下中國商業銀行利率風險壓力測試分析［J］. 經濟縱橫，2013（12）：84-88.

[③] DANIEL B C, JONES J B. Financial Liberalization and Banking Crises in Emerging Economies［J］. Journal of international Economics, 2007, 72（1）: 202-221.

[④] 金玲玲，朱元倩，巴曙松. 利率市場化對商業銀行影響的國際經驗及啟示［J］. 農村金融研究，2012（1）：53-57.

中國不同類型的商業銀行為研究對象，對比其在改革提速階段（2011年至2014年間）所暴露的利率風險、信用風險和盈利水準的變化情況。同時，在借鑑美日兩國利率市場化經驗基礎上，提出如何有效管理商業銀行各類風險的一些思路、問題與對策建議，以期為利率市場化的最終實現和防止商業銀行在利率市場化改革期間過多承擔風險提供借鑑。

## 3.2 利率市場化的相關理論

### 3.2.1 金融深化理論

麥金農在1973年首次提出了金融抑制理論，他認為，發展中國家經濟發展緩慢的深層次原因在於金融市場發生了扭曲，造成了低效的資本運作。愛德華·肖隨後對發展中國家的金融機構和資本市場做了深入研究，在《經濟發展中的金融深化》一文中提出了與麥金農的金融抑制理論相同的觀點。所謂金融抑制，即管理者為了保障經濟社會的穩步發展，通過管制利率和匯率等過多地干涉本地金融業的發展和建設，從而導致經濟發展緩慢，最終抑制了金融領域的發展和國民經濟的增長。管理當局這麼做的目的主要是為了優先實現一些政策目標，如對重點行業產業進行扶持，減少政府的赤字和負擔，甚至為此不惜採用較為強硬的手段壓低利率水準等。長期施行的低利率政策嚴重損害了存款人的利益，造成較低的儲蓄率。而另一方面則是政府享有資金的優先使用權，但資金的使用去向和方式由於不是由市場供求關係所決定的，所以資金使用效率低下，最終導致了資源錯配甚至是資源的浪費。以金融抑制理論為基礎，麥金農和愛德華·肖研究並提出了金融深化理論，其核心觀點是發展中國家尤其迫切需要進行金融改革，以盡快改變政府對經濟和資本市場過度干預的現狀，放鬆對利率的嚴格控制，使得利率可以自由浮動，最終金融體系的借貸成本，即利率水準完全體現資金的供求關係。此時，市場的傳導機制可以提高整個金融體系的效率，優化資源配置，消除商品價格扭曲、市場結構單一的現狀，形成健康完整的儲蓄、投資、收入經濟結構，最終實現金融與經濟的良性發展。

在兩位著名金融學家開創了發展中國家尤其需要進行金融改革的相關理論之後，諸多經濟學家也紛紛贊成金融深化理論對此類型國家的貢獻作用，並提出最有效地實現金融深化改革的途徑就是進行利率市場化改革，並通過研究完善了利率市場化相關理論，提高了理論的現實適用性。Fortin et al.（2010）① 引入了時滯這一衡量指標，以精確論證發展中國家實際利率與經濟增長的相互關係，並基於金融深化改革理論建立了兩類金融模型：穩態模型和動態模型。穩態模型描述了實際存款利率對國內儲蓄率和投資效率起決定性作用，而儲蓄率又影響投資規模；動態模型描述了實際價格水準與預期價格水準的比值及其實際存款利率決定著週期性的經濟增長率。因此一國實際經濟增長率與實際存款利率之間是具有較強相互影響的關聯性。Gonzalea F.（1994）② 毫不諱言地指出，發展中國家應加強對金融市場的傳導機制和金融制度的作用機制的深入研究與瞭解，利率市場化與金融機構改革處於同等重要的地位。

### 3.2.2 利率市場化對宏觀經濟造成的衝擊

理論上講，一國利率由管制走向自由的過程中，可能對宏觀經濟造成的影響主要有以下幾點：

（1）存貸款利率波動呈拋物線

當存貸款利率受到管制時，相關政策會對資本市場上資金供求情況產生影響，而不能反應出市場上真實的資金狀況。根據西方發達國家的經驗，國民習慣利用分期付款的方式進行超前消費，所以這些國家對利率進行調控主要是以刺激居民消費和機構投資為主，從而擴大內需帶動經濟增長。同樣，發展中國家受到利率影響會很大的原因在於，實體經濟的主體往往由生產型企業構成，它們普遍向銀行進行了融資，所以利率的波動直接關係到企業生產過程中的成本。降低利率時，企業的融資成本會降低，即生產成本降低，企業家的投資積極性會提高。故通常情況下，央行或當局進行宏觀調控時會選擇降低利率來增強經濟活力。借鑑國外利率市場化經驗，由於之前中國利率一直長期處於管制之下，故利率是偏向於國有商業銀行的，即處於較低水準，一旦實行利率市場化，利率水準便開始反彈並逐步上升。在歷史上，凡進行過利率市場化改革的國家，如美國、法國、義大利和日本，其實際利率在放開管制後都有所上升，而中國利率市場在2010年後市場化步伐加速，存款利率呈現明顯上漲態勢。有學者以同業拆借利率作為利率水準代表，我們可以看出最近幾年中國商業銀行的一年期存款利率水準同比低於拆借利率，即中國利率水準在利率市場化改革後也逐步

---

① FORTIN R, GERSON M, GREG R. Bank risk taking at the onset of the current banking crisis [J]. Financial Review, 2010, 45（8）: 891-913.

② GONZALEA F. Bank regulation and risk-taking incentives: A international comparison of bank risk [J]. Journal of Banking & Finance, 2005, 29（5）: 1153-1184.

上升，直至達到均衡狀態。當利率增長到一定水準後，又會逐步下降回到均衡水準上。所以存款利率總體呈現了拋物線式的波動，而貸款利率波動情形與之相反。

(2) 存貸利差持續縮小

在未推出利率市場化時，中國商業銀行的貸款利率與存款利率相差較大，因此銀行一直屬於高利潤行業之一，甚至被人稱為暴利行業。在金融改革深化的同時加快利率市場化，商業銀行的存貸款利差空間開始縮小，資本收益降低，銀行間的競爭也逐步增加。從商業銀行的負債分析，為保持流動性，商業銀行會選擇增加資本，即提高存款利率來吸引更多存款，短期內中國存款利率必然上升，一定程度上會增加銀行經營成本。而隨著金融牌照的開放，企業能夠從各種渠道進行融資，使商業銀行在議價環節處於劣勢地位，貸款利率下降。由於銀行利差大幅縮減，且長期以來銀行對利差收入十分依賴，所以利率市場化的改革過程中，銀行可能會主動承擔更多高風險的項目和策略來彌補利差收益的下降。

(3) 信用總量上升加劇資產價格泡沫化

相比利率管制時期，利率市場化後商業銀行的存貸款利差明顯縮減，資產收益和利潤都有所下降。商業銀行為了保證利潤量，需要將貸款業務擴大，這造成了市場上信用總量的膨脹，加劇了實體資產的泡沫化程度。前車之鑒便是20世紀80年代的日本，信貸擴張、流動性放大，使得股市泡沫迅速膨脹，最終泡沫破裂導致實體經濟一蹶不振。而中國在開始進行利率市場化改革背景下，同時為了應對國際金融危機，連續多年實行了較為寬鬆的貨幣政策，社會體系中貨幣流動性被一再放大，導致樓市泡沫積聚。

## 3.3 利率市場化改革與商業銀行的風險承擔行為

### 3.3.1 中國利率市場化改革進程

中國利率市場化改革總體思路基本可劃分為三個階段：

第一階段，自1993年提出利率市場化的構想之後，首要任務是形成全國金融機構之間的利率協調機制。具有標誌性的事件是1996年銀行業間統一的同業拆借市場利率形成。

第二階段是貸款利率的市場化階段。1999年，中國實現了銀行間市場利率、國債和政策性金融債發行利率的市場化。在這段時期，央行多次調

整貸款利率，最終以 2004 年 10 月進一步放寬人民幣存貸款利率浮動區間，首次允許人民幣存款利率下浮，取消城鄉信用社之外貸款利率上限等一系列標誌性事件作為該階段的終結。

第三階段是存款利率逐步市場化階段，同時貸款利率完全放開。2007年 1 月 4 日，上海銀行間同業拆借利率（Shibor）正式運行，使得中國的利率市場化改革取得了階段性的成果。

值得注意的是，自 2010 年以來，中國利率市場化進程一直在穩步加快，2013 年央行宣布全面放開金融機構貸款利率管制，不到兩年時間，2015 年 10 月 24 日，央行又宣布不再設置存款利率上限。改革進程的加快為商業銀行的發展帶來了不少機遇與挑戰，儘管多年的利率市場化改革取得了不少進展，但從銀行風險防範的角度來看，仍有很長的路要走。

### 3.3.2 利率市場化改革提速對商業銀行的影響

筆者認為，從理論角度出發，利率市場化改革提速對商業銀行的一些風險承擔行為可能造成的影響主要體現在以下三個方面：

第一，利率市場化提速導致銀行承擔更多利率風險。

Dan Armeanu 等（2008）[1] 認為，利率風險是在利率市場化條件下，市場利率的非預期波動給商業銀行帶來虧損的可能性。在存貸款利差逐步縮小背景下，長期依賴高利差盈利模式的商業銀行無法維持以往的利潤水準。中國商業銀行的非利息業務主要包括手續費、佣金業務和其他非利息業務，這些業務收入占銀行總收入的比例長期低於存貸款利差收入。可以說，只要實行了全面的市場化利率，商業銀行在經營過程中將無法迴避利率風險，其主要源自市場化以後的利率變動具有不確定性、長期性和非系統性。

第二，利率市場化提速導致銀行主動承擔更多信用風險。

根據其他國家經驗，利率市場化後短期內存貸利差會縮小，由此會對銀行管理不良資產造成負面影響，銀行面臨來自客戶的信用風險。前文提到，信用風險又稱違約風險，是指由於借款者不能或不願按照合同要求償還債務造成違約而使商業銀行遭受的損失。雖然近年來大部分商業銀行年度財務報表顯示其不良資產比例有所下降，但不良資產比例的下降也可能與國家財政注入資本金和被大量剝離直接相關，不一定是銀行本身抵抗風險能力提升的結果。利率市場化提速後，信貸市場的逆向選擇甚至可能會

---

[1] ARMEANU D, BALU FLORENTINAOLIVIA, OBREJ CANMEN. Interest Rate Risk Management-using Duration Gap Methodology [J]. Theoretical and Applied Economics, 2008 (1): 3-10.

进一步加剧银行主动承担信用风险的行为与动机。原因在于随着利率水准变化，一方面高风险借款人会更愿意向银行借款，贷款合约违约可能性大大增加；另一方面，巴曙松、严敏、王月香（2013）[①]指出，部分商业银行为了弥补利差收入的大幅缩水，有可能违背安全性经营原则，将贷款重点转移到高利率高风险贷款上，银行经理可能会利用贷款风险与贷款利率之间的不对称性牟利，导致银行承担更多信用风险，且高层对此会采取忽视态度。

第三，短期内，利率市场化对商业银行盈利能力也会产生负面影响。

利差的缩小势必导致中国商业银行盈利状况发生变化，从国外经验来看，利率市场化会大幅降低银行盈利水准。比如，美国曾发生储蓄贷款协会危机，该协会以前主要吸收短期储蓄存款，发放长期住房抵押贷款，能够获得稳定的高利差，然而利率市场化开始以后，利差大幅缩小，导致25%的储蓄贷款机构在美国开展利率市场化改革期间破产。

### 3.3.3 商业银行风险承担的类型

上文理论分析认为，中国商业银行在利率市场化后面临了更强的同行竞争局面，因此呈现的主要特点在于会承担利率风险与信用风险。由于大部分商业银行收入来源为利差收入，这里用其「非利差收入（主要是手续费及佣金收入）占营业收入」的比例来衡量银行的利率风险。黄金老（2001）[②]研究发现，该比例越高，利率风险越低。用「不良贷款率」（不良贷款总额占贷款总额的比例）衡量信用风险，用「资本回报率（ROA）」代表银行的盈利水准[③]，用「（当期）贷款总量」表明银行资产规模大小。

为了论证理论是否合理，下文选取中国不同类型的上市商业银行，将其划分为三类，具体分类为：5家国有控股商业银行（分别为中国银行、中国建设银行、中国工商银行、中国农业银行与交通银行）；12家中小型股份制银行（兴业银行、广发银行、上海浦东发展银行、平安银行、中国民生银行、招商银行、中信银行、光大银行、华夏银行、恒丰银行、浙商银行和渤海银行）；11家城市商业银行（重庆银行、北京银行、上海银行、南京银行、成都银行、徽商银行、宁波银行、盛京银行、杭州银行、江苏银行

---

① 巴曙松，严敏，王月香. 中国利率市场化对商业银行的影响分析［J］. 华中师范大学学报（人文社会科学版），2013（7）：27-37.

② 黄金老. 利率市场化与商业银行风险控制［J］. 经济研究，2001（1）：19-28.

③ RAJ AGGARWAL, B. PHILIP JEON, XINLEI ZHAO. Bank Exposure to Interest Rate Risks During Financial Liberalization: Evidence from South Korea［J］. Asia-Pacific Financial Markets, 2006: 121.

與廣州銀行)。選取利率市場化改革全面提速的 2011 年至 2014 年，將利率風險、信用風險、ROA 和貸款總量四個指標的變化率在不同類型銀行中的表現進行對比，對比結果見圖 3.1 至圖 3.3[①]。

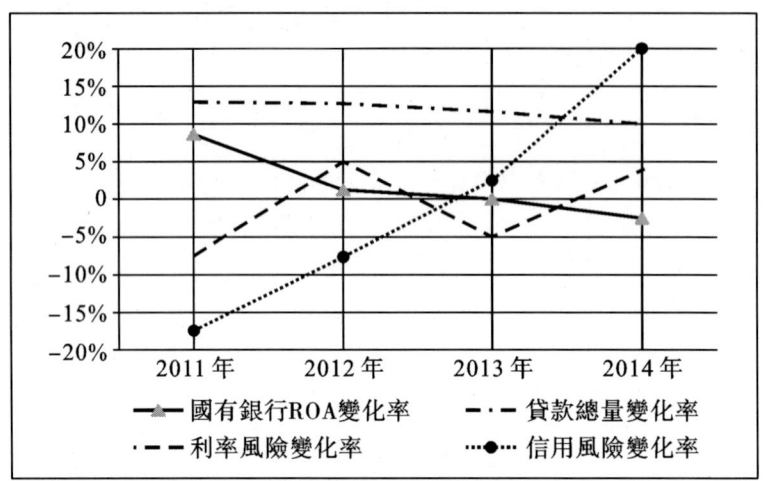

圖 3.1　國有控股商業銀行組各變量平均變化率（2011—2014 年）

圖 3.1 表明國有控股商業銀行不良貸款率的變化率在 2013 年以前均為負數，說明信用風險逐步降低，但之後又急速上升；非利息收入占比在 2011 年至 2012 年和 2013 年至 2014 年兩個期間上升，說明利率風險有所降低；整個期間銀行盈利水準有所下滑。出現此類情況可能的原因在於 2013 年中國宏觀經濟增速出現下滑，實體經濟下行壓力進一步加大，國有控股商業銀行進行了信貸縮減和流動性管理，貸款企業還款積極性降低，導致了資產與經營績效的下滑以及信用風險的提升。

圖 3.2 表明中小型股份制商業銀行不良貸款率的變化率在 2012 年至 2013 年間激增 250% 以上，卻在 2013 年到 2014 年的過程中出現大幅度的回落，這說明銀行在面臨巨大信用風險後增強了相應措施和管理力度，但信用風險仍具有快速變化的可能性；非利息收入占比的變化率一直為負，說明銀行非利息業務與利息業務相比逐年減少，因此利率風險逐年上升。可能原因在於，中小型股份制商業銀行相對於國有控股商業銀行而言，更加追求利潤的最大化，因此不願輕易降低息差收入占比，導致其蒙受較大的利率風險；盈利水準幾乎維持不變。

---

① 數據來源：各銀行年報及國泰安數據庫（CSMAR），作者測算（下同）。

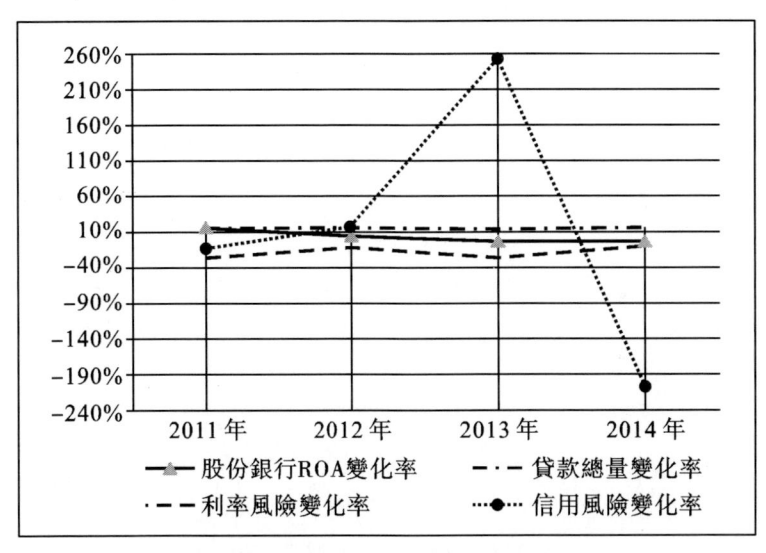

圖 3.2 中小型股份制商業銀行組各變量變化率（2011—2014 年）

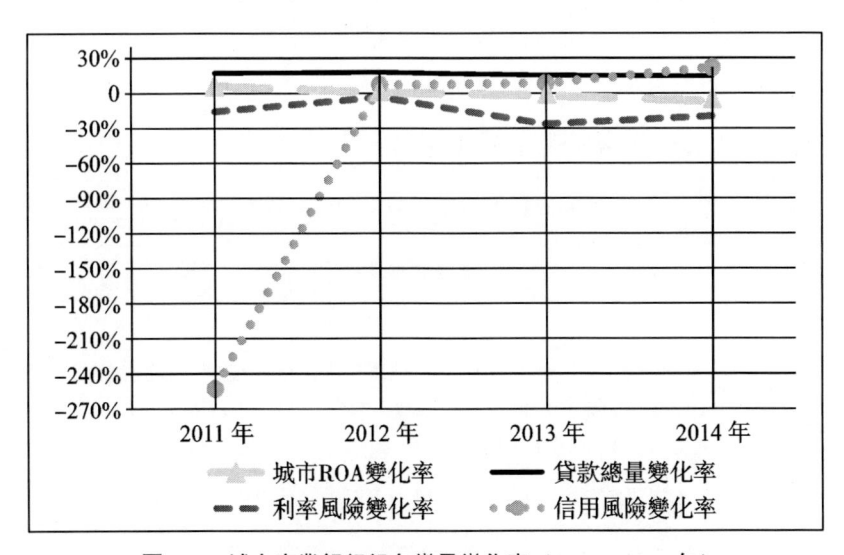

圖 3.3 城市商業銀行組各變量變化率（2011—2014 年）

由圖 3.3 可知，與圖 3.2 所示的中小型股份制商業銀行類似，城市商業銀行的盈利水準與資產規模變化率一直趨於平穩，但不同之處在於其不良貸款率的變化率在 2011 年至 2012 年期間從 -250% 逐步上升為 0 以上，說明信用風險激增，且呈現出逐年遞增態勢；非利息收入占比的變化率一直為負，說明與中小型股份制商業銀行一樣，城市商業銀行所承擔的利率風險也是逐年遞增的。

綜上所述，在利率市場化改革提速期間，三類銀行都額外承擔了一定程度的利率風險與信用風險。相較於其他類型的銀行，中小型股份制商業銀行信用風險得到了較好的控制，其他類型銀行則難以遏制信用風險上升勢頭；國有控股商業銀行利率風險得到了較好控制，其他類型銀行則面臨持續上漲的利率風險，說明其對利率的市場化變動更加敏感。各類銀行盈利能力均沒有明顯上升，其中以國有控股商業銀行盈利水準下降最為明顯。由圖3.1至圖3.3可見，各類商業銀行在利率市場化提速階段，利率風險與信用風險不降反升，同時伴隨著盈利水準下滑的壓力，因此圖示結果符合前文的理論假設。

## 3.4 利率市場化改革的經驗借鑒——以美國和日本為例

作為發達金融市場的代表國家，美國和日本先後經歷了幾十年的利率市場化改革，其中有不少關於防範商業銀行在利率市場化改革中可能加劇的風險承擔行為的經驗，十分值得我們借鑒。

### 3.4.1 美國利率市場化改革進程

筆者認為美國利率市場化改革主要分為以下三個階段，如表3.1所示。

表3.1　　　　　　　美國利率市場化改革進程及描述

| 階段 | 描述 |
| --- | --- |
| 第一階段 | 1970—1977年是美國存款利率市場化的準備期，為後續存款利率市場化的正式展開奠定了基礎。期間取消了10萬美元以上、期限5年以上的定期存款利率上限 |
| 第二階段 | 1978年起，美國銀行業的存款利率市場化正式拉開序幕，並於1980年建立了存款機構放鬆管制委員會（DIDC）。該機構宣布存款利率的市場化過程將在6年內分階段完成 |
| 第三階段 | 該過程為美國利率市場化分階段完成的時期，整個利率市場化按既定目標於1986年3月正式完成 |

具體來說，美國利率市場化改革起源於20世紀70年代中期，標誌在於1980年《吸收存款機構放鬆管制和貨幣控制法》的頒布。放鬆對本國利率的管制是為了適應美國當時經濟發展出現了迅猛上升的形勢，也是其金融市場深化發展的必然選擇。美國的利率市場化改革進程，本質上並非一蹴

而就，而是一個不斷放鬆自20世紀30年代大危機後頒布的Q條例的管制的過程。Q條例出抬的主要目的是通過限制銀行存款利率上限來控制銀行經營成本，保障利潤，避免倒閉。而隨著美國經濟的進一步發展和通貨膨脹率的走高，利率管制反而成為銀行正常經營的制約。此外，層出不窮的金融創新對利率市場化也形成了「倒逼」機制。20世紀80年代以後，貨幣市場共同基金等規避利率管制的金融工具快速增長，同時資本市場管制逐步放開，對存款機構的資金來源結構形成了衝擊（見表3.2）。

表3.2　　美國存款保險銀行在利率市場化前後資金來源的變化

| 利率市場化之前 ||||  利率市場化之後 ||||
|---|---|---|---|---|---|---|---|
| 年份 | 活期存款 | 儲蓄存款 | 定期存款 | 年份 | 活期存款 | 儲蓄存款 | 定期存款 |
| 1971 | 48.64% | 20.80% | 30.55% | 1981 | 30.27% | 17.60% | 52.12% |
| 1972 | 48.04% | 20.13% | 31.82% | 1982 | 26.51% | 21.75% | 51.75% |
| 1973 | 45.35% | 18.75% | 35.91% | 1983 | 25.39% | 30.24% | 44.37% |
| 1974 | 42.12% | 18.26% | 39.62% | 1984 | 25.17% | 30.16% | 44.22% |
| 1975 | 41.17% | 20.58% | 38.25% | 1985 | 25.11% | 32.80% | 42.09% |
| 1976 | 40.19% | 24.54% | 35.27% | 1986 | 25.93% | 36.17% | 37.90% |
| 1977 | 40.76% | 23.69% | 35.55% | 1987 | 22.86% | 36.17% | 40.96% |
| 1978 | 39.44% | 21.76% | 38.80% | 1988 | 21.68% | 35.03% | 43.29% |
| 1979 | 39.50% | 18.95% | 41.55% | 1989 | 20.59% | 33.48% | 45.93% |
| 1980 | 36.35% | 16.92% | 46.73% | 1990 | 19.69% | 33.87% | 46.45% |

資料來源：根據FDIC數據計算

通過對改革進程的分析可知，美國利率市場化改革主要有以下幾個特點：

一是改革順序是先取消大額存款（主要是大額可轉讓存單和定期存款）利率上限，再取消貸款利率上限，再分階段取消一般存款利率上限，逐步放寬業務範圍，最後到1986年4月，幾乎所有的存款利率限制均被取消。

二是為了確保改革順利進行，美國建立了聯邦基金機制，聯邦基金利率成為美聯儲官方調控的基準利率，然後通過公開市場操作使之在一個狹窄的目標區間內波動，進而為利率的市場化變化提供基準點。

三是市場化後，中間業務迅速發展。20世紀80年代以前，美國銀行的中間業務收入占總資產的比率僅在0.7%左右，隨著利率管制的取消和1999年正式實施金融混業經營，中間業務發展迅猛，占比由之前的0.7%上升至

2.5%以上，部分大銀行的非利息收入甚至高達一半以上。李宏瑾（2015）[①]認為，這種狀況直接降低了銀行的利率風險。

四是利率的市場改革進程伴隨著本國金融工具和制度不斷創新的過程，二者相輔相成，創新的金融產品有效化解了部分金融產品對市場利率的敏感性，並轉移了商業銀行的利率風險。

五是利率市場化改革後期，銀行的風險偏好明顯上升，貸款組合中房地產貸款比重持續上升，加劇了銀行潛在信用風險（肖欣榮、伍永剛，2011[②]）。

### 3.4.2 日本利率市場化改革進程

與美國類似，日本利率市場化改革主要分為以下四個階段，如表3.3所示。

表3.3　　　　　　　　日本利率市場化改革進程及描述

| 階段 | 描述 |
| --- | --- |
| 第一階段 | 這一階段是國債交易利率和發行利率的自由化階段，特別是1977年日本政府和銀行允許國債的自由上市流通，這樣日本的利率自由化就從中期國債的自由化開啓 |
| 第二階段 | 該階段銀行間的短期交易品種增加，在1978年日本銀行允許銀行間拆借利率彈性化，隨後又放開了銀行間票據利率，並在1985年創設了無擔保隔夜拆借市場 |
| 第三階段 | 這個階段的總體特徵為從大額交易放開利率管制到小額交易放開利率管制 |
| 第四階段 | 日本的利率在這個階段實現了完全的市場化，首先是定期存款利率自由化，然後是活期存款利率自由化，最後於1996年10月起實現了完全的市場化 |

具體來說，日本的利率市場化改革從1977年開始到1996年結束。改革開啓的標誌是1977年日本大藏省允許以流通市場利率為參考決定國債發行利率。當時改革的難點主要在於利率管制集中於銀行存貸款市場和貨幣市場。為了攻克難關，日本開始豐富金融市場上短期資金交易品種，推出了銀行間市場（同業拆借市場和票據市場）、CDs、CP（商業票據）、TB（政

---

[①] 李宏瑾. 利率市場化對商業銀行的挑戰及應對［J］. 國際金融研究，2015（2）：65-76.
[②] 肖欣榮，伍永剛. 美國利率市場化改革對銀行業的影響［J］. 國際金融研究，2011（1）：69-75.

府債券）、FB（金融債券）等產品。隨著管制的進一步放鬆，日本開始逐步降低金融資產交易單位，擴大交易範圍，最後實現全面的利率市場化。

日本利率市場化改革主要有以下幾個特點：一是採取了漸進式改革方案；二是改革順序從國債市場到銀行間市場再到存貸市場；三是通過豐富交易品種「倒逼」利率市場的自由化；四是改革過程中也注意配套設施的建設，如積極推動本國金融國際化進程，同時放鬆對利率以外金融市場的管制。

### 3.4.3 對中國利率市場化改革的啟示

中國經濟金融體系與美日兩國存在較大差異，相關政治經濟體制也不盡相同。相比之下，中國社會融資仍以間接融資為主，金融仲介在經濟發展中所起作用遠遠大於資本市場（股票市場與債券市場），因此風險主要集中於銀行體系，這些國家在利率市場改革過程中，商業銀行也有主動承擔風險（主要是利率風險與信用風險）的行為。因此，中國的相關改革應立足國情，與經濟金融發展環境與階段相適應。從美日兩國的改革中所獲取的相關經驗總結如下：

（1）改革方式的選取意義重大

美日兩國的利率市場化改革總體上取得了成功，兩國無一例外地採取了漸進式的改革方式，可見這一方式較為可取。美國的利率市場化過程就是在確立基準利率、貨幣市場收益率曲線完善、有效控制社會高通脹率的情況下逐步推進的，此舉減少了改革初期利率的異常波動對商業銀行的不利影響。可以看到，漸進式改革方式下的利率市場化改革路線使得兩國的商業銀行在改革過程中有充分時間進行反應與適應，金融消費者有效調整了預期，防範和化解了部分銀行風險承擔行為與意願，為實現金融市場的自由化提供了保障。

（2）改革需要防範銀行的利率風險承擔行為

美國商業銀行在利率市場化改革前，主要的業務是傳統信貸業務，利率風險較小，但在改革後，商業銀行的金融產品的交易品種增多，中間業務占比增大。改革後，利率波動較大，因此利率風險突顯了出來。美國在利率市場化改革完成之後，將傳統的資產負債管理縮小到很小一部分，取而代之的是發展金融衍生品業務來對沖風險，並獲得更多的風險收益。

日本也注意到了對銀行承擔利率風險的防範。雖然日本的利率市場化改革相對美國起步較晚，金融自由化程度也不及美國，但自 20 世紀 90 年代起，日本商業銀行已經開始全面實行利用金融衍生品來進行利率風險管理

的業務。此外，為了規避利率風險，日本商業銀行十分注重對利率趨勢的預測，進行了有針對性的表內管理和表外管理。比如，銀行對資產負債的管理不再是被動地跟隨利率變化來調整利率風險管理策略，而是主動出擊，在利率變動之前就採取措施調整資產負債結構。

(3) 改革需要防範銀行的信用風險承擔行為

A. Joanne Kellermann、Femke de Vries 和 Jakob de Haan (2016)[①] 的著作顯示，在美國進行利率市場化改革期間，美國銀行因為不良貸款率過高而引發了銀行業危機。在這場危機中，大量的銀行和非銀行金融機構破產，銀行資產帳面價值與市場價值存在巨大缺口，使得金融機構的穩健性存在問題。長此以往，資本市場表現疲軟，金融部門與實體經濟就會形成一個負反饋機制，經濟增長長期乏力。美國監管層採取的積極措施是，陸續令商業銀行成立專門的不良資產管理公司，將銀行的不良貸款分離出去，並積極監管銀行管理層做出主動承擔信用風險的各類行為。此外，銀行間併購也是解決不良貸款問題的途徑，商業銀行通過併購提高了經營效率，實現了資源的流動和共享。增加損失準備金的計提比例也可以在一定程度上緩解不良貸款率過高問題，在增提的同時增資，可以抵消增提的損失準備金對商業銀行的影響。

日本商業銀行對信用風險的管理起步相對較晚，不良貸款問題至今仍未得到有效解決，主要原因是日本實體經濟長期不景氣。但在此期間，日本銀行通過採取降低不良貸款率從而控制銀行主動承擔更多信用風險的方法，仍然有部分可取之處——如緊縮信貸規模，通過增資提高抵禦風險能力，將不良貸款進行拍賣和證券化以及銀行間進行聯合等，這些措施共同發揮效應，以應對商業銀行在利率市場化改革進程中承擔信用風險的行為進一步加劇。

(4) 推動相關配套改革，助力金融體系改革

從美日兩國利率市場化改革各個階段和進程可以看出，在利率市場化改革過程中，要想有效防範商業銀行承擔更多風險，不是一個單一的行為，需要在積極推進利率市場化改革的同時，著力完善和實施各項綜合改革配套措施。比如，美國在改革利率的同時，進一步提高了債券市場的深度和廣度，完善了長期公債定價機制，為利率市場化提供了市場定價基礎，避免其過度波動。日本則廣泛地與各類金融機構和金融消費者進行充分的溝

---

[①] A. JOANNE KELLERMANN, FEMKE DE VRIES, JAKOB DE HAAN. 21 世紀金融監管 [M]. 張曉樸, 譯. 北京：中信出版集團, 2016：221.

通，推出了存款保險制度，完善了金融機構市場退出機制，舒緩了金融消費者對利率市場化後金融市場不確定因素增加的擔憂情緒。此外，綜合配套制度和措施的建立，能夠使資金價格與其他要素價格在利率市場化改革進程中相互協調，避免了利率市場化波動對其他金融資產或經濟資產造成的間接不利影響（張曉樸、文竹，2013[①]）。

## 3.5　防範商業銀行風險承擔行為加劇的對策

經過分析，商業銀行在利率市場化改革提速階段主要需要防範承擔過多的利率風險與信用風險。但是，在考慮實施具體的對策前，有四個問題值得引起注意：

（1）降低不良資產占比是一個緩慢的過程。從以往經驗來看，信貸過度擴張往往導致不良資產比率的急速上升。利率市場化勢必導致商業銀行競爭加劇，為了獲得更多的利潤，信貸過度擴張是不少銀行高管默認的行為。由於中國國有企業和民營企業存在雙軌制問題，銀行信貸向國有企業傾斜，「缺錢就找銀行要」的國企大量存在，企業將經營風險和破產風險轉嫁給了銀行，最後貸款也就不了了之。而隨著經濟下行壓力增大，若銀行加快貸款回收力度，或提高貸款成本，則容易誘發大規模信用違約事件，給金融體系帶來巨大風險。因此，短時間內難以降低居高不下的不良資產比例。

（2）降低信用風險往往以信貸規模放緩作為代價。根據既有研究，絕大部分商業銀行沒有更好地降低信用風險的有效措施，因此只有採取「惜貸」策略來進行「總量調控」，以此來減少貸款變成不良資產的可能性。倘若此時國家經濟增長前景也不樂觀，則「惜貸」對經濟增長的負面效應更加顯著。目前歐洲不少國家正面臨著這種兩難境地，因此這些國家提出，在防範自身信用風險的同時，政府需要關注如何維持經濟增長，避免陷入二次衰退。

（3）不恰當的市場退出機制可能導致金融體系的不穩定。研究表明銀行經理較高的經營績效可能會導致其風險偏好上升，致使銀行風險加大。在利率市場化改革提速階段，各金融機構間競爭愈演愈烈，政府部門也相

---

[①]　張曉樸，文竹. 利率市場化的推進步驟與風險防範的政策安排——基於印度的案例分析[J]. 金融監管研究，2013（2）：22-42.

應減少了對市場的干預，這在促使銀行發展核心競爭力的同時提高了其破產的風險。優勝劣汰的市場法則下，如果政府沒有合理的退出機制來規範金融機構的破產流程，則無法保障金融體系的穩定。

（4）中國金融市場創新不足可能影響改革效果。美國與日本的利率市場化改革進程是伴隨著持續不斷的金融創新過程的，二者相輔相成。而中國的金融體系無論是在貨幣市場、債券市場還是資本市場上，都存在創新乏力等問題。造成這一現狀的原因除了監管較為嚴格以外，還有就是金融機構缺乏創新原動力，不注意增加自身核心競爭力。長此以往，金融機構難以應對利率市場化後經濟環境的各類變化與市場競爭壓力。

在清楚認識上述問題的基礎上，結合國外經驗，為幫助商業銀行應對利率市場化改革提速帶來的利率風險與信用風險，本章提出以下幾點對策：

第一，繼續發揮市場的決定性作用，構建綜合監管體系。《中共中央關於全面深化改革若干重大問題的決定》指出：「經濟體制改革是全面深化改革的重點，核心問題是處理好政府和市場的關係，使市場在資源配置中起決定性作用和更好發揮政府作用。」① 可見，市場化的順利推進，離不開監管力度的提升。本章分析了商業銀行在利率市場化改革提速期間，面臨利差縮小的不確定性造成銀行承擔各類風險的可能是真實存在的。因此，在堅定地將市場因素引入利率改革的過程中時，「一行三會」需設置一個綜合的監管體系，密切監控銀行的各類風險。

第二，加強金融創新，鼓勵中間業務和表外業務發展。雖然目前中國的商業銀行仍然以傳統的借貸業務為主要利潤來源，但是這類業務受利率波動的影響較大，隨著利率市場化的推進，利率波動更明顯，這類利率敏感型業務的收益不穩定，存貸利差有下降的趨勢，損害了銀行的盈利性。在此基礎上，中國商業銀行應該注重金融創新，設計出高收益低風險的業務品種，努力提升金融產品的創新能力，充分發揮銀行在存貸款業務以外的服務優勢，開發投資諮詢類中間業務，建立「一站式」金融服務平臺來提升非利息業務收入。有了應對利率市場化後同行競爭的不利影響的新增盈利後，銀行管理層和職業經理人才會更主動地放棄去承擔更多的風險。

第三，學習他國經驗，進一步落實基準利率的作用。從開展了利率市場化改革的國家的經驗來看，基準利率的確定是市場化利率機制建立的重要基礎，而中國以 Shibor 為基準建立的利率體系還有較多需要完善的地方。

---

① 新華社. 中共中央關於全面深化改革若干重大問題的決定 [EB/OL]. （2018-01-14）. https://www.sohu.com/a/216562168_99914060.

基準利率能夠及時體現市場資金供求的真實變動，引導各類市場利率的變化。商業銀行可以在此基礎上更合理地確定存貸款產品的定價，並對未來利率變動趨勢進行預測，有效預防利率風險。

第四，加快落實存款保險制度。美國聯邦存款保險公司設立的存款保險制度在利率市場化改革期間對以銀行業為主的金融體系的穩定起到了巨大作用，黨的十八屆三中全會也明確提出應建立存款保險制度，完善金融機構市場化退出機制。該制度最大限度保障了存款人的合法利益，緩解了金融體系道德風險，同時也保障了銀行存款總額不會產生較大的波動，避免了銀行利差收入的下滑，避免了銀行被動地承擔較大利率風險。

第五，嚴格規範貸款發放程序。即便在有效控制了銀行主動承擔信用風險的情形下，也需要避免銀行被動承擔信用風險。銀行需要嚴格審查貸款對象，瞭解其償債能力，避免信息不對稱與道德風險的發生給銀行造成損失。如果銀行已經有了較高的呆帳壞帳，則應及時、主動採取將不良資產拍賣或證券化等方式來降低商業銀行的信用風險。

第六，積極開展銀行員工和管理人員的學習教育。商業銀行的經營管理原則之一是提高盈利水準，在傳統利差收入大幅縮減的情況下，利率水準升高會導致商業銀行資產質量下降，部分銀行管理人員或員工可能會優先考慮貸款給高風險貸款人，以獲取較高的利率，維持利差收入，這就導致了銀行主動承擔過多信用風險，將其本身已具有的信用風險累積到了一個危險的新高度。因此，在利率市場化改革進程中，我們不應忽視對銀行員工的培訓和教育，應適當建立監管體制，避免具體執行人員一味追求高風險高利潤項目，避免銀行在利率市場化改革的關鍵時期主動承擔更多的風險業務與制定高風險的發展策略。

## 3.6 本章小結

中國「十三五規劃」提出，未來五年要推進利率市場化，提高金融機構管理水準和服務質量，降低企業融資成本。近年來，隨著中國利率市場化改革取得一個又一個的階段性成果，商業銀行面對日益波動的存貸款利差和複雜多變的金融環境，主動或被動承擔了較高的利率風險和信用風險，這些風險的不確定性已成為影響中國經濟增長的關鍵因素。筆者通過分析得出如下結論：

第一，隨著利率市場化進程的推進，中國商業銀行更有傾向主動承擔

利率風險和信用風險，對風險的防範可以參考發達國家（如美國和日本）在利率市場化改革中的經驗與教訓。

第二，不同類型銀行在改革提速期所承擔風險的行為方式各有不同，但都存在利率風險和信用風險不斷累積的可能。預防和降低信用風險與利率風險的途徑有賴於多種渠道和對策。

第三，利率市場化改革不是單一改革利率，而是需要一系列金融市場配套改革措施的輔助，其中尤其以提高直接融資占社會融資比例為主要輔助手段。

第四，如果不能切實提高銀行資產質量，降低信用風險並積極發展表外業務，則會進一步阻礙中國金融市場早日實現全面自由化。

為了避免這種情況出現，政府部門必須建設綜合風險管理體系，提高貸款審核制度，不可一味刺激商業銀行貸款規模與淨利潤的增長，同時鼓勵銀行積極發展表外業務與中間業務。此外，銀行內部管理幹部與職員需要加強風險管理知識，吸取國外先進改革經驗，建立健全的溝通機制，來保證風險管理和控制部門可以有效地進行銀行內部的風險管理。

# 4 人民幣國際化政策與商業銀行風險承擔行為

## 4.1 引言

自 2004 年允許建立離岸人民幣銀行帳戶，到 2009 年人民幣跨境貿易結算試點啓動以及《清算協議》簽署，人民幣國際化發展迅速[1]。截止 2015 年年底，中國對外貿易以人民幣結算的比例接近 30%，人民幣對外直接投資達到 7,362 億元，較上一年增長了 294.53%；同時，國際信貸、國際債券和票據交易中的人民幣份額也快速增長，國際金融交易的人民幣份額躍升至 5.9%。2015 年 11 月 30 日，國際貨幣基金組織執董會決定將人民幣納入 SDR 貨幣籃子，此舉肯定了中國經濟發展和人民幣國際化的階段性成果。此外，隨著中國跨境經濟貿易的發展和「一帶一路」倡議的實施，2016 年中國境內投資者全年共對全球 164 個國家和地區的 7,961 家境外企業進行了非金融類直接投資，累計實現投資 11,299.2 億元，同比增長 44.1%[2]。在人民幣國際化快速推進的同時，商業銀行也加快了「走出去」步伐，近年來在海外開設了多家分支機構，積極開展各類海外業務。比如，2016 年，人民幣作為國際結算貨幣在全球支付貨幣體系占比中位居第六名，中國人民銀行簽署的貨幣互換協議餘額達 3.31 萬億元（向松祚，2016[3]）。

可以看出，人民幣國際化進程與商業銀行「走出去」的戰略發展彼此相關，共同發展。從理論的角度看，一國貨幣國際化並成為儲備貨幣後，

---

[1] 有關部門關於擴大金融業對內、對外開放的意見詳見附錄四、五、六。

[2] 商務部. 中國對外貿易形勢報告（2016 年秋季）[EB/OL]. (2016-11-01). http://zhs.mofcom.gov.cn/article/cbw/201611/20161101564835.shtml.

[3] 向松祚. 人民幣國際化報告 2016：貨幣國際化與宏觀金融風險管理 [R]. 北京：中國人民大學，2016.

能夠獲得全球鑄幣稅收益，降低企業在海外業務中的交易成本，促進對外貿易發展，提升企業和個人對金融機構提供海外服務的需求，有利於本國金融體系持續對外開放。隨著人民幣開始用於更多地區的國際貿易結算，離岸人民幣市場有了突破性的進展，中資企業紛紛跨出國門，需要更為高效便捷的銀行服務，有助於推動銀行「走出去」。因此人民幣國際化能夠為商業銀行「走出去」帶來發展上的機遇（陳雨露等，2005①）。然而，從現實的角度看，目前人民幣國際化的程度還比較低。比如，美國前副國務卿Richard Cooper將「貨幣國際化」分為兩個階段，他認為人民幣國際化水準尚處於初級階段的較低水準，與其主要競爭貨幣相比差距明顯。

2016年下半年人民幣匯率波動較大，時任央行行長的周小川簡單說了兩個理由：第一，2016年下半年，中國對外投資和其他方面的外部花銷比較猛一些，每年下半年這個季節都會多一些，去年多得明顯一些，也包括有一些企業在外面收購的熱情比較高。第二，美國大選，特朗普當選，之後出現了很多和一般人預期不太符合的變化，因此導致美元指數上升比較猛。在這種情況下，匯率波動比較大。周小川同時指出，隨著中國經濟比較穩定，而且更加健康，供給側結構性改革、「三去一降一補」都取得成績，國際上對中國經濟的信心也比較好，匯率自動有一個穩定的趨勢。當然，外匯市場歷來是非常敏感的一個市場，會隨著整個全球經濟，也隨著中國所發生的各種事件不斷波動，誰也不能夠非常準確預期走下來還會有哪些不確定性，哪些事件會發生。因此，正常的匯率波動是一種常態，也是一種正常的情況。這可能加劇中國商業銀行「走出去」過程中風險承擔行為與意願。可以看出，由於中國匯率制度、金融市場和資本項目開放等配套制度尚不完善，人民幣國際化進程中存在著不少的阻礙與風險。

有鑒於此，本章以美國、日本和德國三國貨幣國際化與銀行「走出去」的關係為依據，分析了人民幣國際化和商業銀行海外擴張的現狀，及其前者帶給後者的機遇與挑戰。本章的研究能夠為進一步加強中國金融體系對外開放和人民幣國際化程度穩步提升的相互配合，以及瞭解在人民幣國際化政策發展大背景下商業銀行風險承擔的原因提供借鑑。

---

① 陳雨露，王芳，楊明. 作為國家競爭戰略的貨幣國際化［J］. 經濟研究，2005（2）：35-44.

## 4.2 美日德三國貨幣國際化與銀行「走出去」的經驗啟示

20世紀初，美國通過美聯儲一系列積極政策使得美元取代英鎊成為國際主導貨幣。1977年起，德國馬克與日元作為新興國際貨幣走上了歷史舞臺，在國際金融市場發揮了重要作用。縱觀近百年來三國本幣國際化的過程，可以發現其與本國金融業的對外開放，即銀行「走出去」過程中的風險承擔行為關係密切、相互影響，對本章研究有重要的借鑑意義，下文分別進行討論。

### 4.2.1 美元國際化與美國銀行「走出去」

20世紀20～30年代，美元逐步成為與英鎊並駕齊驅的國際貨幣，並在第二次世界大戰後完全取代了英鎊，美元國際化經驗對人民幣國際化的開展具有重要啟示作用（韓龍，2012[①]）。20世紀初，美國經濟水準和對外貿易總額躍升為全球第一，國內製造業的崛起增加了國內外市場對美元貿易融資的需求。然而，當時的美元缺乏國際吸引力，因此沒有成為主要國際貨幣，國際上對美元的使用並不頻繁。主要原因一是當時美國經濟以獨立發展為主，對歐洲各國缺乏影響力；二是國內金融市場缺乏深度與流動性，沒有設立中央銀行穩定金融市場；三是法律禁止銀行從事海外業務和貿易信貸。

隨著美國經濟的迅速發展，美元國際地位與經濟發展不匹配的矛盾日益凸顯。為了解決這一矛盾，美國頒布了《1913年聯邦儲備法》，1914年成立美聯儲系統，通過積極發揮「有形的手」的作用，推動各國央行選擇美元計價的各類商業票據進行投資。20世紀初，為了加快美元國際化進程，美聯儲培育了國際貿易融資的美元票據市場，同時通過推行低利率政策和對承兌匯票的貼現機制，授權100萬美元以上資本的國民銀行可以在海外建立分支機構，在不超過自有資金50%前提下自由買賣貿易票據。因此，全世界貿易商都紛紛通過美國銀行海外機構來購買美元計價的貿易承兌匯票。

1944年7月，「布雷頓森林體系」的建立使得美元與黃金直接掛鉤，其他國家可以用美元向美國兌換黃金，自此美國成為當時唯一的國際主導貨

---

[①] 韓龍. 美元崛起歷程及對人民幣國際化的啟示 [J]. 國際金融研究，2012（10）：37-46.

幣。隨後，美國抓住美元國際地位迅速上升的機會，於 1948 年 4 月正式啓動了「馬歇爾計劃」(The Marshall Plan)，對被兩次世界大戰破壞的西歐各國進行經濟援助。西歐各國通過參加經濟合作發展組織（OECD）總共接受了美國包括金融、技術、設備等各種形式的援助合計 131.5 億美元，源源不斷的美元通過美國銀行體系輸出境外，美元地位與銀行海外業務利潤增長得到了進一步的鞏固。不難看出，美國銀行在政策扶持下持續向海外市場進軍，為美元國際化的成功奠定了堅實基礎，而美元國際化地位的不斷提升又使得美國銀行業海外業務的開展和利潤的獲取得到了持續的保障，並對銀行自身風險的下降起到了一定作用。

### 4.2.2 日元國際化與日本銀行「走出去」

20 世紀 60~70 年代，在美國扶持下日本經濟與對外貿易高速發展，年均經濟增速接近 10%。70 年代後，日本對外貿易出現了巨額「黑字」（即貿易順差），並持續擴大，急遽增長的「黑字」使日本遭到了巨大的來自國際社會的壓力。為了緩解壓力，20 世紀 80 年代中期，大藏省制訂了「黑字環流」計劃，通過政府以及國內主要銀行機構將國際貿易盈餘、外匯儲備和國內私人資本以政府援助和優惠商業貸款等渠道流回發展中國家。受援國將貸款用於產品生產，再將產品出口給日本，以出口收益的日元來償還貸款。此舉不僅削減了國際收支順差，也促進了日本企業的對外投資，推動了日元的境外使用，因此日元以較快速度在戰後成為國際主要貨幣之一。

日本政府抓住了日元國際化地位迅速上升的機會，於 1964 年通過逐步放鬆國內金融領域的限制，在國外發行日元債券，發行以日元計價的中長期對外貸款以及鼓勵國際投資者參與日本股票市場等方式，形成了「以金融為主、對外貿易為輔」的日元國際化路線（趙柯，2013[①]）。20 世紀 80 年代後期，日本政府先後取消了外匯兌換的管制，並在東京設立離岸市場，取消了外資流入的限制，一系列官方政策促進了日元的國際化（陳衛東、李建，2010[②]）。隨著日元大規模的輸出，日本銀行紛紛在國內融資，繼而在國外放貸，開始了海外擴張的道路（宮崎勇、劉莉，1985[③]）。日本銀行業在國內政府的支持下，通過發展海外業務，推動了 1980—1991 年間日元國際化水準的提升，使日元在國際儲備、國際貿易結算和國際金融交易中

---

① 趙柯. 工業競爭力、資本帳戶開放與貨幣國際化——德國馬克的國際化為什麼比日元成功 [J]. 世界經濟與政治，2013（12）：140.
② 陳衛東、李建軍. 日元國際化進程中值得關注的若干問題 [J]. 國際金融研究，2010（6）：4.
③ 宮崎勇、劉莉. 日本金融自由化和日元國際化 [J]. 國際經濟評論，1985（1）：41.

的占比從 3.27%飆升至 8.02%。

但是，1992 年後日元的國際化水準逐年下降，到 2007 年降至了最低點，僅為 3.72%。之後又受美國次貸危機的影響，日元國際化水準一再下降，可以認為日元國際化遭遇了失敗。失敗的原因在於：

第一，「黑字環流」計劃的持續性效果並不顯著。自 20 世紀 90 年代開始，該計劃下日本長期資本收支出現了輸入大於輸出的情況，巨額經常收支「黑字」沒有轉化為長期資本流向各國。此外，90 年代日元大幅升值，後期日元匯率變化過大，受援國還款壓力逐漸增大，因此逐步放棄了日元貸款援助，日元的海外使用效率迅速降低（劉文杰等，2014[①]）。

第二，1971—1991 年日本國內經濟增長率平均達到了 4.33%（美國為 3.21%），增速較快，而 1992 年至今，日本年均經濟增長率僅為 0.8%（美國為 2.56%），因此日本經濟的低迷難以保障日元的國際地位，經濟停滯加劇了日元國際化的衰退（羅成、顧永昆，2017[②]）。

第三，鑒於日美同盟的關係，日元國際化道路可謂「成也美國，敗也美國」。美元長期以來憑藉霸權借助日元來轉移本國的貨幣危機，或強制日元匯率變動以遏制日本對美貿易順差增長，日元只能被動地接受。

第四，在國內金融危機防禦機制尚不健全情況下，日本銀行海外擴張速度過快，且在風險防範方面沒有給予足夠認知，常常承接一些具有高風險性的銀行經營項目，最終被動地卷入國際金融危機當中，可以認為承擔了較大的經營風險。隨著本國經濟衰退，日本銀行「走出去」對日元國際化的幫助越發有限，且前者受到了後者的一定拖累，導致其風險承擔的主動性在逐步加強。

### 4.2.3 馬克國際化與德國[③]銀行「走出去」

20 世紀 60~80 年代，馬克的國際化進展緩慢，範圍集中於歐洲區域內部，是「局部的國際化」。二戰後的德國不具備完善的金融市場，金融資產對外交易不能起到推進馬克國際化的作用，然而德國強勁的製造業在世界範圍內長期處於領先地位，出口產品的 80%以馬克計價，因此德國銀行「被動」開展了不少海外業務，即因為「走出去」而承擔了不少經營風險。

---

[①] 劉文杰，劉春波，褚亞莉.發展海外貸款 推動人民幣境外使用——日本「黑字環流」案例 [J].金融發展研究，2014（9）：76-81.

[②] 羅成，顧永昆.日元衰退及其對人民幣國際化的啟示 [J].現代日本經濟，2017（1）：27-38.

[③] 1945—1990 年為德意志聯邦共和國和德意志民主共和國。

自 1980 年起，聯邦德國開始意識到馬克國際化程度提升的重要性，因此適度放鬆了銀行海外機構對證券交易的限制，1986 年又擴大了銀行經營的業務範圍，此後德國銀行海外業務才開始了真正意義地對外擴張。僅 1983 年至 1990 年的 7 年時間內，銀行業海外資產規模從 832 億美元猛增至 5,535 億美元，1990 年德國在國外的銀行分支機構達到 225 家。但是，馬克在隨後不到 20 年時間就徹底退出了歷史舞臺，德國銀行錯失了對外擴張的最佳時機，而先前已經開展了海外業務的銀行又面臨了國際金融危機的衝擊。可以看出，就馬克國際化過程而言，有關當局並沒有刻意開放本國金融市場，也沒有出抬政策鼓勵銀行「走出去」或保障銀行海外業務的持續開展。馬克國際化的過程與銀行「走出去」之間關係不大，二者各自獨立發展。馬克國際化失敗的原因在於：

第一，德國政府過於重視維護本國製造業地位，擔心本幣國際化過快會改變境外投資者對馬克的需求，造成馬克匯率的劇烈波動。匯率風險會衝擊企業對外貿易的開展，而德國政府在馬克國際化初期就將匯率穩定置於首要位置，為此不惜執行嚴格資本管制，暫緩金融市場發展以及動用外匯儲備干預市場。德國政府採取了一系列措施限制本國金融機構的對外擴張，如 1968 年德國央行規定，只有境內的銀行可以作為主承銷人承銷馬克計價的債券，而銀行的海外分支不能成為主承銷人（Gorn，2008[①]）。

第二，德國政府對銀行海外業務的長期限制使得本國銀行對管制型金融體系存在嚴重依賴心理，銀行沒有習得充足的海外經營經驗以應對國際金融危機的影響，因此在銀行「走出去」發展的後期，紛紛陷入了海外國家的金融危機泥潭中。

### 4.2.4 案例分析——德意志銀行走出去與風險承擔的關係

以德國最大的、也是海外業務開展歷史最悠久的德意志銀行為例，可以進一步看出本幣國際化對本國銀行開拓海外市場的影響。上文提到，馬克的國際化主要依靠德國強勁製造業帶來的國際貿易，德國的國際貿易中以馬克計價的比例很高，出口產品中馬克計價產品占比約在 80% 左右，進口產品的馬克計價占比也在 50% 左右；而日本商品的出口與進口更多使用美元計價。三國占比對比可見表 4.1。

---

[①] JASON A GORN. German Banks in the Global Economy: Global Pressures and Public Sector Banking [J]. Journal of Economic History，2008，39（2）：135-547.

表 4.1　　　1992—1996 年間美日德進出口產品的各種計價貨幣占比　　　單位：%

|  |  | 美元 | 德國馬克 | 日元 |
|---|---|---|---|---|
| 出口 | 美國 | 98.0 | 0.4 | 0.4 |
|  | 德國 | 9.8 | 76.4 | 0.6 |
|  | 日本 | 52.7 | - | 35.7 |
| 進口 | 美國 | 88.8 | 3.2 | 3.1 |
|  | 德國 | 18.1 | 53.3 | 1.5 |
|  | 日本 | 70.4 | 2.8 | 22.5 |

數據來源：GEORGE S TAVLAS. The International Use of the Dollar: An Optimum Currency Area Perspective [J]. The World Economy, 1997, 20 (6): 734-735.

　　2007 年以前，德國進出口貿易長年雄踞高位，為本國宏觀經濟的發展做出了卓越貢獻，成為銀行海外業務的主要盈利來源。德意志銀行成立於 1870 年，二戰後被拆分為多家地區銀行，直至 1957 年才最終完成整合，正式合併為德意志銀行，並開始了國際化業務。即便為了維護國內經濟的穩定，德國央行一開始並不支持其本幣的海外擴張，但德意志銀行的「走出去」依然與馬克國際化密切相關。大幅擴張的進出口貿易刺激了銀行國外業務的擴大，也產生了更多的收入和利潤，使得德意志銀行在那個時期保持著其在國際市場的優勢。

　　德意志銀行的海外擴張途徑是：先在國際化大城市和國際金融中心布點，開設機構以形成網絡，再通過收購對方銀行（商業銀行或投資銀行）一步到位，如德意志銀行在 1989 年—1998 年 10 年間先後收購了兩家美國重要銀行——摩根建富與信孚銀行，為其進軍美國市場打下了基礎。歷程大致如表 4.2 所示。

表 4.2　　　　　　　　德意志銀行國際化進程時間表

| 時間 | 德意志銀行國際化進程 |
|---|---|
| 1957 年 | 正式整合為德意志銀行，同時恢復了海外業務 |
| 1961 年 | 在盧森堡設立了分支機構 |
| 1973 年 | 在莫斯科設立代表處，在不萊梅、漢堡、上海與橫濱建立分行 |
| 1975—1979 年 | 在倫敦、東京、巴黎等國際經濟貿易中心共計 9 個城市成立分行 |
| 1989 年 | 收購美國摩根建富，開始發展投行業務；國外部門收益成為德意志銀行的利潤主要來源 |

表4.2(續)

| 時間 | 德意志銀行國際化進程 |
|---|---|
| 1998年 | 收購美國信孚銀行 |
| 2008年 | 遭遇美國「次貸危機」，銀行經營陷入困境 |

到了1988年，馬克在國際官方儲備貨幣的份額已經從1973年的2%上升至20%，比例擴大近10倍，而德意志銀行的海外營業額占比已接近40%。不得不承認德意志銀行的海外擴張有效促進了馬克的國際化進程，而被更多國家接受的馬克也助力了德意志銀行海外業務的持續增長。1984—1988年，德意志銀行發行的國際債券中以馬克計價的債券占比達到了20%以上，國際債券承銷業務的蓬勃發展離不開馬克國際化地位的提升。德意志銀行在1980—1986年銷售的馬克計價債券數量見圖4.1。

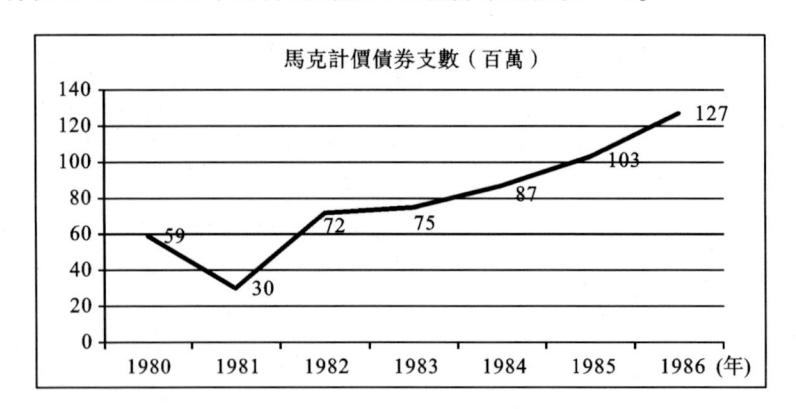

圖4.1　德意志銀行銷售馬克計價債券數量趨勢圖

數據來源：德意志銀行年報（1993—2002年）

此外，德國央行也轉變了之前小心謹慎的態度，開始鼓勵更多銀行走出去，開始大力支持德意志銀行完成海外收購活動。1993年至馬克退出國際舞臺的2002年期間，德意志銀行的海外營業收入占比逐步提升到了50%以上，甚至一度在2002年接近65%之高，可見銀行走出去也為自身的盈利水準的提升帶來了良好的契機，見表4.3。

表4.3　　　1993—2004年德意志銀行海外營業額占比　　　單位：萬元

| 年份 | 德國利潤 | 歐洲利潤（德國除外） | 美洲利潤 | 亞太利潤 | 海外總利潤 | 海外總利潤占比 |
|---|---|---|---|---|---|---|
| 1993 | 32,194 | 12,719 | 2,981 | 2,092 | 17,792 | 35.59% |
| 1994 | 29,404 | 11,319 | 3,372 | 2,496 | 17,187 | 36.89% |

表4.3(續)

| 年份 | 德國利潤 | 歐洲利潤（德國除外） | 美洲利潤 | 亞太利潤 | 海外總利潤 | 海外總利潤占比 |
|---|---|---|---|---|---|---|
| 1995 | 14,879 | 4,345 | 1,421 | 883 | 6,649 | 30.89% |
| 1996 | 15,553 | 5,934 | 2,094 | 1,315 | 9,343 | 37.53% |
| 1997 | 16,703 | 5,451 | 3,282 | 1,690 | 10,423 | 38.42% |
| 1998 | 17,556 | 5,706 | 3,009 | 2,140 | 10,855 | 38.21% |
| 1999 | 12,885 | 5,023 | 4,946 | 1,453 | 11,422 | 46.99% |
| 2000 | 14,295 | 9,739 | 7,766 | 2,201 | 19,706 | 57.96% |
| 2001 | 12,788 | 7,429 | 6,397 | 1,983 | 15,809 | 55.28% |
| 2002(馬克退出) | 8,221 | 6,361 | 6,521 | 2,194 | 15,076 | 64.71% |

數據來源：德意志銀行年報（1993—2002年）

但是，由於在海外擴張時過多持有了美國次級貸款，2007年金融危機下德意志銀行陷入了巨額虧損與經營困境中，短期內難見扭虧為盈的徵兆。2008—2014年間德意志銀行業績嚴重下滑，2015年虧損更是高達68億歐元。為了應對巨額虧損，德意志銀行在全球範圍內裁員1.5萬人，同時關閉了丹麥、新西蘭等在內的10個海外國家的業務。可以看出，德意志銀行陷入經營困境並承擔了越來越多的風險，與其較為激進的「走出去」戰略關係密切。德意志銀行在充分享受本幣國際化為銀行海外業務帶來豐厚利潤的同時，忽略了對銀行自身風險集聚的防範與預警。

### 4.2.5 美日德貨幣國際化與銀行國際化關係的區別與啟示

（1）主要區別

第一，日元與美元的國際化是一條「金融型為主」的道路，而馬克國際化是一條「貿易型為主」的道路。

第二，日元和馬克最終都沒有像美元那樣成為國際主導貨幣，這與政府限制銀行對外擴張有關。20世紀初，美國為了積極推動美元走出國門，通過美聯儲一手培育了可以在國際範圍內開展貿易融資的美元票據市場，以「貿易融資+資本輸出」的模式使得美元國際化程度大幅度提升，美國銀行業隨之大舉進軍了國際市場。德國政府有意識地限制本國金融市場的開放，雖然有利於保持製造業的貿易優勢，提高工業生產競爭力和鞏固國內實體經濟的發展，但此舉阻礙了馬克國際化進程的推進。而日本政府也沒

有在日本經濟疲軟下，大力扶持日元計價金融產品的海外銷售與發行。

第三，美國政府充分意識到銀行海外擴張對於美元國際地位的提升作用，美聯儲直接以頒布法律的形式解除了對本國銀行設立海外分支機構的禁令，授權美國銀行在貿易承兌匯票市場進行交易，此舉保障了美元的持續崛起。而日德兩國政府並沒有如此重視本國銀行的海外擴張對本幣國際化地位提升的支持作用。

(2) 主要啟示

從美日德等國的經驗以及德意志銀行對外擴張的案例來看，貨幣國際化與銀行風險承擔傾向的加劇之間存在相互影響的關係。前者對後者的影響主要體現在這幾個方面：

第一，本幣國際化將提高本國貨幣在國際市場的使用頻率，為金融機構帶來多方面的業務機會，如以本幣計量的海外存貸款業務、承銷發行以本幣計價的國際債券、開展本幣的離岸清算、進行本幣結算等。

第二，本幣國際化有助於推動國內企業走出去，為銀行「走出去」提供了更多客戶基礎。如德意志銀行一開始就是為了由德國製造業帶動的大量海外企業提供服務而進軍了海外，並在嘗到甜頭後大幅提高了「走出去」的速率，但也正是由於提速過於頻繁而最終導致了銀行承擔更多風險，並逐步走向了經營困境。

第三，當國內施行較為嚴格的金融管制導致銀行利潤下滑時，銀行的海外業務往往出現大幅度增長，國內外業務之間體現了較強的互補性。

第四，金融市場的開放容易引致國際金融危機，會影響銀行海外機構業務和經營，如德意志銀行海外分支機構業績受到了 1997 年亞洲金融危機和 2007 年美國次貸危機的重創，至今還在破產邊緣苦苦掙扎。

後者對前者的影響主要體現在銀行有能力控制對風險的承擔前提下，銀行的國際化助推貨幣國際化。以美國為例，美國銀行在海外承銷貿易承兌匯票，此舉不僅不會令美國銀行由於海外擴張而承擔額外的風險，還使得美國銀行海外分支機構可以為大型出口商提供以美元計價的貿易融資服務及其他更多的金融服務，美元的國際領導權得以鞏固（Broz，1997[①]）。以德國為例，雖然馬克最終沒有成為國際主導貨幣，但 20 世紀 80 年代後期開始，隨之德意志銀行為主的德國銀行業紛紛在海外獲得高額利潤，德國央行轉變了之前的金融抑制態度，取消了眾多限制金融市場對外發展的規

---

[①] J. LAWRENCE BROZ. The International Origins of the Federal Reserve System [M]. New York：Cornell University Press, 1997：153-154.

定，增強了以馬克計價的金融工具的吸引力，通過加速金融市場建設，打造國際金融中心（法蘭克福）和支持銀行業「走出去」等手段使得馬克在國際金融市場中的比重逐步上升。

## 4.3 商業銀行「走出去」的機遇與挑戰

上文借鑒相關國際經驗，研究發現貨幣國際化的進程與本國銀行「走出去」往往是相輔相成的，本小節將著重探討在人民幣國際化進程中，中國銀行「走出去」可能面臨的機遇與挑戰。

### 4.3.1 商業銀行「走出去」的現狀

人民幣國際化改革的不斷推進使得國家層面不斷出抬要求金融行業支持企業「走出去」的各類政策，比如在《中國人民銀行 工業和信息化部 銀監會 證監會 保監會關於金融支持製造強國建設的指導意見》[①] 中提出，「一要拓寬製造業『走出去』的融資渠道。金融機構要根據企業『走出去』需要，進一步優化完善海外機構佈局，提高全球化金融服務能力。要積極運用銀團貸款、併購貸款、項目融資、出口信貸等多種方式，為製造業企業在境外開展業務活動提供多元化和個性化的金融服務。支持『走出去』企業以境外資產和股權等權益為抵押獲得貸款，提高企業融資能力。支持製造業企業開展外匯資金池、跨境雙向人民幣資金池業務，支持製造業企業在全口徑跨境融資宏觀審慎管理政策框架下進行跨境融資。支持符合條件的境內製造業企業利用境外市場發行股票、債券和資產證券化產品。二要完善對製造業企業『走出去』的支持政策。不斷優化外匯管理，滿足製造業企業『走出去』過程中真實、合理的購匯需求。支持製造業企業在對外經濟活動中使用人民幣計價結算，優化對外人民幣貸款項目管理，鼓勵企業使用人民幣對外貸款和投資。推動設立人民幣海外合作基金，為製造業企業『走出去』項目提供成本適當的人民幣貸款或投資。鼓勵進一步擴大短期出口信用保險規模，加大對中小微企業和新興市場開拓的保障力度。發揮好中長期出口信用保險的風險保障作用，實現大型成套設備出口融資應保盡保。」

可以看出，在政策對企業走出國門的支持下，加上部分銀行在國內經

---
① 《意見》全文參加附錄十二。

營存在一定壓力，於是大部分商業銀行開展了「走出去」戰略，伴隨人民幣國際化，近年來加快了自身國際化的步伐。2008 年金融危機使得歐美實力雄厚的大銀行紛紛受創，商業銀行迎來了機遇，在新興經濟體與國際金融體系中扮演了越發重要的角色，海外擴張能力進一步提升，而「一帶一路」倡議的出抬更是為金融機構未來的發展指明了方向。2008 年，商業銀行所覆蓋國家與地區數量還不超過 30 個，其中 14 個在亞洲地區。而截至 2015 年底，總計 22 家商業銀行開設了超過一千家的海外分支機構，覆蓋全球 59 個國家和地區。其中，9 家商業銀行在「一帶一路」沿線的 24 個國家共設立了 56 家一級分支機構[①]。以中國銀行為例，現有的人民幣國際化產品體系涵蓋了結算、清算、存貸款、債券、理財及投資等，覆蓋面十分廣泛。中行海外銀行業務通過專業化的公司金融產品和服務，利用「一帶一路」倡議拓展海外客戶與資源，重點支持中國企業在亞太、中東歐、非洲等地區的基礎設施建設，支持其開展國際產能合作，助力中國企業「走出去」，同時支持境外企業「走進來」，在保障了這些企業境外經營順利開展的同時，促進了人民幣境內境外的雙向流通。

### 4.3.2 人民幣國際化帶給銀行的機遇

伴隨人民幣國際化程度的提升，商業銀行海外業務擴張面臨著新的機遇，主要體現在以下業務的增長上。

（1）人民幣國際結算業

中國一直是世界上名列前茅的進出口貿易大國，企業和商品的「走出去」離不開人民幣結算，2009 年跨境人民幣結算試點的推出為企業帶來了便利，也為商業銀行海外機構帶來了業績增長的空間。以「四大行」舉例，雖然 2015 年各行人民幣結算增速有所下降，2011—2014 年每年的平均業務增速都非常高，尤其是 2011 年平均增速更是達到了 557%（見表 4.4）。

表 4.4　　「四大行」跨境人民幣業務及結算業務情況　　單位：萬億

| 銀行名稱 | 2010 | 2011 | 2012 | 2013 | 2014 | 2015 |
| --- | --- | --- | --- | --- | --- | --- |
| 中行 | 0.16 | 0.78 | 2.5 | 3.98 | 5.32 | 5.39 |
| 增速 | - | 388% | 42% | 60% | 34% | 1% |
| 建行 | 0.05 | 0.32 | 0.59 | 0 | 1.46 | 1.84 |

---

① 中國銀行業協會. 2015 年度中國銀行業社會責任報告［EB/OL］.（2016-06-24）. http://finance.huanqiu.com/roll/2016-06/9080220.html.

表4.4(續)

| 銀行名稱 | 2010 | 2011 | 2012 | 2013 | 2014 | 2015 |
|---|---|---|---|---|---|---|
| 增速 | – | 554% | 86% | – | 62% | 26% |
| 農行 | | 0.15 | 0.38 | 0.64 | 1.2 | 1.28 |
| 增速 | – | 386% | 149% | 68% | 88% | 7% |
| 工行 | 0.1 | 1 | 1.5 | 2.17 | 3.66 | 4.41 |
| 增速 | – | 900% | 50% | 40% | 66% | 21% |
| 平均增速 | – | 557% | 82% | 56% | 63% | 14% |

資料來源：根據各銀行年報整理

(2) 人民幣跨境清算業務

近年來，為了提升國外居民人民幣資金支付效率，支持人民幣成為區域計價結算貨幣，為了降低國外機構交易成本（如匯兌、融資等成本）和培育市場，央行大力完善海外人民幣清算行網絡，積極推進清算行的建立。截至2017年3月1日，境外已設立人民幣清算行21家。清算行的設立直接促進了部分商業銀行的海外發展。具體設立機構與所處境外國家如表4.5所示。

表4.5　海外人民幣業務清算行設立時間及對應授權分支機構

| 銀行 | 時間 | 授權分支機構 | 所處國家 | 銀行 | 時間 | 授權分支機構 | 所處國家 |
|---|---|---|---|---|---|---|---|
| 中行 | 2003年12月 | 香港 | 中國 | 工行 | 2013年2月 | 新加坡 | 新加坡 |
| | 2004年9月 | 澳門 | 中國 | | 2014年9月 | 盧森堡 | 盧森堡 |
| | 2012年11月 | 臺灣 | 中國 | | 2014年11月 | 多倫多 | 加拿大 |
| | 2014年6月 | 法蘭克福 | 德國 | | 2014年11月 | 多哈 | 卡塔爾 |
| | 2014年9月 | 巴黎 | 法國 | | 2015年1月 | 曼谷 | 泰國 |
| | 2014年11月 | 悉尼 | 澳大利亞 | | 2015年9月 | 阿根廷 | 阿根廷 |
| | 2015年1月 | 吉隆坡 | 馬來西亞 | 交行 | 2014年7月 | 首爾 | 韓國 |
| | 2015年6月 | 匈牙利 | 匈牙利 | 建行 | 2014年6月 | 倫敦 | 英國 |
| | 2015年7月 | 約翰內斯堡 | 南非 | | 2015年5月 | 智利 | 智利 |
| | 2016年9月 | 紐約 | 美國 | | 2015年11月 | 蘇黎世 | 瑞士 |
| | 2015年9月 | 贊比亞 | 贊比亞 | | | | |

資料來源：中國人民銀行

(3) 企業「走出去」與「一帶一路」沿線人民幣融資業務

在「一帶一路」等國家戰略的指導下,大量中資企業通過海外併購和投資的方式進軍海外。2016 年,中國境內投資者共對全球 164 個國家或地區的 7,961 家境外企業進行了非金融類直接投資,累計實現對外投資 11,299.2 億元人民幣,同比增長 53.7%。中國企業紛紛開展海外併購,在 2016 年前三季度共實現併購實際交易金額 674 億美元,超過了 2015 年全年併購金額。中國企業海外業務的擴張離不開「一帶一路」倡議發展的推動,2016 年前三季度中國對部分「一帶一路」相關國家,如對巴基斯坦、俄羅斯、波蘭、孟加拉國和印度等國出口分別增長了 14.9%、14%、11.7%、9.6% 和 7.8%;企業與「一帶一路」相關 61 個國家新簽對外承包工程項目合同 8,158 份,新簽合同額 1,260.3 億美元,占同期中國對外承包工程新簽合同額的 51.6%,同比增長 36%。[①] 這些企業亟須在境外獲得銀行提供包含人民幣融資支持在內的金融服務,促進了商業銀行「走出去」。

(4) 其他業務

從長期看,人民幣國際化發展將推動部分境外商業銀行機構成長為區域或全球性人民幣業務中心,提升其全球競爭力,促進了商業銀行海外機構在公司金融、貿易金融、清算服務、託管業務、銀行卡業務和金融市場業務等方面積極尋求新的盈利增長機會。例如,部分銀行已實施海外信用卡業務差異化戰略,實現了海外信用卡業務的規模化發展;還有些商業銀行海外機構通過積極發行人民幣計價債券,豐富了人民幣投資產品,推進了離岸人民幣市場建設等。

### 4.3.3 人民幣國際化帶給銀行的挑戰

儘管人民幣國際化對銀行業「走出去」帶來了可觀的業務機遇,但也同樣存在著挑戰與風險,使得中國商業銀行承擔了範圍更廣的風險與面臨更多元化的潛在威脅。人民幣國際化會影響商業銀行風險承擔的主要原因在於,目前人民幣國際化尚處於初級階段,還有很長的路要走,過程的曲折與漫長勢必會影響商業銀行國際化步伐。結合上文美日德的經驗,筆者認為,人民幣國際化下商業銀行的風險承擔行為主要體現在以下幾個方面:

(1) 中資企業和銀行的國際化發展水準提升需要較長時間

學術界普遍認為,中國要穩步提高人民幣的國際地位,主要的渠道是

---

① 商務部. 中國對外貿易形勢報告(2016 年秋季)[EB/OL]. (2016-11-02). http://zhs.mofcom.gov.cn/article/cbw/201611/20161101564835.shtml.

通過企業和金融機構的海外擴張進一步提升本國經濟與對外貿易規模①。從各國經驗看，銀行「走出去」主要是追隨外貿型企業的海外擴張腳步，在人民幣尚未成為國際主要貨幣之際，中國銀行業國際化經營的經驗、人才、管理能力都需要進一步提高。目前，中資企業整體國際化經營程度仍處於初級階段，境外經營的出發點主要是規避貿易壁壘和增加產品出口，以均衡服務和資本等核心要素配置為目的的「走出去」格局尚未形成。此外，中資企業國際化經營層次不高，很多處於產業鏈低端，沒有形成真正意義上的以全球性資源配置為主導的跨國企業，也沒有形成對外直接投資或國際併購等高級的國際化經營模式。

（2）資本項目開放步伐與節奏尚不穩定

國際金融經典理論認為，開放經濟體的貨幣當局在貨幣政策獨立性、固定匯率制度和資本完全自由流動等宏觀金融政策目標中只能三者選擇其二。在當前美元處於加息通道背景下，為防止資本外逃、避免儲備流失，需要維護貨幣政策的獨立性和匯率的相對穩定性，不能過快地放開資本管制，在一定時期甚至需要進一步收緊資本項目。資本項目的開放勢必影響人民幣國際化進程的開展。另外，中國金融體系深度和廣度不夠，放開資本帳戶管制極易招致境外投機勢力衝擊與國際金融風險，威脅宏觀經濟安全（Frankel，2012）。② 因此，資本項目開放的節奏也為銀行「走出去」帶來了潛在的風險。

（3）人民幣匯率和利率市場化的落實不到位

人民幣國際化的穩步推進有賴於利率市場化和匯率市場化的逐步實現。中國人民幣實行有管理的浮動匯率制度是以市場供求為基礎、參考一籃子貨幣進行調節、有管理的浮動匯率制度，保持人民幣匯率在合理均衡水準上基本穩定。有管理的浮動匯率是對大家有利的，如果固定不變，反而是不利的，因為不利於經濟調整，不利於建立信心，是一種僵化的表現，所以實際上有管理的浮動匯率制度是有好處的。社會上一度流行「人無貶基」這個詞，意思是人民幣沒有持續貶值的基礎，溫家寶在多個場合也說到過這個意思。最近一段時間，特別是最近一年多的時間以來，唱空人民幣的

---

① CHEN-YUAN TUNG, GUO-CHEN WANG, JASON YEH. Renminbi Internationalization: Progress, Prospect and Comparison [J]. China & World Economy, 2012, 20 (5): 63-82.

② FRANKEL J. Internationalization of the RMB and Historical Precedents [J]. Journal of Economic Integration, 2012, 27 (3): 329-365.

聲音比較強。首要原因是有人認為中國經濟增長速度下滑了，人民幣就不穩。去年 GDP6.7%的增長率，其實在全球看仍然是一個很高的速度。另外，中國也進入了一個強調結構調整的階段，只有更加強調結構調整，才能使中國經濟增長長期保持持續健康。所以，在國際市場上，當然也傳導到國內市場上，認為中國經濟增長有所下降，導致對人民幣匯率的懷疑，這個聲音一度是有點過分的。這裡面也包括外匯市場上實際做交易的機構，包括某些對沖基金等，他們在做空人民幣上放了不少倉位，他們有倉位以後，不希望輸錢，希望能夠帶動大家，最後變成現實，這樣他們也好賺錢。周小川行長認為，這是階段性的，過一個階段大家就會看到，中國經濟總體還是比較健康的，特別是去年經濟增長已經走入了平穩階段。所以，看待人民幣匯率，在很大程度上要看經濟健康不健康，如果經濟健康，且通貨膨脹率又比較低，貨幣就會比較堅挺。再者，也要看金融穩不穩定。如果金融出現大範圍的不穩定，一般來說貨幣就出現貶值。金融如果比較穩定，信心就會進一步增強。因此，應該說進入 2017 年以來，人民幣匯率從目前來看表現為沒有持續貶值的基礎。雖然中國匯率制度在逐漸向健康和穩定發展的方向進步，但匯率市場化的推進也存在不小的障礙，比如目前中國外匯市場作為參與主體的非金融企業數量還很少，境外金融機構沒有參與進來，銀行間外匯市場交易規模偏小，匯率形成機制會受到各種有形和無形的政策管制等。

如果要預測人民幣匯率波動情況，周小川行長曾建議大家注意觀察美元指數，畢竟美元仍舊是國際貨幣裡最主要的一個貨幣。美元自身的變動有很多因素，也包括它自己國內的因素，比如美聯儲加息，比如選舉以後，大家究竟是信心更強了還是更弱了，這些導致美元的波動，而美元的波動也會短期影響人民幣匯率的波動。但更主要的是大家對中期人民幣匯率走勢的判斷。像溫家寶政府工作報告所說的，隨著中國經濟增長趨於穩定，結構調整不斷產生效果，這些積極因素將是主要的，決定了人民幣匯率在合理均衡水準上的基本穩定。

此外，為了深化金融改革，當前中國已初步實現了利率市場化，但是，大部分商業銀行沒有依靠貨幣市場供求雙方博弈來制定利率，即利率不具備對資產交易價格的發現功能。如果利率市場化不能真正實現，那麼加快銀行「走出去」會使得脆弱的本國金融體系遭受不小的外部風險。

這種情況下，人民幣國際化將使貨幣政策的外溢性上升，對匯率和利

率的政策落實和管理能力提出挑戰（Lee，2014[①]）。因此，沒有真正實行的「利率市場化」和「匯率市場化」會增加國內外非市場性套利空間，在金融體系對外開放中引致混亂，不利於銀行海外業務的平穩開展。

（4）境外金融風險或危機輸入的風險上升

2016 年 9 月 21 日聯合國貿發會議發布年報稱，國際資本已開始從新興市場外流，目前世界正面臨債務違約風險，可能進入 2008 年後金融危機第三階段（前兩階段分別為美國次貸危機和歐元區債務危機）。近期，央行提出了跨境人民幣使用項目要從結算擴展到融資、從經常項目擴展到跨境直接投資和跨境證券投資等資本項目，以保障人民幣「出得去、回得來」的政策目標，此時商業銀行「走出去」不可避免地會更多參與到國際金融事務中（文誠，2016[②]）。此外，人民幣國際化後，如投入境外房地產、能源、金融衍生品等投資領域，將提高境內外金融市場風險傳染的可能性，造成系統性風險集聚（劉駿民等，2006[③]）。

（5）人民幣匯率波動的壓力持續上升

匯率的波動可能造成本幣意外發生升值或貶值。以貶值為例，人民幣國際化進程中，有大量的人民幣或以人民幣計價的金融資產會被非居民持有，一旦持有者對人民幣有較強的貶值預期，則會競相拋售人民幣資產與人民幣計價的金融資產，從而造成貶值（Islam，2012[④]）。人民幣匯率的雙向浮動機制會使商業銀行資產的市場價值發生變化，資產負債結構隨之改變，外匯敞口可能在匯率向不利方向發展時給銀行帶來損失。貶值期間，國際市場的套匯交易會引起人民幣回流境內，從而導致離岸人民幣資金池的萎縮，造成銀行海外利潤受損（陳守東、谷家奎，2013[⑤]）。

另外，如果匯率頻繁波動，銀行經營會面臨較大的「貨幣錯配風險」。所謂貨幣錯配是指「由於一個權益實體（包括主權國家、銀行、非金融企業和家庭）的收入和支出活動使用了不同的貨幣計值，其資產和負債的幣

---

[①] LEE J W. Will the Renminbi Emerge as an International Reserve Currency? [J]. The World Economy, 2014, 37（1）：42-62.

[②] 文誠. 中資商業銀行應緊隨人民幣國際化的步伐 [J]. 杭州金融研修學院學報, 2016（1）：30-32.

[③] 劉駿民, 劉惠杰, 王洋. 如何看待人民幣國際化中匯率升值與熱線衝擊 [J]. 開放導報, 2006（5）：80-82.

[④] ISLAM M S, BACHAR O K M R. International of Renminbi：What does the Evidence Suggest? [J]. World Review of Business Research, 2012, 2（5）：65-85.

[⑤] 陳守東, 谷家奎. 中國境內銀行貨幣錯配比較研究——基於人民幣匯率變化不確定性視角 [J]. 當代經濟科學, 2013（2）：22-42.

種結構不同，導致其淨值或淨收入對匯率的變化非常敏感」[①]。商業銀行作為最重要的金融仲介，在涉及海外業務的開展過程中是外匯風險的主要承擔者，不僅要面對收入流量和資產存量的幣種錯配風險，還要承擔企業客戶的貨幣錯配風險，因此貨幣錯配實際上是一種匯率風險（宋帥邦、崔建鵬，2014[②]）。研究發現，貨幣錯配風險在匯率波動下暴露更加充分，匯率波動的不確定性對銀行貨幣錯配的衝擊具有非對稱性，因此對中國商業銀行進軍海外有不利影響（江百靈、葉文娛，2012[③]）。

## 4.4 防範商業銀行風險承擔行為加劇的對策

本章的研究包含了以下對策建議：

第一，「苦練內功」，奠定人民幣國際化的堅實基礎。

以美日德和中國貨幣國際化過程來看，本幣的國際化實際是本國經濟發展到一定階段水到渠成的結果，而經濟實力主要體現在經濟規模和對外貿易兩個方面。中國經歷多年的改革與發展，目前經濟規模緊隨美國之後位居世界第二，貿易量更是超越美國成為世界第一。據測算，到2030年前後，中國經濟規模將超越美國成為世界第一。因此，未來的發展過程仍應堅持「以我為主」，積極改變經濟結構；要輔助民營企業積極適應國內外環境變化，提升其以品牌、服務和產品質量為核心的外貿競爭新優勢。「打鐵還需自身硬」，只有具備了良好的經濟基礎，才能為人民幣國際化和人民幣幣值穩定提供堅實的基礎，並抵禦人民幣國際化進程帶給商業銀行海外業務的各類潛在風險。

第二，推動銀行「走出去」與人民幣國際化相互促進、共同發展。

借鑑相關國家經驗，適當推動商業銀行通過兼併、收購和建設等方式在周邊或亞洲其他國家和地區設立分支機構，並逐步向全球範圍擴張，一方面抓住人民幣國際化帶來的業務機會，創新人民幣計價金融產品，應對不同的海外市場需求；另一方面為人民幣國際化提供運轉渠道。同時，商

---

① 商務部. 中國對外貿易形勢報告（2016年秋季）[EB/OL]. (2016-11-02). http://zhs.mofcom.gov.cn/article/cbw/201611/20161101564835.shtml.

② 宋帥邦, 崔建鵬. 貨幣錯配對商業銀行盈利水準的影響[J]. 金融論壇, 2014 (8): 40-48.

③ 江百靈, 葉文娛. 本幣升值衝擊與銀行業危機——基於貨幣錯配視角的中國經驗[J]. 經濟經緯, 2012 (6): 156-160.

業銀行應看清人民幣國際化帶來的挑戰，積極調整海外擴張戰略，建立完善的風險管理控制體系，掌握國際先進的風險度量技術，防範人民幣國際化進程中的潛在負面影響。「走出去」的商業銀行應採用更加審慎的經營管理原則，對國際金融危機觸發點反應要具備前瞻性與敏銳性；同時要完善現有金融人才儲備制度，積極學習各國金融危機爆發的根源與傳導路徑，從源頭上防範風險；要對海外業務制定專門的監控目標與策略，以降低危機通過各種渠道輸入境內的可能性。

## 4.5 本章小結

本章在借鑑美國、日本和德國本幣國際化與本國銀行「走出去」關係的基礎上，梳理了中國人民幣國際化進程和商業銀行「走出去」的現狀，以及人民幣國際化帶給商業銀行進軍海外的機遇與挑戰。未來，隨著人民幣國際化的推進，商業銀行需要在「借力」的同時，完善自身「走出去」策略，積極為中資企業提供海外服務，助力中國國際貿易的增長，提高人民幣海外使用的頻率與效率，保障人民幣國際地位的提升，並且需要防範海外業務過快擴張帶來的一系列風險。因為在銀行「走出去」的過程中，不僅要面對來自國際社會的更多不確定性風險的衝擊，還要面臨本幣國際化過程中自身遇到的不少問題，因此銀行不可在擴張過程中盲目開展過多高風險項目，不可加劇風險承擔行為與意願。

總的來看，人民幣國際化既不能操之過急，也不能單兵突進，而是應該在金融市場持續深化開放和各種配套制度建立的基礎上，有序向前推進，以防止銀行業累積過多海外風險。以建立匯率市場為例，貨幣當局應逐步推動加大人民幣匯率雙向波動範圍，使匯率形成機制向市場化方向轉變，並適時適度推動資本項目有序開放；銀行可選擇的應對匯率波動較大的措施包括發展離岸人民幣負債業務，降低非居民用本幣償還人民幣借款的負擔；利用貨幣貶值促進出口的有利條件，發展跨境貿易人民幣結算業務，充分發揮人民幣的國際流通手段職能。為了避免貨幣錯配，在開展海外業務過程中，對本銀行的貨幣錯配風險進行壓力測試，以確定自己能夠承擔的貨幣錯配程度。對於上市銀行，還應主動在財務報表中定期公布外匯風險敞口指標，接受全體市場投資者的監督，避免借走出國門的機會，承擔更多來自海外業務的風險。

# 5 新型城鎮化政策與商業銀行風險承擔：銀行創新角度

## 5.1 引言

近年來，為了應對各類新型的金融機構與平臺對資金的吸收，也為了加強自身競爭力，商業銀行紛紛展開了創新與改革。企業進行創新活動，本身蘊含著巨大的風險，在投入研發成本的同時，也需要不斷聘請技術類人才解決發展過程中遭遇的創新瓶頸，而創新的成果和結果是否能夠產生預期的收益，具有較強不確定性，這些舉措無疑增加了企業成本與風險。因此，銀行主動採取創新的行為，其實就是主動承擔風險的行為。那麼，如果某些宏觀政策影響了商業銀行的創新活動，則可能也會影響銀行風險承擔行為，新型城鎮化政策便是此類政策之一。該政策對於在農村地區開展業務的商業銀行（下文簡稱「涉農銀行」）的風險承擔行為具有一定影響。

「十二五」時期，中國農業農村經濟形勢持續走好。農業生產基礎堅實，糧食生產實現連續三年超過 6,000 億千克，2015 年全國農村居民人均可支配收入達到 11,422 元，農業科技進步貢獻率、農作物耕種收綜合機械化率分別達到 56% 和 63%。農產品加工業快速發展，2015 年全國規模以上農產品加工業完成主營業務收入近 20 萬億元，農產品加工業與農業總產值比提高到 2.2：1，農產品加工轉化率達到 65%。新型經營主體蓬勃發展，到 2015 年底，超過 250 萬個。新業態新模式不斷湧現，2015 年各類涉農電商超過 3 萬家，休閒農業和鄉村旅遊「十二五」期間年均增速超過 10%[①]。

---

[①] 農業部農產品加工局負責人就《全國農產品加工業與農村一二三產業融合發展規劃（2016—2020 年）》答記者問情況，詳見附錄九。

隨著中國經濟進入發展的新常態，面臨「後金融危機」時代國內外嚴峻經濟形勢的挑戰，中國經濟發展呈現出增速下滑、結構調整、動能轉換的新特點。針對這一現狀，中央在黨的十八屆五中全會提出了「創新」「協調」「綠色」「開放」「共享」五大發展理念，果斷提出必須把發展基點放在創新上，形成促進創新的體制架構，依靠創新驅動來發揮先發優勢。

《中華人民共和國國民經濟和社會發展第十三個五年規劃綱要》指出，「推進以人為核心的新型城鎮化」，其具體要求是「堅持工業反哺農業、城市支持農村，健全城鄉發展一體化體制機制，推進城鄉要素平等交換、合理配置和基本公共服務均等化」。這意味著新型城鎮化更加注重「人」這一核心要素和人的全面發展。實際上，政府一直強調實施鄉村振興戰略必須破解人才瓶頸制約，而農業有奔頭，才能吸引到人才。2018年3月8日，習近平參加山東代表團審議時強調要讓農業成為有奔頭的產業。他說，鄉村振興，一方面要發揮好本土人才的作用；另一方面，要夯實基層黨組織基礎，通過第一書記、大學生村官、農村工作隊等形式築牢基層黨組織。他還強調，將來還要引進職業農民，讓大學生甚至是海歸人才主動回鄉務農。3月7日，習近平參加廣東代表團審議時強調，一方面要繼續推動城鎮化建設。另一方面，鄉村振興也需要有生力軍。要讓精英人才到鄉村的舞臺上大施拳腳，讓農民企業家在農村壯大發展。城鎮化、逆城鎮化兩個方面都要致力推動。城鎮化進程中農村也不能衰落，要相得益彰、相輔相成。關於城鎮化過程中遇到的問題，習近平指出，我們現在推動城鎮化建設，千方百計讓進城務工人員能夠在城市穩定地工作生活，能進城的孩子隨著進城，解決留守問題。同時，也要讓留在農村的老年人在鄉村振興戰略中找到歸宿。家庭人倫等值得珍惜的東西，在城鎮化過程中，在農民進城的大遷徙中受到了衝擊。這個衝擊不可避免，但在這個過程中不能泯滅良知人性。3月8日，習近平參加山東代表團審議時強調，要充分尊重廣大農民意願，調動廣大農民積極性、主動性、創造性，把廣大農民對美好生活的向往化為推動鄉村振興的動力，把維護廣大農民根本利益、促進廣大農民共同富裕作為出發點和落腳點。

實施鄉村振興戰略，不能千篇一律，更不能搞「面子工程」。習近平強調，要推動鄉村振興健康有序進行，科學把握各地差異和特點，注重地域特色，體現鄉土風情，特別要保護好傳統村落、民族村寨、傳統建築，不搞一刀切，不搞統一模式，不搞層層加碼，杜絕「形象工程」。具體要怎麼幹，習近平總書記還從五個方面提出了具體要求：一是產業振興，把產業發展落到促進農民增收上來，全力以赴消除農村貧困；二是人才振興，讓

願意留在鄉村、建設家鄉的人留得安心，打造一支強大的鄉村振興人才隊伍；三是文化振興，培育文明鄉風、良好家風、淳樸民風，提高鄉村社會文明程度；四是生態振興，紮實實施農村人居環境整治三年行動計劃，推進農村「廁所革命」，完善農村生活設施；五是組織振興，打造千千萬萬個堅強的農村基層黨組織，確保鄉村社會充滿活力、安定有序。可以看出，作為鄉村振興系列戰略的一部分，新型城鎮化政策提出需要整合城鄉發展資源，均衡城鄉基本公共服務，完善城鄉融合發展的機制，以促進勞動者素質的全面提高，不斷解放和發展生產力為目的。

人口素質的現代化勢必影響企業的創新，尤其對商業銀行而言，人才決定著創新的方向與成敗。商業銀行為經濟的發展提供了新的增長方向，對實體經濟的貢獻日益顯現。因其資金規模大、受環境影響大等特點，加上新型城鎮化進程也會一直伴隨人口轉移、經濟發展水準不均衡或就業矛盾突出的問題，從而導致企業在提高創新能力過程中可能承擔更多的風險。因此，本章主要從創新視角考察中國新型城鎮化與商業銀行風險承擔之間的關係，並在此基礎上揭示相應的政策含義。

## 5.2　文獻綜述

新型城鎮化與商業銀行關係的研究大概有以下幾個方面：

首先是馬克思、恩格斯城鄉融合理論中關於人的全面發展的思想。馬克思、恩格斯在早期著作中提出了城鄉融合的理論，這些理論對中國當前新型城鎮化建設仍然具有重要的指導意義。馬克思在研究城鎮化進程的時候指出，「在再生產的行為本身中，不但客觀條件改變著，例如鄉村變為城市，荒野變為開墾地等等，而且生產者也改變著，他煉出新的品質，通過生產而發展和改造著自身，造成新的力量和新的觀念，造成新的交往方式、新的需要和新的語言。」[1] 馬克思、恩格斯認為，一個良性發展的城鎮化進程應該伴隨著人的生活方式、生產方式、交往方式、價值觀念甚至是語言的變化，融合發展的城鄉關係一定會促進人的全面發展。這種促進是一種無形的、客觀的歷史進程，它有其自身的客觀規律，遵循這一規律將會給人類社會帶來創新發展和經濟社會的進步。中國正在進行的新型城鎮化建

---

[1]　馬克思，恩格斯. 馬克思恩格斯文集：第 8 卷 [M]. 中共中央馬克思恩格斯列寧斯大林著作編譯局，譯. 北京：北京人民出版社，2009.

設正是馬克思恩格斯這一城鄉融合思想在當代中國的實踐。從這個意義上講，新型城鎮化必將促進人的全面發展，從而促進商業銀行的創新。

其次是商業銀行與經濟發展的關係。商業銀行之所以能夠為諸多發達國家提供持續的經濟動力，其中一個重要原因在於，商業銀行對實體企業，尤其是中小企業的扶持作用可以明顯提升本國居民的就業率。Birch（1981）運用動態分析法，通過實證研究表明，82%的新增就業機會由雇員500人以下的中小企業所創造。其中，雇員20人以下的小企業甚至創造了近2/3的新增就業機會。Anderson 等（2003）[①] 分析中國的情況也認為，1990—1999年期間國有企業數目不斷減少，實體企業數目顯著增加，而這些實體企業大多得到了商業銀行在資金支持，對就業增長具有促進作用。這些研究說明，商業銀行可以促進本國就業率的提高，實現經濟的長期發展，並在經濟不景氣時發揮「穩定器」的作用。

而新型城鎮化與商業銀行創新的關係在現有文獻中並不多見。李克強總理在2012年中央經濟工作會議上強調，城鎮化是中國當前擴大內需的最大潛力所在，要擺脫傳統城鎮化的老路，走新型城鎮化的道路。2013年11月，中共中央提出了《關於全面深化改革若干重大問題的決定》，隨後出抬了《國家新型城鎮化規劃（2014-2020）》。陸大道等（2015）[②] 認為，伴隨這一過程的是國家的經濟機構、社會結構和生產方式、生活方式的重大轉變。而目前僅有少量論文以「人才」為仲介研究城鎮化水準與商業銀行發展的關係，如馮尚春（2004）[③] 認為，高素質人才可以提升城鎮的集聚能力，留住核心人才是城鎮化發展的基石。李思麗（2013）[④] 從城鎮產業升級和轉移角度論述了新型城鎮化對人才的需求，尤其是對技能型實用人才的強烈需求。甄峰等（2007）[⑤] 實證研究表明，人力資本指數與城鎮化水準具有較高的相關性。武力超等（2010）[⑥] 則認為城市基礎設施水準提升了公共物業，吸引了人才加盟，進一步推進了城市化的進程。人才是企業創新得

---

[①] ANDERSON A R, LI J H, HARRISON R T, et al. The Increasing Role of Small Business in the Chinese Economy, Journal of Small Business Management, 2003, 41（3）: 449-450.

[②] 陸大道，陳明星. 關於「國家新型城鎮化規劃（2014-2020）」編製大背景的幾點認識[J]. 地理學報，2015（2）: 179-185.

[③] 馮尚春. 發達國家城鎮化及其對中國的啟示[J]. 城市發展研究，2004（1）: 5-8.

[④] 李思麗. 新型城鎮化建設視域下人才培養的目標及對策[J]. 繼續教育研究，2013（3）: 31-33.

[⑤] 甄峰，魏宗財，歐向軍. 人力資本、經濟增長與城市化：以江蘇省地級市為例[J]. 城市發展研究，2007（5）: 62-67.

[⑥] 武力超，孫浦陽. 基礎設施發展水準對中國城市化進程的影響[J]. 中國人口資源與環境，2010（8）: 121-125.

以持續的關鍵，Kaufmann 等（1999）[1] 指出商業銀行的技術人員投入明顯高於大企業；人才、企業發展與城鎮化水準的相互關係在某一地區也得到了驗證，李濤等（2014）[2] 的文章實證研究了廣西 2000—2012 年間地區經濟的發展輻射到了就業人員的工資與社保體系中，研究發現，當地人才吸引力明顯提升，新型城鎮化「以人為本」的理念得到了表現。

現有研究存在以下不足：第一，實證研究大多數使用了截面數據，其估計結果僅僅反應出城鎮化與商業銀行發展水準之間的相互對應關係，而非因果關係；第二，現有研究主要集中在商業銀行創新的各種評價及其與自身經營績效的關係上，尚未考慮以人為核心的新型城鎮化進程對本地商業銀行創新的具體影響；第三，現有研究未能分析城鎮化進程影響商業銀行的內在機理及可能存在的地域差異。基於此，本章利用金融危機後的 2008—2014 年中國 22 省市級面板數據，運用面板數據模型對城鎮化與當地具有代表性的商業銀行創新的關係進行研究，重點回答以下問題：第一，城鎮化對涉農銀行的創新是否存在影響；第二，這種影響的程度有多大；第三，涉農銀行的創新活動是否會加劇自身風險承擔行為與意願。

## 5.3 理論分析框架

### 5.3.1 商業銀行創新

商業銀行是企業的一種，因此也會跟其他企業一樣有創新的內在驅動力與外在影響因素。創新是一個過程，在此過程中企業從內部和外部獲取資源、信息、技術與其他要素，將這些要素整合起來產生創新點，進而將創新點轉化為市場上有價值的產品，保障自身的利潤增長。商業銀行的創新也遵循著這一規律並表現出以下一些特徵：

（1）商業銀行的創新與所在地區經濟發展情況密切相關。相對於大型企業的多地發展、遍地開花模式，商業銀行的創新很大程度上依賴於所在地區經濟發展的特點與情況，因此存在強烈的地區差異。根據調查，中國沿海和東部地區商業銀行創新能力普遍高於西部地區，其主要原因是沿海

---

[1] KAUFMANN A, TÖDTLING F. How Effective Is Innovation Support for SMEs? An Analysis of the Region of Upper Austria [J]. Technovation, 1999, 22 (3): 147-159.

[2] 李濤, 陳彥樺, 王嘉煒, 等. 地區人才吸引力與城鎮化水準相關性研究——以廣西為例 [J]. 欽州學院學報, 2014 (8): 68-74.

和東部地區具有地域、資源整合、區域經濟協同發展的先天優勢，交通更加便利，市場更加廣闊，人才也更為集聚。

（2）商業銀行創新在鄉村地區較為靈活。不同於大型企業紛繁複雜的管理機制，商業銀行中的村鎮銀行在信息傳遞與發展戰略調整轉向方面具有效率上的優勢。例如村鎮銀行管理層通常較少，組織結構簡單靈活，因此一般而言，當企業管理費用有所變化時，可以認為其捕捉到市場變化的信號，並依據信號迅速調整企業的創新方向。

（3）商業銀行創新過程中面臨較高風險。由於歷史原因，大部分村鎮銀行管理者受教育程度並不很高，且行業間人才流動性大，在某種程度上阻斷了銀行創新的活力與持續力，並由此增加了銀行風險，因此商業銀行自主創新所占比重不大，需要大量的引進外部人才。

由於人才流動關聯到企業所在地區的生活環境、生活成本、教育資源等城市因素，故本地區城鎮化水準高低會影響人才的選擇，進而影響涉農銀行的創新。

### 5.3.2 創新生產函數理論

本章的分析框架基於熊彼特提出的「創新生產函數理論」。該理論認為，創新是一種生產函數，由研發新產品、研發新技術、開闢新市場、控制供應源和改變原有組織五種形式構成。當創新達到一定規模，將會驅動企業成長，促進本地經濟增長。這是一種傳統的企業創新理論。基於這個理論，本章認為，商業銀行的創新可以看作主要由人才因素與企業管理等投入要素共同生產出來的商品。由於城鎮化對人才流動具有影響，本章把城鎮化作為企業創新的投入要素，建立如下的生產函數：

$$\text{Innovation} = f(X)$$

其中，Innovation 代表本地涉農銀行創新能力水準；$X$ 代表影響創新的自變量，包括城鎮化水準、本地醫療保障制度、本地智力水準、本地教育程度、本地人均資源等。

涉農銀行的創新與本地居民受教育水準有著密切聯繫。在一個發展較為快速的中心城市，如果人們的教育水準普遍較高，則更能適應宏觀環境變化，及時提供智力成果，這使企業具備了較高的創新能力。創新也與本地居民受教育程度有關。研究表明，人才受教育的程度越高，其從事智力型工作的能力越強，而創新是一個十分考驗人才智力的企業活動。基於跨國數據的實證研究發現，居民平均受教育程度越高的國家，該國企業的創新越多。這個結論在一個國家的不同地區也是成立的。企業創新與本地智

力水準（如申請專利數目）存在很大的相關度。具有較高創新能力的地區會提高商業銀行創新研發水準，保障其創新能力穩步提升。此外，醫療保障制度也會影響本地商業銀行的創新。創新是一項對智力消耗極高的企業活動。商業銀行出於自身資金限制，往往不會組建規模龐大的研發團隊，因此，在研發人員有限的情況下，人才的健康狀況直接關乎本企業的創新成果。城鎮化會影響本地醫療保障體制，而良好的醫療服務可以吸引人才流入，保證人才的健康狀況並避免健康隱患，使研發得以持續。

由此可見，城鎮化建設可能對涉農銀行的創新能力存在正向或負向的影響。一方面，城鎮化提高了當地的醫療服務、教育服務水準和農村居民收入水準，進而為商業銀行的成長和創新提供了土壤；另一方面，自 1996 年以來的傳統城鎮化建設導致生態系統嚴重退化，生態災害事件不時發生。近年來的研究表明，環境污染已從城鎮周邊環境進入生態系統並通過食物鏈進入人體，威脅著居民的身體健康。針對傳統城鎮化帶來的負面影響，《國家新型城鎮規劃（2014—2020）》專門提出要「穩中求進」地開展城鎮化，過快推進新型城鎮化建設必然導致環境的惡化，而惡化的環境必然導致人才的流失，影響居民的身心健康，從而抑制企業的創新。

## 5.4 計量模型、變量選取和數據來源

### 5.4.1 計量模型

本章利用中國 2010—2018 年的省級面板數據對城鎮化對商業銀行創新能力的影響進行實證檢驗。參考上文的理論分析，建立如下的面板計量模型：

$$\text{Innovation}_{it} = \beta_1 \text{urbanization}_{it} + X_{it}\beta_i + \mu_i + \varepsilon_{it}$$

其中：$\text{Innovation}_{it}$ 表示 $i$ 省在 $t$ 年的涉農銀行創新能力水準；$\text{urbanization}_{it}$ 是 $i$ 省在 $t$ 年的城鎮化就業率，反應了城鎮化進程的快慢以及新型城鎮化「以人為本」的基本思想；$X_{it}$ 是其他的控制變量；$\mu_i$ 是與省份相關的地區效應，反應一些無法觀察到的地區特有的影響變量；$\varepsilon_{it}$ 是隨著時間而變化的隨機擾動項，假設 $\varepsilon_{it}$ 獨立同分佈，且與 $\mu_i$ 不相關；$\beta_1$ 是待估計參數，反應城鎮化對本地商業銀行上市企業平均創新能力的影響。

實證採用面板數據模型，一般有兩種主要的估計方法：一種是將其看成截面數據進行迴歸（pool regression），這要求樣本的每個個體擁有完全相

同的迴歸方程；另一種是為每個個體估計一個單獨的迴歸方程。前者不考慮個體間不可觀測或遺漏的異質性，其實質效果就是截面迴歸；後者則忽略個體間的共性。本章假設個體的迴歸方程截距項各自不同，以此來捕捉個體異質性。兩種估計方法的選擇通過「豪斯曼檢驗」（Hausman Test）加以確定。

### 5.4.2 變量選取

上市商業銀行普遍具有成長性好、抗風險能力強等特點，包含了國有性質商業銀行與股份制商業銀行，是本地區商業銀行的佼佼者，因此具有一定的代表性。在中國 A 股市場上市的商業銀行一共有 26 家，截至 2018 年 7 月 11 日，這 26 家商業銀行總市值達到了 93,844.62 億元。考慮到 2007 年美國次貸危機對上市企業普遍造成了一定的衝擊，本章選擇從 2010 年 10 月到 2018 年 3 月共計 7 年內在主板正常交易的商業銀行構成實證樣本，在剔除 2011 年以後上市銀行、沒有在農村地區開設了分支銀行或與當地村鎮銀行具有業務往來的銀行後，一共餘下 16 家上市涉農銀行，信息如表 5.1 所示。

表 5.1　　　　　　　　實證樣本企業信息表

| 序號 | 股票代碼 | 銀行名稱 | 上市時間 | 截至 2018 年 7 月 11 日總市值（億元） |
| --- | --- | --- | --- | --- |
| 1 | SH600000 | 浦發銀行 | 1999/11/10 | 2,753.23 |
| 2 | SH600015 | 華夏銀行 | 2003/9/12 | 920.67 |
| 3 | SH600016 | 民生銀行 | 200012/19 | 2,504.35 |
| 4 | SH600036 | 招商銀行 | 2002/4/9 | 6,708.48 |
| 5 | SH601009 | 南京銀行 | 2007/7/19 | 642.10 |
| 6 | SH601166 | 興業銀行 | 2007/2/5 | 2,929.16 |
| 7 | SH601169 | 北京銀行 | 2007/9/19 | 1,226.29 |
| 8 | SH601288 | 農業銀行 | 2010/7/15 | 12,354.40 |
| 9 | SH601328 | 交通銀行 | 2007/5/15 | 4,470.62 |
| 10 | SH601398 | 工商銀行 | 2006/10/27 | 20,172.59 |
| 11 | SH601818 | 光大銀行 | 2010/8/18 | 1,936.85 |
| 12 | SH601939 | 建設銀行 | 2007/9/25 | 17,425.77 |
| 13 | SH601988 | 中國銀行 | 2006/7/5 | 11,127.86 |

表5.1(續)

| 序號 | 股票代碼 | 銀行名稱 | 上市時間 | 截至 2018 年 7 月 11 日總市值（億元） |
|---|---|---|---|---|
| 14 | SH601998 | 中信銀行 | 2007/4/27 | 2,906.73 |
| 15 | SZ000001 | 平安銀行 | 1991/4/3 | 1,523.02 |
| 16 | SZ002142 | 寧波銀行 | 2007/7/19 | 831.94 |
| 總市值 ||||  90,434.06 |

　　上市企業的創新能力指標體系具有多樣性，沒有一個統一的指標進行度量。參考陳曉紅等（2007）[①]的方法，本章使用系列指標來衡量某一省樣本企業的創新能力。系列指標包括兩類：第一類衡量企業日常管理所投入的資金與主營業務收入的比例，記為「管理費用率」。按照新的財務準則，企業在研發無形資產的過程中發生的支出分為研究階段和開發階段，對於研究階段產生的費用進行費用化處理，對於開發階段發生的費用，在符合相關條件的情況下，允許資本化。期末時，企業將「研發支出」科目歸集的費用化支出金額轉入「管理費用」科目。此外，日常管理和組織運作過程產生的費用往往通過管理費用折射出來，該科目反應出企業內部營運的管理狀況。因此，理論上講，「管理費用率」數值越大，越有利於企業創新。第二類指標衡量企業創新能力的可持續性，分為「研發人員占比」和「人才儲備（大專學歷及以上職員占比）」。前文中已經提到，新型城鎮化的進程勢必影響人才的流動。研發人員與高學歷（大專及以上）職員的數量是企業創新的根本保障，因此可以作為被解釋變量。

　　主要解釋變量是「城鎮就業率」，即以「本地城鎮人口就業人員數（單位、私營企業和個體勞動者）占本地常住人口數的比重」作為本地區城鎮化水準的代表。本章認為，該指標相較於以往文獻中單純使用「年末城鎮人口總數占總人口的比重」而言，更體現了「人」的社會屬性，即沒有處於失業狀態。為了驗證該指標更能代表各省的城鎮化水準，在對比模型中使用「城鎮化率」指標。

　　模型中的其他解釋變量代表城鎮化帶來的環境資源和生活服務質量的變化。它們分別是普通本專科招生數占常住人口比例、醫療衛生機構數（個）、城鎮職工醫療保險參保人數（萬）、專利申請授權數（件）、城市人

---

　　[①] 陳曉紅，王小丁，曾江洪. 高管薪酬激勵方式對中小企業成長性的影響——基於分解法視角的實證研究 [J]. 經濟問題探索, 2007（3）：150-155.

口密度（人/平方千米）和人均城市道路長度（米/人）。

### 5.4.3 數據來源

本章數據來自於《中國統計年鑑》《中國農業年鑑》、銳思數據庫（www.resset.cn）、中經網數據庫以及深圳證券交易所網站中 22 個省、市、自治區的省級面板數據和 16 家商業銀行上市公司年報。為了消除序列相關係、非正態分佈以及異方差，我們對所有的控制變量取對數。所有變量的定義與描述統計如表 5.2 所示。

表 5.2　變量的定義與描述性統計值

|  | 變量 | 定義 | 均值 | 中位數 | 最大值 | 最小值 | 標準差 |
|---|---|---|---|---|---|---|---|
| 被解釋變量 | researcher | 技術人員比例＝技術人員人數/總員工人數 | 0.136 | 0.122 | 0.473 | 0.012 | 0.081 |
|  | talent | 人才儲備＝大專及以上學歷人數/總員工人數 | 0.335 | 0.334 | 0.977 | 0.017 | 0.169 |
|  | manage | 管理費用率＝管理費用總額/主營業務收入 | 0.091 | 0.078 | 0.681 | 0.018 | 0.066 |
| 解釋變量 | employment | 城鎮就業率＝城鎮就業人口/總人口 | 0.213 | 0.179 | 0.608 | 0.082 | 0.106 |
|  | urbanization | 城鎮化率＝城鎮人口/總人口 | 0.529 | 0.479 | 0.896 | 0.291 | 0.155 |
| 控制變量 | lneduc | 教育水準取對數＝(普通本專科招生人數/總人口) 取對數 | 10.094 | 10.228 | 11.307 | 7.932 | 0.841 |
|  | lnhospital | 醫療衛生機構數取對數 | 10.234 | 10.343 | 12.231 | 6.343 | 0.532 |
|  | lninsur | 城鎮職工醫療保險參保人數取對數 | 6.637 | 6.589 | 8.202 | 5.517 | 0.619 |
|  | lnpatent | 專利申請授權數取對數 | 9.686 | 9.699 | 12.506 | 6.954 | 1.302 |
|  | lndensity | 城市人口密度取對數 | 7.908 | 7.916 | 8.694 | 7.074 | 0.415 |
|  | lnroad | 人均城市道路長度取對數 | -1.625 | -1.672 | -0.671 | -2.810 | 0.514 |

## 5.5　實證結果與討論

### 5.5.1　模型估計結果

表 5.3 和表 5.4 分別展示了以「城鎮化率」「城鎮就業率」衡量的新型城鎮化對樣本企業「研發人員占比」「人才儲備」「管理費用率」的估計結

果。從結果中明顯看出，「城鎮就業率」更有解釋力度，說明在考慮了人的社會屬性（就業狀態）的情況下，其對商業銀行創新影響更大，符合前文的論述。因此下文只討論表5.4的估計結果。

從Hausman檢驗結果來看，三個模型的估計除「管理費用率」外，均適宜用RE模型分析（P值>0.39）。從估計結果來看，「以人為本」的新型城鎮化進程的加快對本地代表性涉農銀行的創新能力有顯著的正向影響，新型城鎮化提高了技術人員和高學歷人才在商業銀行中的比例，提高了管理費用支出，從制度和技術上保障了涉農銀行的創新。具體來說，城鎮就業率每上升10%，技術人員占比上升2.38%，涉農銀行中大專及以上學歷職工比例上升5.04%，管理費用率上升0.9%。可見城鎮就業率對企業人才儲備最具有影響，這點符合前文假設的城鎮化導致企業人才儲備能力增強、人口基本素質得以提升的觀點。

在影響樣本企業創新能力的其他變量中，「教育水準」對技術人員占比影響顯著，普通本專科招生數占總人口的比例每上升10%，技術人員占比上升0.86%，表明本地教育水準對企業創新能力的提升確有幫助。「專利申請授權數」對管理費用率的影響為負，原因可能在於發明的專利向企業生產方向轉換的能力還有待提高，沒有發揮應有的生產力。此外，「城市人口密度」每上升10%，管理費用率上升0.88%，表明人才的聚集效應也帶來了人才在商業銀行的聚集；而「人均城市道路長度」每上升10%，技術人員占比下降0.95%，人才儲備下降1.5%，而管理費用率上升1.11%，這說明交通的便捷與道路的暢通可能會加劇人才從商業銀行的流出，因此不利於企業創新，但對企業制度的創新有所幫助。「醫療衛生機構數」「城鎮職工醫療保險參保人數」對變量沒有解釋力，說明居民衛生條件的改善對商業銀行創新能力在短期內不會造成影響，因此研究居民身體素質的整體提升對企業的影響需要一個更長期的時間跨度。

表5.3 2008—2014年全國22省份城鎮化率與樣本企業創新能力的實證分析結果（「城鎮化率」為主要解釋變量）

| 項目 | 技術人員占比 | 人才儲備 | 管理費用率 |
|---|---|---|---|
|  | （1） | （2） | （3） |
| Prob（Hausman Test） | 1 | 1 | 0 |
| method | RE | RE | FE |
| urbanization | 0.26* | 0.356 | 0.195 |
|  | (0.141) | (0.315) | (0.127) |

表5.3(續)

| 項目 | 技術人員占比<br>(1) | 人才儲備<br>(2) | 管理費用率<br>(3) |
|---|---|---|---|
| lneduc | 0.048 | 0.036 | -0.046 |
|  | (0.05) | (0.109) | (0.045) |
| lnhospital | 0.008 | -0.019 | 0.025** |
|  | (0.012) | (0.024) | (0.011) |
| lninsur | -0.005 | 0.069 | 0.002 |
|  | (0.033) | (0.073) | (0.03) |
| lnpatent | 0.008 | -0.031 | -0.026* |
|  | (0.015) | (0.032) | (0.014) |
| lndensity | -0.027 | 0.07 | 0.024 |
|  | (0.026) | (0.055) | (0.023) |
| lnroad | -0.095*** | -0.138 | 0.022 |
|  | (0.034) | (0.077) | (0.03) |
| R-squared | 0.987,8 | 0.960,2 | 0.834,5 |
| Adjusted R-squared | 0.989 | 0.960,9 | 0.864,5 |
| Prob (F-statistic) | 0 | 0 | 0 |

註（下同）：FE 和 RE 分別代表固定效應模型和隨機效應模型；\*、\*\*、\*\*\* 分別表示在 10%、5% 和 1%統計水準上顯著；括號內報告的是穩健標準誤

表5.4　2008—2014 年全國 22 省份城鎮化率與樣本企業創新能力的實證分析結果
(「城鎮就業率」為主要解釋變量)

| 項目 | 技術人員占比<br>(1) | 人才儲備<br>(2) | 管理費用率<br>(3) |
|---|---|---|---|
| Prob (Hausman Test) | 1 | 1 | 0 |
| method | RE | RE | FE |
| employment | 0.238* | 0.504* | 0.09** |
|  | (0.129) | (0.272) | (0.042) |
| lneduc | 0.086* | 0.079 | -0.013 |
|  | (0.044) | (0.096) | (0.024) |
| lnhospital | 0.003 | -0.021 | 0.002 |
|  | (0.011) | (0.022) | (0.004) |
| lninsur | 0.001 | 0.07 | 0.004 |
|  | (0.033) | (0.022) | (0.023) |

表5.4(續)

| 項目 | 技術人員占比 (1) | 人才儲備 (2) | 管理費用率 (3) |
|---|---|---|---|
| lnpatent | 0.007 | -0.038 | -0.019*** |
|  | (0.015) | (0.031) | (0.006) |
| lndensity | -0.035 | 0.046 | 0.088*** |
|  | (0.146) | (0.056) | (0.017) |
| lnroad | -0.195*** | -0.150* | 0.111*** |
|  | (0.004) | (0.076) | (0.024) |
| R-squared | 0.897,9 | 0.798,2 | 0.908,9 |
| Adjusted R-squared | 0.872,3 | 0.722,3 | 0.911,9 |
| Prob (F-statistic) | 0 | 0 | 0 |

為了檢驗實證結果的穩健性，本章引入三個虛擬變量：east、middle 與 west，當三個變量分別賦值為 1 時表示該變量位於中國東部、中部或者西部，否則賦值為 0①。同時根據前文表述，採用信用貸款總量來表示銀行所承擔的信用風險。

表 5.5　2008—2014 年全國 22 省商業銀行創新能力與風險承擔的關係

| 項目 | 技術人員占比 (1) | 人才儲備 (2) | 管理費用率 (3) |
|---|---|---|---|
| Prob (Hausman Test) | 1 | 1 | 1 |
| method | RE | RE | FE |
| east * credit-risk | 0.328* | 0.437** | 0.281*** |
|  | (0.029) | (0.189) | (0.069) |
| middle * credit-risk | 0.223 | 0.368 | 0.456*** |
|  | (0.212) | (0.409) | (0.139) |
| west * credit-risk | 0.231 | 1.061** | 0.403*** |
|  | (0.643) | (0.492) | (0.163) |
| lneduc | 0.086* | 0.148* | -0.023 |
|  | (0.044) | (0.008) | (0.028) |

---

① 按照經濟發展水準，將本文研究省（市、區）劃分為東部地區：北京、天津、河北、上海、江蘇、浙江、福建、山東、廣東；中部地區：吉林、安徽、江西、河南、湖北、湖南；西部地區：四川、貴州、雲南、陝西、甘肅、新疆、廣西。

表5.5(續)

| 項目 | 技術人員占比<br>（1） | 人才儲備<br>（2） | 管理費用率<br>（3） |
| --- | --- | --- | --- |
| lnhospital | 0.003 | 0.027 | 0.02* |
|  | (0.014) | (0.132) | (0.028) |
| lninsur | 0.022 | 126 | 0.022 |
|  | (0.132) | (0.998) | (0.037) |
| lnpatent | 0.012 | -0.051** | -0.034** |
|  | (0.989) | (0.082) | (0.015) |
| R-squared | 0.782,7 | 0.901,2 | 0.923,2 |
| Adjusted R-squared | 0.799,8 | 0.911,1 | 0.933,9 |
| Prob（F-statistic） | 0 | 0 | 0 |

將地區虛擬變量與城鎮化率的交互項放入原模型中（「east＊信用風險」「middle＊信用風險」「west＊信用風險」），進一步考察城鎮化對樣本企業創新能力的影響是否存在地域差異。從表5.5的Hausman Test中來看，三類模型均適宜用RE模型來分析。

城鎮就業率對「人才儲備」和「管理費用率」的影響存在顯著地域差異，但是對「技術人員占比」影響不大。具體來說，商業銀行風險信用貸款總額每上升10%，東部商業銀行人才儲備上升4.37%，管理費用率上升2.81%；西部商業銀行人才儲備上升10.61%，管理費用率上升4.03%；中部的管理費用率則上升4.56%。這說明，總的來看，商業銀行風險信用貸款總額的增加使得經濟總體發展相對較弱的中部和西部地區的商業銀行創新能力提升，說明如果單看提升創新能力這一點，這些地區的商業銀行對信用風險的主動承擔可能更為樂意。原因在於，實施新型城鎮化建設方針以後，西部地區生產生活配套設施質量顯著提升，其對本土化人才的需求日益旺盛，農村轉移至城市的高學歷就業青年也更願意扎根本地，服務於當地企業。因此，當這些當地企業較容易獲得銀行商業貸款時，相應地對創新型人才的吸引能力也會增強。由此可見，銀行主動承擔風險，如更多地放出風險貸款的行為，有助於增強本地銀行的創新力。

綜上，從上文的實證分析我們發現，「城鎮就業率」更能代表新型城鎮化建設對人才流動的影響，同時，以「技術人員占比」「人才儲備」「管理費用率」為指標，城鎮化的提高顯著提升了樣本企業的創新能力。而在分為東部、西部與中部不同商業銀行樣本後，研究指出其主動發放風險類信

用貸款的行為可以有效提升銀行創新能力，也就是說，如果單純考慮提高銀行創新能力，則新型城鎮化政策的落地和良好效果的展現完全可以使商業銀行主動放棄發放更具風險的貸款項目，即商業銀行的風險承擔行為發生頻率會降低。

### 5.5.2 實證結果討論

結合前文的分析發現，新型城鎮化政策最終會降低本地商業銀行風險承擔行為的途徑主要有以下幾個方面：

（1）新型城鎮化過程中強調「以人為本」，人才得到充分尊重與重視

人才是地區新型城鎮化進程得以穩步開展的關鍵因素，同時也是經濟發展的核心動力。對於商業銀行而言，人才的作用往往是企業能否順應時代經濟變遷的關鍵，是企業賴以生存的根基。隨著大量非城市人口向城鎮轉移，大部分高學歷就業人員會選擇進入門檻相對較低的涉農銀行。現代管理之父彼德‧德魯克（Peter F. Drucker）曾提出「人力資源」概念，指出人力資源的一個重要特質是具有很強的自主流動性，人才會根據自身需求與環境的適應性而做出離開或留在某個環境的決定。從馬斯洛需求層次理論可知，當物質需求已經不再成為問題的時候，個人尊嚴是否得到充分保障是人才決定是否留在某地或某企業的前提條件。新型城鎮化對轉移人口的扶持力度強於以往，企業也積極回應政策，在城鎮化進程中尤其尊重西部和中部地區人才的自主決定權利，盡量為其提供良好的工作生活環境，因而能持續為企業的創新提供智力支持。

（2）新型城鎮化提高了教育服務水準

新型城鎮化是以新的發展理念為指導，以「內涵增長」為發展方式，採用「政府引導、市場運作」的機制進行的。這意味著傳統意義上的大量「農民」會轉變為「社區居民」，而後者是否能夠發揮其社會功能很大程度上需要配套的教育資源服務來助力。傳統的城鎮化模式較為單一地強調了以地區經濟發展為中心，大力進行土地規模擴張，而忽略了對人的教育和對人才的培養。在新型城鎮化指導意見出抬後，黨和國家轉變了過去的發展思路，將教育作為經濟發展的前提條件。本章實證中分析也可明確看出，本地區普通高校招生人數占常住人口比重每上升10%，相應的商業銀行的技術人員占總員工的比重上漲0.86%以上，且企業的人才儲備上升1.47%。因此，未來商業銀行的發展必須更加重視對現有轉移人口綜合素質和專業能力的培養教育。

（3）新型城鎮化過程中居民就業傾向有所改變

以往的就業大軍年復一年地「孔雀東南飛」，扎堆湧入北上廣深及其他東部沿海發達城市，並且首選一定是國企或大型企業。隨著新型城鎮化的不斷向前推進，居民開始意識到自己的家鄉甚至農村地區也具有很大的發展潛力與就業前景，就業和擇業傾向明顯改變，加上發達地區高房價的負面影響，因此越來越多的人更加願意在家鄉就業，服務於本地企業。就業意向也從大型企業或中央企業轉移到了具有靈活多變特徵的本地中小型企業上，這就保障了本地銀行同樣具有對本地人才的吸引能力，而人才的聚集效應也為涉農銀行的創新提供了持續力。

（4）新型城鎮化過程中完善了醫療保障制度

雖然實證結論沒有明確證據顯示城鎮醫療條件的提升有助於涉農銀行創新能力的提升，但新型城鎮化進程的不斷推進使得中國各地醫療保障制度不斷完善，中國針對城市居民的城鎮職工醫療保險覆蓋範圍不斷增大，醫療保障力度也隨之增大。良好的醫療保障制度對人們的健康有著重要作用，可以避免「大病一場窮一生」的現象發生，使得企業職工可以安心工作，也可以以更低的價格獲取同等的醫療服務，不因身體健康原因離職或退職。

## 5.6　防範商業銀行風險承擔行為加劇的對策

本章研究結論包含的對策建議為：

第一，新型城鎮化需要注重城鄉要素的平等交換和流動。本章認為，人才的穩定流入與聚集效應對本地涉農銀行創新的促進作用大於其不利影響，因此，政府可以通過平衡城鄉要素的流動，創造更加平等的要素交換關係和交換機制來提高中國商業銀行整體發展水準，助力經濟平穩增長。

第二，要進一步強調對人才各方面需求的滿足，協調城鄉關係，改變目前的「二元經濟結構」，縮小貧富差距，使城鎮資源合理向弱勢群體傾斜，提高新型城鎮化的質量。

第三，新型城鎮化需要注重區域經濟發展差異，避免推進新型城鎮化的過程與現有的「西部大開發」戰略重合過多而占用稀缺經濟資源。政府應關注東部發達地區商業銀行創新能力指標，不可因其經營業務特殊而忽略此類型企業的發展需求。

第四，應重視對市場進行一定培育。涉農銀行技術創新對企業成長以

及「研－產－銷」協同效應關係明顯。目前中國商業銀行技術創新水準的提高不一定總能對企業成長帶來幫助，這其中與企業的技術研發、生產和銷售脫節有關，故需要培育客戶需求和市場。新型城鎮化過程中，涉農銀行的創新成果需要良好的市場才能有效轉化為實際經濟利益。

第五，應積極推進新興業態金融機構的發展。商業銀行、農村地區的銀行、金融合作社、微型金融機構、郵政銀行、支付服務提供者、移動網絡營運商以及金融科技公司等，都能在普惠金融方面發揮各自的作用。例如，農村地區的銀行和金融合作社在所處社區具有長期廣泛的聯繫，能夠更好地在當地建立信任關係，也能夠更好地瞭解和滿足客戶的特定需求。郵政銀行及代理銀行模式得以利用邊遠地區的基礎設施網絡來提高金融產品和服務的可得性。有關部門已經認識到，培育商業銀行以外類型的金融機構有助於農村地區經濟的發展，能夠有效滿足農村居民因新型城鎮化建設帶來的各類金融需求。一開始，中國支持建立了新型金融服務提供者（包括村鎮銀行和小額貸款公司），近年來，又陸續批准設立了互聯網銀行，也出現了新的諸如網絡貸款公司等金融科技公司。未來應加大對這些新興金融業態與機構在涉農領域開展業務與服務的支持力度，持續發揮其造福農村居民的優勢。

第六，應重視教育和培訓勞動者。本章研究表明，勞動者平均素質的提高會極大促進企業創新與發展。因此，一個擁有大量高素質勞動者的城鄉人力資源市場會在很大程度上減少企業因為培養人才而不得不增加的創新成本。

## 5.7 本章小結

本章利用 2010—2018 年的省級面板數據，實證研究了中國城鎮化對中國東部、中部和西部地區上市商業銀行創新能力的影響和新型城鎮化政策對商業銀行風險承擔行為之間的關係，主要結論如下：

第一，新型城鎮化建設對涉農銀行的「技術人員占比」「人才儲備」「管理費用率」有顯著的促進作用，具體表現為：城鎮就業率每增加 10%，技術人員占比上升 2.38%，人才儲備上升 5.04%，管理費用率上升 0.9%。

第二，商業銀行風險信用貸款總額每上升 10%，東部商業銀行人才儲備上升 4.37%，管理費用率上升 2.81%；西部商業銀行人才儲備上升 10.61%，管理費用率上升 4.03%；中部的管理費用率則上升 4.56%。這說

明，總的來看，商業銀行風險信用貸款總額的增加使得經濟總體發展相對較弱的中部和西部地區的商業銀行創新能力提升，說明如果只看提升創新能力這一點，則這些地區的商業銀行對信用風險的主動承擔可能更為樂意。

新型城鎮化建設主要通過充分尊重與重視人才，提高教育服務水準，改變居民就業傾向和完善醫療保障制度等渠道促進了涉農銀行的創新能力。本章分析認為，如果僅僅是為了在一定時期提高創新能力，銀行大可不必選擇會導致自身信用風險水準升高的風險承擔行為，而是充分利用新型城鎮化「以人為本」政策的有效落實和吸引人才的實際效果得以展現即可。

# 6 新型城鎮化政策與商業銀行風險承擔：銀行規模與效率角度

## 6.1 引言

改革開放以來，中國農村金融體系的改革一直受到黨中央和國務院的高度重視。2013 年，中央農村工作領導小組副組長、辦公室主任陳錫文表示，一定要把研究加快發展農村政策性金融和合作性金融的工作，形成一個服務農民的、完整有效的農村金融體系。至今，包括了國家政策性銀行、全國性商業銀行、區域性商業銀行、農村信用社及新型金融機構的多層次、全方位的農村金融體系已經初具規模，金融服務範圍逐年遞增，若干改革方案的出抬與落實在農村地區取得了較大的成就。

例如，2010 年央行推出了「農村助農取款服務點模式」，旨在打造一個參與主體與利益相關方共贏的局面，即消費者、金融服務提供者、商戶和政府等多方共贏。第一，這種模式為消費者提供了足不出村即可取款、轉帳和繳費的便利，消除了前往銀行營業網點的直接和間接成本。第二，這種模式完善了服務點商戶的現有零售商業模式，通過營運服務點及交叉銷售，商戶能夠獲得額外收入來源和客源。第三，金融服務提供者（大部分是當地中小型銀行和農村信用社）得以借助助農取款服務實現在農村地區的市場拓展，也能增強農村消費者對其品牌的認知和忠誠度，而且還能更準確掌握農村消費者的交易行為等信息，為未來業務發展提供支撐。第四，中央和地方政府有關部門得以更有效、更經濟地發放國家支農補貼、農村養老保險和農村合作醫療保險補貼。這些補貼資金通常額度小、發放次數多，若通過現金發放，環節多，發放成本較高。為簡化交易及降低各參與方的長期成本，中國人民銀行和其他相關部門鼓勵地方政府向布放了 POS

機具的金融服務提供者給予補貼。第五，可以利用助農取款服務點向農村消費者宣傳金融知識，進行金融教育。提高農村地區普惠金融水準一直是郵儲銀行戰略的核心組成部分，為了回應中國人民銀行的政策方針，郵儲銀行於2010年開始布設助農取款服務點，這也成為其打造「村級服務點—鄉鎮網點—縣域支行」農村金融服務體系戰略的組成部分。截至2016年2月底，郵儲銀行中西部地區網點數量為21,888個，占全部網點數的54.6%，設立助農取款服務點近15.2萬個。郵儲銀行助農取款服務點的交易筆數和交易金額均居全國前列。

助農取款服務點作為金融服務提供者，設立的主動作為它的代理機構，儘管助農取款服務點具備提供一系列廣泛金融服務的能力，但主要出於防範風險的考慮，其潛力卻未被充分利用。此外，儘管有各類支農助農金融發展政策的密集出抬，但由於各種原因，涉農銀行體系發展仍然滯後於農村經濟發展，較為突出的問題在於金融供給不足，這成為阻礙農村居民生活水準提升的一個「頑疾」。

供給不足的主要原因是歷史遺留問題造成的。20世紀50年代初，中國首次將擴大金融服務覆蓋面明確作為政策重點，並成立了農村信用合作社（農信社）。儘管之後幾十年金融部門市場化和私有化的情況及影響超出了本文的研究範圍，但是這些發展進程是瞭解中國2000年以來普惠金融經驗的重要背景。到21世紀初，受市場化進程和金融部門改革的影響，農村地區有成千上萬家金融機構「被關閉」，農信社和郵政儲蓄系統成為農村地區金融服務的主要提供者。到2005年，平均每20個村莊僅擁有一個縣級或縣級以下吸收存款的機構。加之農信社滿足農戶金融需求的能力有限（部分原因是歷史上形成的大量不良貸款），以及郵政儲蓄系統所能提供的產品也很有限（主要是匯款服務和儲蓄帳戶），進一步降低了農村金融產品和服務的可得性，造成農村地區金融資源的持續不足。

根據《中國農村金融發展報告2014》，農村正規信貸可得性僅為27.6%。更為不利的是，部分農村地區的金融機構，如鄉村銀行等，不但未能有效配置農村地區的有限資金，反而成了農村資金的「抽水機」，加速了農村資金的外流，導致農村金融機構服務缺位、金融供需矛盾突出和金融資源配置功能失調[①]。農村地區生產生活條件本就普遍低於城鎮地區，經濟發展和收入水準也相對較低，部分涉農金融機構，如一些在農村地區開展了不少

---

① 農村地區支付情況（2016年）詳見附錄七。

業務的商業銀行將大量農村存儲資金向城鎮進行了轉移，則會使得農村地區難以形成良好的金融環境，進一步加劇了農戶和企業的貸款困境，擴大了城鄉居民收入差距，形成惡性循環，不利於解決「三農」問題。

在中國推行新型城鎮化建設以來，明確提出要使農村居民在各個方面逐漸享有與城鎮居民同等的服務水準與發展機會，健全的商業銀行體系能夠支持和有序推進新型城鎮化政策的落實。新型城鎮化時代背景下更是對現有涉農銀行提出了新的要求，以滿足農村居民日益高漲的金融需求。一方面，黨和國家充分肯定金融市場對經濟產能提升的輔助作用，明確表示城鎮化建設離不開資金的支持，要支持和重視涉農銀行的穩定與發展；另一方面，新型城鎮化建設主要目標在於對城鄉金融資源進行重新配置，統籌城鄉資源配置，推進城鄉要素平等交換和實現社會基本公共服務均等化。因此，這些目標能否實現亦與涉農銀行發展水準密切相關。可見，隨著農村金融體系與市場的不斷發展，涉農銀行的規模與效率問題與其自身的風險承擔行為之間的關係如何？涉農銀行與新型城鎮化政策實施的關係是怎樣的？投放在農村地區以外的信貸資源是否具有更高的風險？新型城鎮化政策是加劇還是減弱了涉農銀行的風險承擔意願？這些問題都值得本章作進一步探討。

## 6.2 文獻綜述

國內外學者從不同角度對城鎮化與商業銀行，尤其是與涉農銀行風險暴露的關係等相關問題開展了研究，探討的焦點主要集中在以下三個方面：

### 6.2.1 農村地區金融與經濟的關係

現有研究表明，金融的發展是實現經濟長期可持續增長，改進收入分配的重要決定因素。Beck 等（1999）[1] 將法源作為金融發展的工具變量，採用兩階段迴歸法發現，1965—1995 年樣本期內，金融發展能夠顯著促進經濟的發展。但涉農商業銀行發展緩慢會對農村經濟產生負面影響，如趙洪丹（2011）[2] 研究認為，涉農商業銀行在很大程度上決定了農村經濟的發

---

[1] BECK T, DEMIRG-KUNT A, LEVINE R. A New Database on Financial Development and Structure [J]. Policy Research Working Paper, 1999, 14 (3): 597-605.

[2] 趙洪丹. 中國村鎮商業銀行發展與農村經濟發展的關係——基於 1978—2009 年數據的實證研究 [J]. 經濟學家, 2011 (11): 58-63.

展態勢；丁志國等（2011）① 也指出涉農商業銀行發展滯後是制約農村經濟發展的重要原因。反過來，經濟的發展亦可助力金融體系的完善。20世紀末，Greenwald 和 Stiglitz（1986）② 提出了內生經濟增長理論，在經濟增長模型中加入了內生金融仲介，在考慮不確定性、監督成本與信息不對稱的情況下，驗證了金融發展與經濟增長的相互關係。

  大部分學者通過研究商業銀行發展與城鄉居民收入差距的關係來間接論證涉農銀行與農村經濟的關係。如麥金農和愛德華·肖（1973）③ 最早提出了金融深化改革有利於減少收入差距的思想。Greenwood 和 Jovanovic（2015）④ 通過內生增長模型，在金融服務「門檻效應」假設下，驗證了金融發展與收入分配間存在庫茲涅茨效應，即隨著國家經濟增長與金融發展，收入差距呈現先擴大再縮小的「倒U型」特徵。Pradhan（2010）⑤ 研究了印度 1951—1998 年時間序列數據後發現金融發展有利於促進貧困人口收入水準的提高，可以顯著縮小城鄉居民收入差距。國內的研究則出現了不同的觀點，如章奇等（2003）⑥ 利用各省 1978—1998 面板數據分析認為，銀行信貸發展顯著拉大了城鄉居民收入差距，金融仲介在資金配置方面缺乏效率。葉志強等（2011）⑦ 也發現，農村居民收入增長與金融發展顯著負相關，而城市居民收入增長則與金融發展不存在明顯關係。胡振華等（2013）⑧ 採用誤差修正模型對 1978—2011 年數據進行實證分析後發現，涉農銀行規模的發展擴大了城鄉居民收入差距。他認為這種現象的發生主要在於城鄉二元結構使得財政政策和金融發展政策長期向城市傾斜，以盈利為主要目標的商業性金融機構在配置資源時，並非優先考慮向低風險地區

---

  ① 丁志國，譚伶俐，趙晶. 村鎮商業銀行對減少貧困的作用研究 [J]. 農業經濟問題，2011（11）：72-77.

  ② GREENWALD B C, STIGLITZ J E. Externalities in Economies with Imperfect Information and Incomplete Markets [J]. The Quarterly Journal of Economics, 1986, 101 (2)：229-64.

  ③ MCKINNON R. Money and Capital in Economic Development [M]. Washington DC：Brookings Institution, 1973.

  ④ GREENWOOD J, JOVANOVIC B. Financial Development, Growth, and the Distribution of Income [J]. Social Science Electronic Publishing, 2015, 98 (5)：1076-1107.

  ⑤ PRADHAN R. The Nexus between Finance, Growth and Poverty in Indian：The Cointegration and Causality Approach [J]. Asian Social Science, 2010 (6)：114-122.

  ⑥ 章奇，劉明興，陶然，Chen, Y. P. 中國的金融仲介增長與城鄉收入差距 [R]. 北京：北京大學中經濟研究中心（CCER），2003 (10).

  ⑦ 葉志強，陳習定，張順民. 金融發展能減少城鄉收入差距嗎？——來自中國的證據 [J]. 金融研究，2011 (2)：42-56.

  ⑧ 胡振華，陳恒智. 村鎮商業銀行發展、城鎮化與城鄉居民收入差距實證分析 [J]. 經濟問題探索，2013 (6)：63-68

和行業進行配置,而是直接出現了明顯地向城市配置的傾向。這表明中國農村地區金融發展沒有有效服務於本地居民生活水準的提高,這不利於農村經濟的發展和新型城鎮化政策的有效開展與實施。

### 6.2.2 城鎮化、農村經濟與商業銀行的關係

城鎮化對經濟的促進作用已經頻繁出現於國內外研究成果中。《國家新型城鎮化規劃(2014-2020)》的出抬標誌著中國城鎮化發展的重大轉型,新型城鎮化強調「完善城鎮化健康發展機制體制,堅持走中國特色新型城鎮化道路,推進以人為核心的城鎮化」,與之前實施城市擴張和衛星城建設,促使城市盲目擴張導致環境惡化和「空城」的城鎮化改革方式大不相同。「以人為本」的城鎮化建設增強了農村地區企業和人才的集聚性,推動了不同來源知識的交流和融合,促進了知識的集成與創新,有利於信息的傳播和企業間知識溢出效應的增長,進而促進了經濟的增長(Boschma and Iammarino, 2015[①])。城鎮化建設能夠提升農民生活水準,是農村地區經濟增長的助推器,因此可以促進商業銀行在農村地區開展業務(姚毓春,2014[②])。此外,城鎮化使得更多城鎮資源向鄉村流動,城鄉二元結構的打破可以促進農村經濟增長。經濟增長為農村發展提供了物質前提,帶來了更多的本地就業機會,提升了農村居民生產力與消費力,也就提升了對商業銀行的吸引力。

新型城鎮化對農民就業和生活水準的提升有助於當地金融的發展。一方面,隨著鄉村周圍環境的改變以及農村居民所受教育水準、醫療服務水準的提高,更多的農村人口會放棄過去「背井離鄉」的外遷行為模式,選擇本地企業就業與本地生活。城鄉二元經濟結構的調整使得鄉村企業更願意致力於發展本地經濟,積極尋找更多的投資機會。這些企業的日常經營活動需要本地金融機構提供服務,因此對商業銀行的供給可以產生正面影響;另一方面,新型城鎮化能創造出可觀的未來收入流,土地升值可以帶來土地出讓金,城鎮化形成的農業休閒旅遊收入或現代化農業服務業收入等都將帶來大量的農村資本,而資本的增多也會倒逼金融機構積極主動地為農村地區提供資金和信貸服務。

商業銀行的發展對城鎮化的建設也有促進作用。開展涉農金融服務的

---

① BOSCHMA R, IAMMARINO S. Related Variety, Trade Linkages and Regional Growth in Italy [J]. Economic Geography, 2015, 85 (3): 289-311.

② 姚毓春. 人的城鎮化:內在邏輯與戰略選擇 [J]. 學習與探索, 2014 (1): 106-109.

金融機構分為「傳統」金融服務提供者與「新型」金融服務提供者，前者包括國有商業銀行（如中國郵政儲蓄銀行、中國農業銀行等）、股份制商業銀行、城市商業銀行、農村商業銀行、農村合作銀行和農村信用合作社等，而後者包括村鎮銀行（VTBs）和小額貸款公司（MCCs）。Stopher（1993）[1]最早研究發現，在各國城鎮化過程中，上述幾類金融機構為交通基礎設施建設提供了巨大資金支持，從而促進了城鎮化建設。據估算，到2023年，中國新型城鎮化建設所需投資規模高達40萬億元（邱俊杰、邱兆祥，2013[2]）。如此龐大的資金需求，必須借助以商業銀行為核心的金融體系的扶持。陳釗等（2004）[3]研究了中國29個省市自治區1987—2001年數據發現，農業貸款可以提高農業生產質量與農民的收入水準，即縮小城鄉收入差距，間接實現了城鎮化「以人為本」的根本目標。李新星（2009）[4]的研究也持有類似觀點。他認為，扎根農村地區的金融機構的發展為農村和城市建設提供了資金，轉變了農村居民現有生活方式與觀念，提高了農業現代化水準與農村居民素質，有利於其適應城鎮化改革帶來的變化。但是，他的研究也表明，這些金融機構會出於自身利益的考慮，將資源優先配置給城鎮地區企業，即便這些企業存在資質不足等問題，會直接使銀行的經營風險加劇。此外，城鎮化建設與涉農商業銀行發展水準的相關關係也從實證上得到了證明，如伍豔（2005）[5]通過對中國城鎮化與經濟貨幣化的相關性分析，提出了農村城鎮化與金融發展之間存在相互影響的結論。

### 6.2.3 城鎮化與商業銀行發展指標的關係

商業銀行的發展水準可由金融規模與涉農商業銀行效率兩方面指標來衡量。

首先是金融規模。金融規模主要是涉農銀行機構吸收存款與貸款的總和。近年來，隨著國家對普惠金融政策和鄉村振興戰略的大力支持，加上農村人均收入的提高、物理和金融基礎設施的完善，再加上城市金融機構之間競爭加劇，促使越來越多的金融服務提供者到農村和偏遠地區發展新

---

[1] STOPHER P R. Financing Urban Rail Projects: The Case of Los Angeles [J]. Transportation, 1993, 20 (3): 229-250.

[2] 邱俊杰, 邱兆祥. 新型城鎮化建設中的金融困境及其突破 [J]. 理論探索, 2013 (4): 82-86.

[3] 陳釗, 陸銘, 金煜. 中國人力資本和教育發展的區域差異: 對於面板數據的估算 [J]. 世界經濟, 2004 (12): 25-31.

[4] 李新星. 中國城市化進程中的金融支持研究 [D]. 長沙: 湖南大學, 2009.

[5] 伍豔. 西部欠發達地區城鎮化進程中的金融支持 [J]. 西南民族大學學報, 2005 (2): 126-129.

客戶群和發掘新商機，自身規模與市場佔有份額也隨之所有擴大。

表 6.1　　　　　　中國近年來 ATM 和 POS 機具布放量

| 年份 | ATM 全國（千臺） | ATM 農村（%） | POS 全國（千臺） | POS 農村（%） |
|---|---|---|---|---|
| 2011 | 334 | 41% | 4,827 | 60% |
| 2012 | 416 | 43% | 7,118 | 56% |
| 2013 | 520 | 39% | 10,632 | 42% |
| 2014 | 615 | 41% | 15,935 | 33% |
| 2015 | 867 | 36% | 22,821 | 28% |
| 2016 | 924 | 37% | 24,535 | 28% |

如表 6.1 所示，ATM 和 POS 機具設備近年來增長迅速，2016 年，ATM 機具數量達到約 92.4 萬臺（其中 37% 布放在農村），POS 機具數量約 2,453.5 萬臺（其中 28% 布放在農村）。近年來，農村地區 ATM 和 POS 機具的絕對數量有所增長（儘管由於城市機具的絕對布放數量增長更快而導致農村地區機具占比出現下降）。

但是，有關研究也發現，包含村鎮銀行在內的農村正規金融機構涉農信貸供給嚴重不足（陳雨露、馬勇，2010[1]）。從農戶角度研究也得到類似結論，如朱喜等（2006）[2] 認為，66.1% 的農戶被排除在正規金融市場之外；李銳等（2007）[3] 測算 3,000 個農戶數據後認為，中國農戶金融抑制程度高達 70.92%。學術界對造成金融規模中貸款總額偏小的原因也做了集中的討論，主要觀點在於：市場上可能存在壟斷（張兵、李丹，2014[4]）、銀行集中度顯著正向影響了涉農信貸配給程度（Ahrendsen et al., 2003[5]；劉春志等，2015[6]）、農戶與正規金融機構之間存在信息不對稱（朱喜、李子奈，2006）、農村信貸資金存在資金從農業向其他更高預期收益的產業發生

---

[1] 陳雨露，馬勇. 中國村鎮商業銀行論綱 [M]. 中國金融出版社，2010

[2] 朱喜，李子奈. 中國農村正式金融機構對農戶的信貸配給——一個聯立離散選擇模型的實證分析 [J]. 數量經濟技術經濟研究，2006（3）：37-49.

[3] 李銳，朱喜. 農戶金融抑制及其福利損失的計量分析 [J]. 經濟研究，2007，2（3）：146-155.

[4] 張兵，李丹. 新型村鎮商業銀行機構網點佈局及農戶信貸可獲性研究——以江蘇省村鎮銀行為例 [J]. 江蘇社會科學，2014（2）：256-262.

[5] AHRENDSEN B L, DIXON B L, LUO B. The Effects Of Bank Mergers On Commercial Bank Agricultural Lending [J]. General Information, 2003: 27-30.

[6] 劉春志，張雪蘭，馬悅婷. 銀行集中度的下降是否緩解了涉農信貸配給 [J]. 農業經濟問題，2015（12）：74-81.

轉移的情況以及商業性金融機構普遍存在「惜貸」和對農村資金「倒吸」的現象（汪昌雲等，2014[①]；左曉慧，2012[②]）。商業銀行傾向於開發新型金融產品以滿足城市客戶，而忽略了對農村地區的金融創新與產品供給。中間業務、代收代繳、票據承兌與貼現等新興業務則更是鮮見於農村地區。丁汝俊等（2014）[③] 研究表明，城鎮貸款量從 1990 年到 2012 年規模擴大了38.48 倍，而同期農村貸款量擴大了 16 倍。種種研究表明，涉農商業銀行規模在貸款總量上還有很大的提升空間。

有學者認為金融規模與城鎮化建設關係不大。在城鎮化開始階段，農村地區要素稟賦提升、勞動力結構轉換、農業現代化以及農村居民收入結構的多元化發展產生了更多有效金融需求，稱為異質性金融需求（劉芬華，2010[④]）。現階段農戶對農村正規金融機構的瞭解程度偏低，金融規模的擴大可能依舊無法滿足農戶實際需求，因為大部分地區存在金融供給不足，農戶難以通過正規合法渠道取得貸款（易小蘭、宋瑋楠，2013[⑤]）。另外一些學者則認為提高金融規模可以提高信貸資金投入，整合金融資源，進一步支持了農村城鎮化建設（劉莉亞，2007[⑥]）。黃勇等（2008）[⑦] 建立向量自迴歸模型發現，城鎮化建設與金融機構提供貸款水準之間存在直接因果關係。

其次是商業銀行效率。金融體系的主要功能是將消費者的儲蓄資金有效轉化為經濟建設與各類投資，轉化比例的高低直接表明金融體系的效率水準。因此，金融體系發展的效率體現在將儲戶的存款轉化為貸款的比例高低。中國目前農戶的資金信貸需求主要遵循次序為：內源融資—親友借貸—非正規金融機構借貸—正規金融機構借貸。

可以看出，目前中國商業銀行存款轉化為服務於農村地區的貸款的效率較低。研究發現，造成涉農金融機構效率低下的原因主要有：

第一，農村正規金融機構設置不均衡，中西部地區與貧困地區的金融

---

[①] 汪昌雲，鐘騰，鄭華懋. 金融市場化提高了農戶信貸獲得嗎？——基於農戶調查的實證研究[J]. 經濟研究，2014，49（10）：33-45.

[②] 左曉慧. 城鎮化的金融支持研究[J]. 福建論壇（人文社會科學版），2012（3）：48-50.

[③] 丁汝俊，段亞威. 村鎮商業銀行體系構建：加快中國城鎮化發展的重要推動力[J]. 財經科學，2014（1）：10-18.

[④] 劉芬華. 農村城鎮化、異質性金融需求與金融產業結構調整[J]. 小城鎮建設，2010（7）：33-37.

[⑤] 易小蘭，宋瑋楠. 中國農戶借貸需求及其滿足程度的調查研究[J]. 經濟縱橫，2013（4）：86-89.

[⑥] 劉莉亞. 金融支持農村城鎮化建設的探討[J]. 河北金融，2007（1）：7-9.

[⑦] 黃勇，謝朝華. 城鎮化建設中的金融支持效應分析[J]. 理論探索，2008（3）：91-93.

機構網點與覆蓋面明顯不足，網點規模呈逐年下降趨勢。劉莉亞（2009）[①]曾發現，中國農村地區正規金融機構嚴重缺乏，現存金融機構主動服務農戶金融需要的制度設計和意識明顯不足。原因在於正規金融機構先後進行了商業化改革，將「利潤最大化」納入經營原則中，造成部分商業銀行在農村的機構網點數逐年減少，業務重心已轉移到了城市與非農領域。

第二，部分涉農商業銀行體系存在壟斷。中國涉農商業銀行目前仍採用外部強制供給制度，即主要由政府主導農村商業銀行、農村保險以及農村信用擔保機制來提高金融服務。方少勇（2005）[②]研究中國經濟發達地區後曾指出，金融的發展如果太過於借助政府力量會造成壟斷，不能形成市場良性發展機制。壟斷造成商業銀行參與度低，民間金融組織又缺乏有效的市場監督機制，因此涉農銀行難以形成具有規模的供給方。

第三，正規金融機構存在對農村地區「惜貸」心理。「惜貸」的根源在於農村居民或企業缺乏法律認可的抵押品，導致銀行面臨嚴重「信息不對稱」，正規金融機構承擔了較大的貸款風險，銀企間沒有形成有效的信任機制。在將農用土地視為抵押品的相關法律上，制定法一直限制農地的金融化，農地被長期排斥在農村金融體系之外（高聖平，2014[③]）。

然而，涉農銀行效率的提升是否有利於城鎮化建設一直存在爭議。部分學者認為，農村信用社近年來受到利益驅使，商業化傾向越發明顯，致使農村資金較多流向了非農村地區，沒有實現支農作用，在服務「三農」中矛盾突出。而且，資源流出農村地區的主要原因並不是因為農村企業具有更高的信貸風險或信息不對稱，而是單純因為企業地處農村。例如，丁汝俊等（2014）[④]研究發現，截至 2012 年年底，農村存款量為 100,796.73 億元，但農村貸款量僅為 36,472 億元，存貸款差額巨大，說明農村存款一直處於外流狀態，商業銀行沒有執行有利於農村地區經濟發展的貸款政策，而是更多地將農村地區存款向城鎮地區進行了資源配置。更為具體的是，據統計，農村資金外流從 1991 年的 250.8 億元到 2012 年的 64,324.73 億元，流失規模擴大了 256 倍。主要原因在於郵政儲蓄經營模式的「只存不貸」，以及部分農村正規金融機構的「吸儲外放」政策（彭紅利，2007[⑤]）。

---

[①] 劉莉亞. 關於金融支持社會主義新農村建設的思考 [J]. 經濟與管理，2009（3）：13-16.

[②] 方少勇. 小城鎮城市化金融支持與政府干預 [J]. 金融理論與實踐，2005（4）：3-5.

[③] 高聖平. 農地金融化的法律困境及出路 [J]. 中國社會科學，2014（8）：147-166.

[④] 丁汝俊，段亞威. 村鎮商業銀行體系構建：加快中國城鎮化發展的重要推動力 [J]. 財經科學，2014（1）：10-18.

[⑤] 彭紅利. 金融抑制背景下村鎮商業銀行體系的重構 [D]. 北京：北京師範大學，2005.

更多的儲蓄存款轉換為了貸款，單純從數字上看，涉農銀行效率雖然提升了，但是實際資金流向沒有起到幫助農村經濟發展和提高農戶生活水準的目的，反而阻礙了城鎮化進程（吳永興、唐青生，2013[①]）。但是，也有部分學者通過實證研究支持涉農商業銀行效率提升可以促進農村城鎮化進程的觀點（李樹生等，2015[②]；唐樹伶、張成虎，2013[③]）。

從以上研究來看，新型城鎮化建設和涉農銀行規模與涉農銀行效率之間關係密切，但三者之間的相互作用關係卻鮮有研究。將從農村地區吸取的金融資源投放給城鎮地區，是單純的逐利行為，還是明知城鎮企業具有更高的風險還刻意為之的「區別待遇」，相關問題也很少被討論。部分學者雖然研究了城鎮化與涉農商業銀行的關係，但是沒有研究涉農銀行金融規模與效率之間是否存在相互影響。此外，現有文獻在進行實證研究時，大多使用了時間序列數據或靜態面板數據研究城鎮化與農戶收入及農村經濟發展的關係，過程中沒有考慮中國經濟發展存在地域不均衡特性與經濟變量的動態發展變化。

基於此，本章研究試圖彌補以上不足，通過建立動態面板模型，採用差分 GMM 的方法，不僅研究商業銀行規模和效率對新型城鎮化建設的影響，還進一步討論新型城鎮化政策是加劇還是減弱了農村地區的「資金外逃」現象，以驗證在新型城鎮化政策執行期間，涉農商業銀行的風險承擔行為是否受此政策影響而有所加強。

## 6.3 理論假設

商業銀行規模由存款規模和貸款規模組成，其大小主要由農戶存款與貸款的意願決定。「三農」政策以來，金融需求主體越發多元化，主體範疇從傳統的農民擴大到了農村中小企業、鄉村企業、農民專業合作社等現代農業。隨著城鎮化的發展，農民收入水準明顯提高，出現了資金結餘。然而，中國農村地區投資渠道明顯不足，農戶受到傳統思想觀念和文化程度

---

[①] 吳永興，唐青生. 西部地區村鎮商業銀行與農村經濟協調發展研究——基於 2001—2010 年數據的實證分析 [J]. 雲南財經大學學報，2013（2）：80-87.

[②] 李樹生，曹雲峰，高立紅. 金融發展能促進農村城鎮化嗎？[J]. 首都經濟貿易大學學報，2015（1）：17-23.

[③] 唐樹伶，張成虎. 村鎮商業銀行發展對農村城鎮化作用實證研究 [J]. 商業時代，2013（20）：60-62.

的限制，出於對未來風險的規避考慮產生了對存款的大量需求。城鎮化後，從事第三產業的農戶數量明顯增加，產生了大量小額信貸需求。新一輪農業現代化改革提出堅持「三條底線」，其中之一就是堅持農民利益不受損，可見城鎮化使得農村居民實際收入提高，傳統的消費意識開始向「市民化」消費轉變，隨著農戶對住房、生活及教育方面的需求不斷升級，其在個人住房貸款、耐用消費品貸款和子女教育貸款方面的需求也會大增。新型城鎮化改革拓寬了現有集體產權權能，賦予農民對集體資產股份抵押、擔保等權利，因此，城鎮化後的農戶將會擁有更多的合法抵押品。在此情形下，涉農商業銀行機構有充足的意願與條件擴大存貸款總和，即實現金融規模的擴大。因此，本章提出第一個理論假設：

假設1：假定其他條件不變，新型城鎮化政策實施對涉農銀行規模具有正向影響。

前文已分析了現有農村金融體系處於絕對和相對供給不足狀態，農村盈利性金融機構普遍存在「惜貸」心理，存款轉換為有效貸款的比例不高，因此商業銀行效率普遍不高。新型城鎮化政策實施後，涉農商業銀行為了滿足日益增長的居民金融需求，有可能會將更多農村地區存款轉換為信貸資源投放給社會，故其金融效率可以得以提升。因此，本章提出第二個理論假設：

假設2：假定其他條件不變，新型城鎮化建設對涉農銀行效率具有正向影響。

中國農村人口規模巨大，醫療、衛生和教育服務水準長期落後於城鎮地區，農戶缺乏有效的合法抵押品，種種局面導致農村居民和鄉村企業難以獲得正規金融機構的資金支持，存在金融貸款絕對供給不足問題。加上近年來農村資金外流情況頻發，金融機構存在將農村吸儲資金向城鎮轉移情況，使得涉農商業銀行貸款相對供給不足問題也日益嚴重。可見，涉農商業銀行可能存在「吸儲外放」行為，有損於農村經濟建設，也為自身招致了更多信用風險。

假設3：商業銀行存在「吸儲外放」行為與動機，會優先向城鎮地區配置金融資源，其信用風險承擔行為在新型城鎮化政策實施下得以加強。

## 6.4 模型建立與變量選擇

本章的樣本與第五章相同，即金融危機後的2010—2018年，採用中國

26個省、市、自治區的面板數據（部分省市數據不全，故將其剔除），與上市的16家商業銀行。數據來自筆者手工整理的2010—2018年《中國統計年鑒》《中國農業年鑒》《中國金融年鑒》與中經網數據庫中26省的面板數據，包括了中國東部、中部和西部三個地區①。為了消除序列相關係、非正態分佈以及異方差，在此對所有變量取對數。

（1）被解釋變量

本章的被解釋變量有三個，分別為具有涉農業務的商業銀行金融規模、金融效率及其信用風險承擔。為了突顯金融供給主體，參考林志偉（2007）② 定義中國金融發展程度指標的方法，本章用來自農村信用社的農村存貸款總額占第一產業GDP比重表示金融規模；借鑑丁志國等（2012）③的做法，用有涉農業務商業銀行的貸款與存款之比來表示商業銀行效率；最後直接用銀行報表給出的壞帳率作為其承擔信用風險的衡量。這些被解釋變量取對數後依次標記為：Lnsize、Lneffi 和 Lnbad。

（2）解釋變量

城鎮化的內涵是將農村人口轉移到周圍城鎮，體現為農村居民的人口轉化和城鎮吸收農村人口，結果是城鎮人口比例的上升。對於城鎮化水準的測量，《規劃》在「新型城鎮化發展指數測算體系」中提到了兩個測算指標，一是「常住人口城鎮化率（%）」，另一個是「戶籍人口城鎮化率（%）」④。借鑑大多數實證文章的做法，本章採用第一種方式，即以城鎮人口占常住總人口的比重（記為 Lncity）衡量各省市新型城鎮化的建設進程。

（3）控制變量

在控制變量的選取上，本章採用能夠最大限度體現地區經濟特徵與非經濟特徵的變量。主要包括鄉鎮零售額占社會消費品零售額比例（Lnsell）、農村居民人均可支配收入（元/人）（Lnincome）、農村居民人均有效灌溉面積（公頃/人）（Lnirri）和農村衛生室個數（個）（Lnhosp）。

---

① 樣本劃分為東部地區（河北省、遼寧省、江蘇省、浙江省、福建省、山東省、廣東省和海南省）、中部地區（山西省、內蒙古自治區、吉林省、黑龍江省、安徽省、江西省、河南省、湖北省、湖南省和廣西壯族自治區）及西部地區（四川省、貴州省、雲南省、陝西省、甘肅省、青海省、寧夏回族自治區和新疆維吾爾自治區）。

② 林志偉. 經濟增長、金融發展與城鎮居民收入不平等［J］. 山西財經大學學報，2007（1）：56-60.

③ 丁志國，徐德財，趙晶. 村鎮商業銀行有效促進了中國農村經濟發展嗎？［J］. 農村經濟問題，2012（9）：50-57.

④ 新華網. 中華人民共和國國民經濟和社會發展第十三個五年規劃綱要［EB/OL］.（2016-03-18）. http://www.sh.xinhuanet.com/2016-03/18/c_135200400_2.htm.

對變量的定義及描述性統計分析分別見表6.2與表6.3。

表6.2　　　　　　　　　　　　　變量的定義

| | 變量名稱 | 計算公式 | 模型符號 |
|---|---|---|---|
| 被解釋變量 | 涉農商業銀行金融規模 | （涉農商業銀行存款+貸款）/第一產業GDP | lnsize |
| | 涉農商業銀行金融效率 | 涉農商業銀行貸款/存款 | lneffi |
| | 銀行風險承擔行為 | 不良貸款率 | lnbad |
| 解釋變量 | 城鎮化率 | 本地城鎮人口/常住人口總數 | lncity |
| 控制變量 | 控制變量1 | 鄉村零售額/社會消費品零售額 | lnsell |
| | 控制變量2 | 農村人均可支配收入（元/人） | lnincome |
| | 控制變量3 | 農村人均有效灌溉面積（公頃/人） | lnirri |
| | 控制變量4 | 村衛生室（個） | lnhosp |

表6.3　　　　　　　　　　　　變量的描述性統計值

| 變量 | 均值 | 中位數 | 最大值 | 最小值 | 標準差 |
|---|---|---|---|---|---|
| lnsize | 0.115 | 0.113 | 1.712 | -2.512 | 0.616 |
| lneffi | -0.405 | -0.408 | -0.017 | -0.736 | 0.110 |
| lnbad | -0.565 | -0.543 | -0.001 | -1.121 | 0.043 |
| lncity | -0.740 | -0.737 | -0.386 | -1.264 | 0.187 |
| lnirri | -2.411 | -2.518 | -0.942 | -3.509 | 0.520 |
| lnsell | -1.080 | -1.050 | -0.649 | -1.812 | 0.250 |
| lnincome | 8.711 | 8.722 | 9.872 | 7.753 | 0.415 |
| lnhosp | 9.787 | 9.891 | 11.103 | 7.611 | 0.842 |

(二) 模型建立

考慮到新型城鎮化建設具有時間慣性，將城鎮化率的滯後一期變量加入模型，以便更加準確地考察新型城鎮化對商業銀行規模、效率及商業銀行風險承擔行為的影響，因此建立如下動態面板數據模型：

$$y_{it} = \alpha y_{i,t-1} + \beta X_{it} + \gamma_i + \varepsilon_{it}$$

公式中，$y_{it}$代表被解釋變量；$X_{it}$代表解釋變量和控制變量；$\gamma_i$代表不可觀察的各省的地區效應，用於控制各省的固定效應；$\varepsilon_{it}$代表殘差項。

面板數據模型最常用的估計方法是固定效應模型和隨機效應模型，當解釋變量具有內生性時，這兩種模型均不能保證得出無偏的參數估計。本

章的實證模型中由於出現了滯後被解釋變量,模型的內生性問題不可避免。為了得出實證方程的無偏估計值,選擇合適的工具變量十分必要。對於這個問題,Arellano 和 Bond(1991)[①] 提出了用一階差分 GMM(first differenced GMM)估計方法來解決。本章借鑑此方法對模型進行估計。

具體模型設計如下:

$$Lnsize_{it} = \beta_1 LnsizeY_{i,t-1} + \beta_2 Lncity_{it} + \sum_{j=1}^{4} \beta_j Control_{j,it} + \varepsilon_{it} \qquad (1)$$

$$Lneffi_{it} = \beta_1 LneffiY_{i,t-1} + \beta_2 Lncity_{it} + \sum_{j=1}^{4} \beta_j Control_{j,it} + \varepsilon_{it} \qquad (2)$$

$$Lnbad_{it} = \beta_1 LnbadY_{i,t-1} + \beta_2 Lncity_{it} + \sum_{j=1}^{4} \beta_j Control_{j,it} + \varepsilon_{it} \qquad (3)$$

其中,$Lnsize_{it}$ 為涉農商業銀行規模,$Lneffi_{it}$ 為涉農商業銀行效率,$Lnbad_{it}$ 為壞帳率,$Control_{j,it}$ 為控制變量。上文已給出了具體控制變量的含義,其符號及其對城鎮化的影響機制在下文給出。

## 6.5 實證檢驗結果與分析

### 6.5.1 控制變量迴歸預測符號及影響機制

結合其他學者研究方法,本章在表 6.4 中給出各個控制變量的預期迴歸係數及相應的影響機制的說明。

表 6.4　模型控制變量的預期迴歸係數符號及影響機制說明

| 變量 | 預測迴歸符號 | 影響機制 |
| --- | --- | --- |
| lnsell | + | 該變量用於衡量鄉鎮商品零售額占比的上升,該指標越大,意味著農村經濟地位的提升,說明農村居民與城鎮經濟往來的頻率與意願都有所提升,從側面表明農村居民消費意願的提升。由於消費金融需求持續增高,因此該變量預計與涉農商業銀行金融規模或金融效率呈正相關關係 |
| lnincome | + | 根據前文文獻綜述內容,農村居民收入的提升有助於其在城鎮生活,也會提升其金融需求,故能夠促進金融效率或金融規模提升 |

---

[①] ARELLANO M, BOND S. Some Tests of Specification for Panel Data: Monte Carlo Evidence and an Application to Employment Equations [J]. Review of Economic Studies, 1991, 58 (2): 277-297.

表6.4(續)

| 變量 | 預測迴歸符號 | 影響機制 |
|---|---|---|
| lnhosp | + | 衛生條件長期以來是困擾農村地區發展的核心因素之一，鄉村衛生所數量的提升可以顯著改善農村地區的衛生條件，進而提高居民生活質量，有利於其經濟收入的提升，故可促進金融規模或效率提升 |
| lnirri | + | 有效灌溉面積的提升表明農村生產資料使用效率的提升，有助於農民收入獲得持續增長，進而促進涉農商業銀行金融規模與效率提升 |

### 6.5.2 實證結果分析

本章運用差分GMM估計方法對式（1—3）進行估計，式（1）主要考察城鎮化建設對商業銀行金融規模的影響，式（2）主要考察城鎮化建設對商業銀行金融效率的影響，式（3）主要考察城鎮化建設對商業銀行信用風險承擔行為的影響。本章選擇解釋變量的滯後2期項作為工具變量，採用Eviews8.0對方程進行迴歸。從工具變量的選擇來看，Sargan檢驗顯示兩個迴歸方程接受該工具變量有效性的原假設；二階序列相關檢驗[AR(2)]的概率顯示兩個迴歸方程不存在二階序列相關。各解釋變量和部分控制變量顯著，因此工具變量的選擇合理有效，模型不存在內生性問題且設定合理。表6.5給出具體三個方程迴歸結果。

表6.5 三個方程迴歸結果

| 因變量 | | lnsize | Model(1) | lneffi | Model(2) | lnbad | Model(3) |
|---|---|---|---|---|---|---|---|
| 自變量 | lnsize(−1) | | 0.122*** | lneffi(−1) | 0.233*** | lnbad(−1) | 0.004 |
| | | | (4.434) | | (3.987) | | (1.112) |
| | lncity | | 0.038*** | lncity | 0.103** | lncity | 0.005* |
| | | | (3.873) | | (2.343) | | (1.698) |
| | lnirri | | 0.004 | lnirri | 0.043*** | lnirri | 0.034 |
| | | | (0.043) | | (4.243) | | (0.047) |
| | lnsell | | 0.175 | lnsell | 0.145*** | lnsell | 0.176 |
| | | | (0.003) | | (5.023) | | (0.017) |
| | lnincome | | 0.008** | lnincome | 0** | lnincome | 0.002 |
| | | | (2.242) | | (1.993) | | (0.083) |
| | lnhosp | | 0.022*** | lnhosp | 0.054* | lnhosp | 0.345 |
| | | | (4.011) | | (1.783) | | (0.203) |

表6.5(續)

| 因變量 | lnsize | Model(1) | lneffi | Model(2) | lnbad | Model(3) |
|---|---|---|---|---|---|---|
| Sargan 檢驗 J 統計量 | | 17.771 | | 19.342 | | 15.898 |
| P 值：J 統計量 | | 0.278 | | 0.292 | | 0.265 |
| P 值：AR (1) | | 0.002 | | 0.022 | | 0.023 |
| P 值：AR (2) | | 0.412 | | 0.442 | | 0.534 |

實證結果分析如下：

（1）城鎮化建設對商業銀行金融規模的影響

模型 1 給出了城鎮化建設對商業銀行金融規模的影響的結果。從迴歸結果來看，城鎮化率 lncity 的系數為 0.038，在 1% 水準顯著，表明城鎮化政策取得成效，涉農商業銀行的金融規模會有所擴大；控制變量中 lnincome 和 lnhosp 分別在 5% 和 10% 水準顯著，說明農村人口人均收入與衛生條件的改善也可以顯著提高涉農商業銀行的金融規模，即存款與貸款總和有所提升。其餘控制變量則沒有呈現顯著性。模型具有明顯滯後效應，體現為被解釋變量的滯後一期變量 lnsize（-1）係數為 0.122，且在 1% 水準顯著，所以上一期涉農商業銀行的金融規模會顯著影響本期金融規模，表明銀行管理層在考慮金融規模擴大的過程中，會受到上期規模額度的影響，且繼續採取了「慣性式」的擴大規模方式。

從模型 1 結果可以看到，隨著新型城鎮化政策的實施和有效落地，越來越多農村人口將獲得城鎮居民身分，或搬離農村，在城鎮地區定居。為了更好地適應新的生活，其金融需求勢必得到進一步的釋放；而農村企業在城鎮化政策支持下的不斷發展，勢必也急需商業銀行貸款幫助，因此城鎮化有利於涉農商業銀行存款貸款總和的擴大。可見，假設 1 成立。

（2）城鎮化建設對商業銀行金融效率的影響

模型 2 考慮了城鎮化建設對商業銀行金融效率的影響，可以看出 lncity 系數為 0.103，即城鎮化率每提升 1%，將導致涉農商業銀行金融效率提升 0.103%，即前者促進了後者，表明隨著城鎮人口占總人口比例的提升，涉農銀行在將存款轉換為貸款的效率上能力有所提升。可見，假設 2 成立。

（3）城鎮化建設對商業銀行風險承擔行為的影響

前文提到，商業銀行機構放貸規模的提高並不一定意味著資金進入了農村經濟發展領域，即部分正規金融機構可能存在「吸儲外放」行為，導致在存款大量轉換為貸款的過程中，農村居民並沒有得到實際的資金支持，

資源的分配仍然不合理地向城鎮地區傾向。也就是說，雖然實證結果顯示新型城鎮化政策的有效開展有利於涉農商業銀行金融效率的提升，但是反而可能是由於這些商業銀行只是把從農村地區吸收的資金更多地轉換為了向城鎮地區優先發放的具有更高風險性的貸款，成為農村地區資金的「抽水機」，可見此舉不僅不利於農村經濟長期健康發展，還使得這些銀行招致了更多的風險，即其風險承擔行為進一步加劇。

模型 3 的結果驗證了上述理論推導，直接衡量新型城鎮化建設對商業銀行風險承擔行為的影響，可以看出 lncity 系數為 0.005，即城鎮化率每提升 1%，將導致涉農商業銀行壞帳率提升 0.005%。結合「實證結論（2）」，可以看出城鎮化政策的確促進涉農銀行將更多存款轉換為了貸款，但這些貸款優先流向了城鎮地區，成為更具風險的信貸產品，這不僅有害於農村經濟與人均收入的長期增長，還使得商業銀行額外承擔了更多的信用風險，主要體現為城鎮化率帶動了涉農銀行壞帳率的提升。可見，假設 3 也是成立的。

### 6.5.3 進一步分析

對模型 1 與模型 2 的結果進行進一步的分析後，可得出以下結論：

（1）控制變量中的農村經濟變量對城鎮化建設具有顯著正向影響，說明農村經濟的發展可以助力城鎮化政策的落實，而農村經濟的發展離不開商業銀行體系的資金支持。在城鎮化進程中，農村的基礎設施和道路修建數量顯著增多，更多在城市裡已趨於飽和的行業和企業會選擇在農村完成生產與銷售，這些項目的開展都需要金融機構給予均衡的資源配置。

（2）農村居民醫療保障服務水準的提高對城鎮化建設沒有明顯影響。實證結果中村衛生室數量的變化與城鎮化率的變化沒有顯著關係。原因可能在於，城鎮化與農村醫療服務水準之間的關係是間接關係，即城鎮化建設可以使農戶享有更高和更便宜的醫療服務，使其在生產工作中不會「一病窮一生」，因此可以在身體更加健康的條件下創造更多收入，而農戶收入的增加勢必導致其存貸款需求的增加。因此，醫療水準對城鎮化建設的影響主要通過涉農銀行規模對城鎮化的影響來間接體現。

（3）農村居民可支配收入的提高可以顯著促進新型城鎮化建設。本章實證發現，農戶可支配收入的增加都在 1% 水準上顯著與城鎮化水準的提升正相關。可見農戶收入的提高是城鎮化建設得以順利開展的關鍵因素之一。值得注意的是，現有研究發現涉農商業銀行的發展會擴大城鄉收入水準的差距，原因可能是從金融發展深度來看，金融發展意味著能夠支付金融服

務的人獲得了更為周全的服務,高收入者的收入會較低收入者增長更快。這說明,單純依靠完善農村金融體系來提高農戶收入水準和縮小城鄉收入差距可能存在困難。本章沒有進一步研究城鄉居民收入差距與城鎮化的關係,後續研究應進行補充與完善。

## 6.6 防範商業銀行風險承擔行為加劇的對策

本章結論所隱含的政策含義如下:

第一,需要穩步解決商業銀行金融資源供給不足問題。

中國農村地區仍存在金融供給不足的現狀及原因,這對農業經濟的發展產生了不利影響,不利於新型城鎮化建設,也不利於商業銀行有效控制自身的風險承擔行為。解決商業銀行「供求失衡」問題的關鍵,首先在於發揮政府的作用。2006年至2008年間,中國政府出抬了若干制度用以規範新型農村金融服務提供者的設立,其中既包括村鎮銀行、農村資金互助社等新型農村金融機構,也包括小額貸款公司(新型貸款機構)。這些政策旨在提升傳統群體金融服務的缺失和不足。從某種意義上說,設立新型農村金融服務提供者可以看作是在提升農信社服務「三農」能力方面所作努力的延伸和補充,同時也可被視為增強農村金融服務競爭性的一項機制。這些新型農村金融服務提供者有一些共同特徵,如服務對象明確、設立條件相對寬鬆等。就服務對象而言,這些機構服務的目標群體包括農村居民和中小微企業。在設立條件方面,監管機構對各類新型農村金融服務提供者在註冊資本、組織結構和股權結構等方面的要求各有不同,但都要寬鬆得多。涉及新型農村金融服務提供者的一些靈活規定允許符合條件的個人參與設立有獨立法人性質但營運限於一定區域的新型機構。村鎮銀行和小額貸款公司可以設立分支機構,而農村資金互助社則不允許設立分支機構。這種模式有利於增強新型農村金融服務提供者管理的靈活性和對本地目標服務群體的適應能力。自2010年以來,政府向滿足一定條件(如貸款餘額增長達到一定水準或涉農貸款和小微企業貸款達到一定比例)的村鎮銀行和農村資金互助社提供補貼(不超過平均貸款餘額的2%)。這些補貼資金由中央和地方財政部門分擔,例如,東部、中部和西部地區的資金分擔比例分別為30:70、50:50和70:30。但是,部分小額貸款公司營運偏離了服務普惠金融目標群體的市場定位,未能有效填補農村金融資源的空白。現實中,許多小額貸款公司在經營上與傳統金融機構類似,沒有將服務

「小微」放在重要地位。2015 年一項對全國 279 家小額貸款公司開展的調查結果顯示,樣本小額貸款公司的單筆平均貸款額是 190 萬元,中位數是 127 萬元。單筆小於或等於 5 萬元的貸款筆數占比僅為 11.7%,金額只占 1.5%;相比之下,單筆 100 萬元以上的貸款筆數占比為 38.3%,金額占比高達 67.9%。

此外,建議有關當局盡快確定以擴張農業貸款規模為重點的系列方針政策,在農業貸款策略方面鼓勵涉農商業銀行創新,鼓勵扶持涉農商業銀行發展的各類金融機構,加大對縣級金融機構涉農貸款增量的獎勵,並積極發展農村中小金融機構。

最後,應加快推進農村抵押品合法化進程。中央財經領導小組辦公室副主任、中央農村工作領導小組辦公室主任陳錫文曾表示:「《中華人民共和國擔保法》中規定農民的承包土地、住房是不能用於抵押的,沒有抵押物就不貸款,並不符合發展商業銀行的要求,但並不是世界上所有的金融形式都需要抵押物,關鍵是需要有一個金融體系,其中包括金融機構觀念的轉變問題。」[1] 新型城鎮化的建設將使大量農業人口轉化成為城鎮居民,他們不再從事農業生產活動,如果允許農村土地承包經營權、宅基地,甚至農村房屋進行抵押,則可從根本上解決目前涉農商業銀行的供給不足問題,削弱商業銀行對農戶的「惜貸」心理,促進涉農商業銀行的健康發展,降低其主動在城鎮地區開展高風險活動的意願。

第二,需要完善涉農銀行發放貸款的監管機制。

為了保障涉農貸款達到規模且在農村地區穩步健康增長,必須盡量降低金融機構可能面臨的各類風險,做好在貸款事前、事中和事後的監管工作,尤其是必須加強對農業貸款用途的監督,以起到反向監督銀行管理層採取冒險經營策略的作用。要完善貸款事前篩選機制,確保農業貸款投向了更有利於「三農」問題的解決和城鄉居民生活差距縮小的項目中,以此來發揮涉農貸款在農業現代化項目建設中的積極作用,進一步促進農業經濟發展。需要建立審批制度,加強對貸後用途的監管,有效跟進貸款項目的進程,保障貸款的合理使用。

第三,需要採取一定措施遏制農村資金外流。

金融機構在幫助發展農村地區金融市場與提高商業銀行服務的同時也吸收了農戶和鄉村企業大量的存款,這些農村資金的主要流出渠道恰恰是

---

[1] 證券時報.陳錫文:要研究加快發展農村金融 [EB/OL]. (2013-02-02). http://www.chinastock.com.cn/yhwz_about.do? methodCall=getDetailInfo&docId=3308796.

正規金融機構。如果資金外流，則進一步加劇了農村金融資源市場供不應求的局面，使得農戶貸款需求難以得到滿足；而且也會導致商業銀行在城鎮地區承擔過多風險。因此，政府需要發揮在農村資金流動上的導向性作用，加以財政補貼，或者是出抬有關措施，加強政策性金融機構對農村地區資金缺乏問題的改善作用，避免農村資金流向城市；也可引導非正規金融機構向正規金融機構轉變，提高其抗風險能力，使之更好地服務於農村經濟增長。

第四，進一步吸引以金融為主的社會力量參與新型城鎮化建設。

在努力實現習總書記「2020年中國全面實現小康」的大目標下，應繼續堅持新型城鎮化改革的基本原則，秉承「人的城鎮化」發展理念不動搖。為了實現這一目標，在推進新型城鎮化建設中，需要鼓勵各類金融機構和社會力量予以支持，探索基礎設施資產證券化、特許經營等社會資本參與模式，共同構建村鎮金融體系；要鼓勵建立與農村小規模融資需求相適應的小型金融機構，扶持農村商業銀行和小貸公司的發展，建立多樣化的農村金融體系，起到緩解部分涉農銀行「吸儲外放」的作用。

## 6.7 本章小結

本章從金融與經濟發展關係的視角探討了新型城鎮化政策的實施對涉農商業銀行規模、效率與信用風險承擔行為之間的關係以及討論了涉農銀行可能存在的「吸儲外放」行為對農村經濟發展與自身風險防範的不利影響。實證部分基於2010—2018年中國26省市面板數據，運用動態面板模型的差分GMM方法考察了三者的關係，實證結果為：

第一，新型城鎮化政策實施對涉農銀行規模具有正向影響；

第二，新型城鎮化建設對涉農銀行效率具有正向影響；

第三，商業銀行存在「吸儲外放」行為與動機，會優先向城鎮地區配置金融資源，其信用風險承擔行為在新型城鎮化政策實施下得以加強。

以上結果表明：新型城鎮化建設會促進涉農銀行規模的擴大和效率的提升，但是金融效率的提升可能是因為商業銀行存在「吸儲外放」行為，此舉不利於農村經濟的發展，且會導致商業銀行信用風險加劇，因此從農村金融機構的發展規模與效率角度可以看出，新型城鎮化政策可能也會強化涉農銀行的信用風險承擔行為。

# 7 超常規發展機構投資者戰略與商業銀行風險承擔行為

## 7.1 引言

近年來，隨著中國經濟發展進入「新常態」，國外發達資本主義國家頻頻發生各類「金融危機」，全球經濟與金融體系都面臨著巨大的不確定性。各國不斷調整出抬的貨幣政策，以加強本國金融體系對抗風險的能力[1]。但不斷出抬的各類貨幣政策並不能完全干預作為金融體系核心的資本市場的運行，只有市場參與者能夠真正從根本上影響一國金融市場的發展情況。比如，隨著中國資本市場的不斷發展，機構投資者在中國資本市場與上市公司中扮演著越來越重要的角色，比如，可以起到一定的監督監管作用，較大程度保證了公司管理層進行有效的投資與經營活動，在公司治理問題方面提供了有效解決渠道。為了保障實體經濟的可持續性發展，需要密切關注以機構投資者為主體的投資者行為對上市企業盈利與發展的影響。

機構投資者被定義為在金融市場上專門進行證券投資的法人組織，最早見於20世紀60年代的發達國家。歷經60多年的發展，機構投資者對資本市場的有序發展和一國金融體系的穩定具有不容忽視的作用（Gillan & Starks, 2000[2]）。以美國福利基金為例，1960 年福利基金持股僅占美國上市公司股權的 4%，1970 年上升至 9%，而 20 年後持股比例已經上升至 23%，包括持有美國標準普爾指數公司約 50% 的股份，其重要性不容小覷（Chaganti

---

[1] 關於中國「貨幣政策政策化」的改革情況詳見附錄十。

[2] GILLAN S L, STARKS L T. Corporate governance proposals and shareholder activism: The role of institutional investors [J]. Journal of financial economics, 2000, 57 (2): 275-305.

& Damanpour，1991[①])。

　　相對於發達國家，中國機構投資者起步較晚，但是發展十分迅猛，這得益於有關當局對各類機構投資者的發展採取了積極的支持態度，並出抬了一系列政策、法律法規和戰略指導意見，來有序發展壯大機構投資者。從 1997 年《證券投資基金管理暫行辦法》頒布允許設立封閉式基金以來，到今天，中國機構投資者經歷了剛剛 21 個春秋。基於 1999 年《中華人民共和國證券法》實施、資本市場 17 項政策的調整以及 2000 年「超常規發展機構投資者」的政策指導，社保基金、合格境外機構投資者等各種類型機構投資者被陸續引入中國資本市場，形成了以證券投資基金、證券公司為主，社保基金、保險基金、企業年金、財務公司為輔，合格境外機構投資者為新鮮力量的多元格局，不少上市公司前十大流通股股東席位都被其占據。

　　以深圳證券交易所上參與投資活動的機構投資者為例，2008—2015 年間其數量變化為圖 7.1。

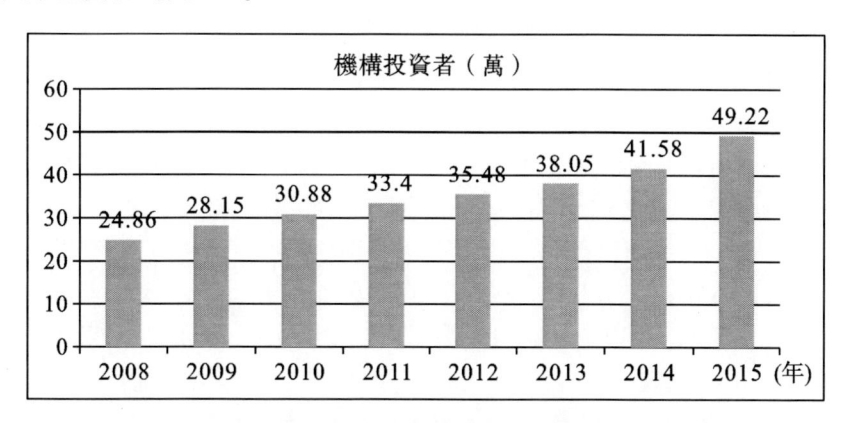

圖 7.1　2008—2015 年深交所機構投資者數量（年底數據）
數據來源：深圳證券交易所發布的《深圳證券交易所市場統計年鑒 2015》

## 7.2　異質機構投資者的定義與發展

### 7.2.1　異質機構投資的定義

　　按照嚴杰主編的《證券辭典》的定義，機構投資者是將自有資金或信

---

[①] CHAGANTI R, DAMANPOUR F. Institutional ownership, capital structure, and firm performance [J]. Strategic Management Hournal, 1991, 12（7）：479-491.

託資金進行證券投資活動的團體投資者。中國現有機構投資者主要有政府機構、金融機構、企業和事業法人及各類基金，各類機構投資者的基本定義與常見交易範圍如下：

（1）政府機構。政府機構可以參與證券買賣，但一般不是出於盈利的目的，而是為了對市場資金餘缺進行調劑和開展宏觀調控與監管。一般來說，各級政府及政府機構出現一定資金剩餘時，可以通過購買政府債券和金融債券等資產在證券市場上開展投資活動。最常見的是中央銀行以公開市場操作為手段，通過買賣政府債券或金融債券來調節和影響社會上的貨幣供應量與利率水準，以增進或降低市場的流動性。

（2）金融機構。參加證券投資的金融機構有證券經營機構、銀行業金融機構、保險公司與其他類型金融機構幾大類。其中，證券公司是最為活躍、也是影響力較大的一類機構投資者。此類機構投資者以自有資本、營運資金和受託投資資金進行證券投資活動。按照有關當局的規定，銀行業金融機構可用自有資金買賣政府債券和金融債券，但不得從事信託投資和證券經營業務，不得向非自用不動產投資或向非銀行金融機構和企業投資。保險公司也是一類十分重要的機構投資者，其大量投資於各類政府債券、高等級公司債券、基金以及股票。合格境外機構投資者（QFII）是一類具有創新性的金融機構投資者，它是一國在貨幣沒有實現完全可自由兌換、資本項目尚未完全開放的情況下，有限度地引進外資，開放資本市場的過渡性制度的實踐者。QFII 參與資本市場活動比較晚，其正式進入市場的標誌性事件是 2011 年 12 月 16 日中國證監會、中國人民銀行與國家外匯管理局聯合發布了《基金管理公司、證券公司人民幣合格境外機構投資者境內證券投資試點辦法》。近年來，合格境外機構投資者（QFII）在資本市場的積極活動受到了各方的關注。

（3）企業與事業法人。企業和事業法人往往具有一定量的可用累積資金，或暫時不用的閒置資金，因此可以在允許範圍內，用這些資金開展證券投資活動，也可以通過股票投資實現對其他企業的控股、參股和完成兼併合併。這些種類的投資活動都屬於企業的股權投資活動之一，法律上是允許的。

（4）各類基金。基金性質的機構投資者主要指證券投資基金、社保基金、企業年金和社會公益基金，它們是主要的機構投資者。目前資本市場活躍度較高的是證券投資基金與社保基金兩類基金。證券投資基金是通過發售基金份額，匯集其他眾多投資者的資金以形成獨立財產，並委託基金管理人進行投資管理的方式開展市場投資的一類機構投資者。基金的託管

人依法對匯集而成的財產進行託管，基金投資人共享投資收益。1992 年 11 月經中國人民銀行總行批准，中國境內第一家較為規範的投資基金，淄博鄉鎮投資基金正式成立，這標誌著機構投資者大軍中又添一員猛將。隨後 1997 年 11 月，國務院正式頒布了《證券投資基金管理暫行辦法》；2004 年 6 月 1 日，《證券投資基金法》正式實施，首次以法律形式確定了證券投資基金在資本市場的地位與作用。證券投資基金是一類重要的機構投資者，其可投資的範圍相當廣泛。按照《證券投資基金法》規定，基金可投資對象包括資本市場上可供交易的各類金融證券，如股票、債券，以及國務院證券監督管理機構規定的其他證券品種。社保基金則主要由兩部分構成，一部分是社會保險基金，另一部分是社會保障基金。社會保險基金一般由養老、醫療、失業、工傷、生育五項保險基金組成。現階段主要的社保基金類機構投資者是養老保險基金，運作機制是按照勞動部各相關條例和地方規章制度共同制定的。基於其資金的構成結構與來源，社保基金在參與證券資產的投資過程中一般都較為謹慎。

### 7.2.2 中國機構投資者的發展歷程

20 世紀 80 年代以來，發達國家機構投資者的數量呈現井噴式增長。1985 年，美國第二大養老基金——加州公共雇員養老基金（CALPERS）發起了積極行使股東權益的運動，爭取到了通過設立專門的機構投資者委員會（CII）來積極介入目標公司治理活動的最終勝利，此舉開了「機構股東積極主義（Institutional Shareholder Activism）」的先河。這表明在美國這樣的發達資本主義國家，機構投資者逐漸成為市場投資者中一股不可替代的重要力量，它們在一定程度上成為了一種重要的公司外部治理機制，它們的行為對資本市場股價的波動影響深遠。而中國機構投資者大體上經歷了由內到外、由少到多的發展歷程。按照時間順序，異質機構投資者的發展歷程可以分為以下三個階段：

（1）第一階段：內資機構投機時期（1996—2000 年）

這一時期中國內資機構投資者實力不斷增強，最為活躍的是證券公司和基金公司，其投資活動由於缺少合適的法律法規監督而具有較大的風險。證券公司投機活動明顯，非規範化運作導致其營運風險不斷增大，經營績效參差不齊，波動幅度逐漸加大。新設立的證券投資基金則面臨市場認可度低、市場運作規則不完善的窘境，導致機構投資者在這一時期發生的結構變化對資本市場的積極影響並沒有顯現出來。

（2）第二階段：內資機構投資者多元化起步時期（2001—2006年）

2000年5月，原證監會主席周小川提出了要「超常規、創造性地培育和發展機構投資者」的口號。目前中國證券市場上較為活躍的主要是各類進行股權投資的機構投資者，主要包括證券投資基金、社保基金、保險公司、信託公司、合格境外機構投資者（QFII）、企業年金等，不同類型的機構投資者統稱為異質機構投資者。此後，中國證券業加快了對外開放步伐，監督層在法律法規層面也進一步加強了規範化管理。資本市場機構投資者體量與數量加大，內外資投資者多元化進程全面啓動，保險公司和社保基金迅速發展壯大，而QFII的引入直接導致了機構投資者結構的根本性變化。異質機構投資者的市場行為對資本市場的各類影響漸漸進入學術研究的範疇，相關研究成果日益豐富。

（3）第三階段：內外資機構投資者多元化發展時期（2005年以後）

這一時期各類內外資機構投資者進一步發展壯大，他們的各類投資活動豐富了資本市場的流動性。這一階段異質機構投資者發展的典型特徵是，他們與被投資上市企業之間的關係日益密切，與被投資對象之間不再僅僅是投資與被投資的關係，機構投資者想要扮演「監督者」角色的意圖明顯上升，其行為對投資對象和資本市場的影響也日益增加。

### 7.2.3 「超常規發展機構投資者」戰略提出的背景

國際上成熟證券市場均已形成以機構投資者為主的資金結構，機構投資者持有的市值占到70%左右，其中一半是養老金和保險公司等長期機構投資者。機構投資者秉承長期投資和價值投資理念，成為穩定市場的一支重要力量。借鑑國際經驗，一直以來我們都把大力發展機構投資者作為證券市場的基本政策，形成了一支以證券投資基金、保險資金、社會保障資金、企業年金等為主的多元化機構投資者隊伍，為證券市場的長期發展做出了積極貢獻。

2012年4月，經國務院批准，中國證監會、中國人民銀行及國家外匯管理局決定新增合格境外機構投資者（QFII）投資額度500億美元，總投資額度達到800億美元；增加人民幣合格境外機構投資者（RQFII）投資額度500億元，使總投資額度達到700億元。與此前相比，兩項額度均有大幅度提高。雖然當時股市連連下跌，但此舉不是短期的救市之舉，而是政府為推動證券市場健康穩定發展而積極引入多元化機構投資者的長遠之策，其與廣東千億養老金進入證券市場的基本取向是一致的，即鼓勵各類機構投

資者的發展①。資金是證券市場發展的原動力，資金結構決定了市場結構，資金的行為決定了市場的表現，資金的可持續性影響著市場的長遠發展。但是，中國機構投資者在總量、結構和行為上均還存在一些問題，突出表現在：

第一，機構投資者規模偏小，在市場上還不佔主要地位，無法主導市場投資行為，但增速較快。截至 2011 年年底，專業機構投資者持有流通 A 股市值佔比為 15.6%，遠低於自然人 26.5%的比例。不過到了 2017 年年底，機構投資者在 A 股持股超過 65,000 億元，佔全部自由流通股比例約為 33%。其中公募、私募、保險保障類與國家隊資金是目前市場上規模最大的四類資金。

第二，基金類機構投資者呈現「散戶化」趨勢，基金的投資行為被基金持有者的行為所左右，出現短期化交易傾向，加劇市場波動。

第三，機構投資者中證券投資基金獨大，像社保基金、保險資金等可以進行長期投資的資金比例仍然很小。

基於以上存在的種種問題，2012 年以來，證監會把發展機構投資者放在更加突出的位置，提出了鼓勵養老金投資證券市場、新增 QFII、RQFII 額度等舉措，彰顯了要大力支持機構投資者發展的決心，向全社會釋放了「超常規發展機構投資者」的政策信號。該政策的著力點是兩個：一是從外部加大力度引進國外機構投資者。成熟的外國投資者進入能夠給中國證券市場帶來增量資金，同時，這些投資者也可能以其成熟的投資理念影響中國投資者的投資行為，以其對創新性產品的需求推動中國證券市場的創新發展；二是直接提出在國內「超常規地發展機構投資者」。如繼續擴大證券投資基金規模，擴大社保基金、企業年金、保險公司投資比例。同時調整機構投資者結構，鼓勵以養老基金為代表的長期機構投資者進入證券市場。

## 7.3 理論基礎：異質信念理論與心理學實驗

從理論上講，資本市場，尤其是股票市場是較易受到各類投資者影響的市場。行為金融理論指出，各類投資者的異質信念導致了金融市場「股價異象」，而頻頻爆發股價異象的資本市場會直接誘發金融危機。中國有幾類不同的機構投資者，統稱為「異質機構投資者」，他們在開展投資活動

---

① 關於未來中國還將繼續推進放寬市場准入等一系列的改革，詳見附錄十一。

時，也不可避免地持有異質信念，因此可能對上市商業銀行的股價造成一定的影響。

隨著人們對金融市場觀察的日益深入，經典的金融理論難以解釋諸多資本市場異常現象，行為金融學從投資者「非理性」角度出發，來理解證券價格的波動情況，研究視角更加符合現實。行為金融學的發展壯大促使學者們從全新的角度對「異象」進行解釋，這個新的角度就是放棄了經典金融理論中關於市場參與者具有「同質信念」的基本假設，因為這並不符合行為人的真實決策過程。隨著心理學及心理學家開始加入金融學的研究領域，大量心理學實驗結果告訴我們，人們實際進行選擇時，其信念（對某個結果出現的概率判斷）的形成並不遵從所謂的貝葉斯理性，大部分受試者都體現了與眾不同的「信念」（即不同的主觀概率密度函數），這種現象被稱為「異質信念」。異質信念的存在會導致市場參與者做出非理性的決策和行為，進而造成資本市場「異象」。此外，異質信念的理論根源主要在於不同的投資者面對資本市場各類公開信息時，可能具有不同的心理過程[①]。投資者異質信念、投資者心理活動和「異象」之間的關係如圖7.2所示。

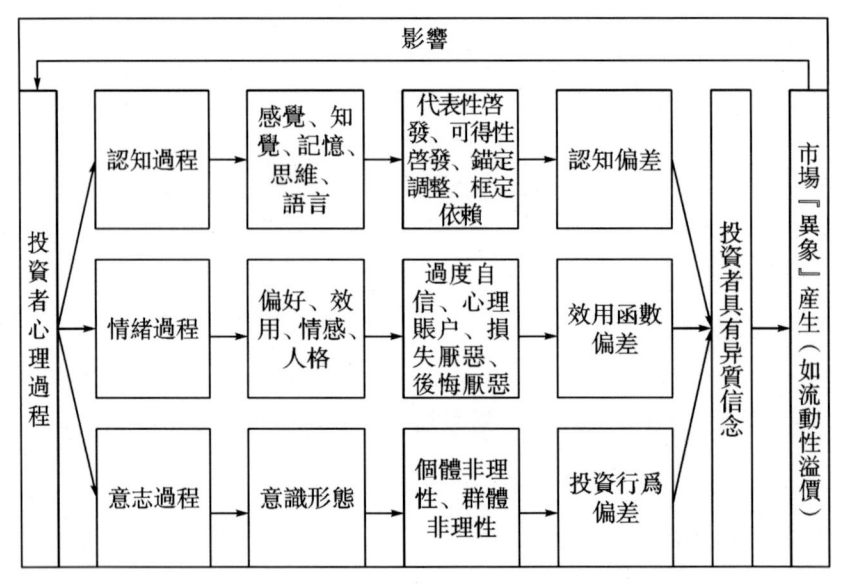

圖7.2 投資者心理、異質信念及市場「異象」的關係

---

[①] 這樣的信息可能是宏觀經濟發生變化、微觀企業公布了財務報表或者其他公開的信息，之所以考慮公開信息是避免信息不對稱對本課題將要研究的問題造成的不必要的干擾。

要想瞭解不同機構投資者對商業銀行風險承擔行為的影響,就需要明白為何它們具有異質信念。在本節中,筆者將機構投資者普遍存在的一些心理偏差劃分為三大類:個體信念形成中的偏差(啟發式認知偏差、過度自信心理、心理帳戶)、個體選擇偏好的偏差(後悔心理和損失厭惡心理)以及群體決策偏差(從眾心理)。需要注意的是,由於行為金融學理論大多是國外學者研究的成果,為了驗證這些「舶來品」是否適用於當代中國環境,在對現有的行為金融學理論梳理基礎上,模仿經典實驗設計和開展了系列心理學實驗,通過這些心理學實驗可以分析心理偏差是否廣泛存在於受訪者中。筆者所設計的心理學實驗嚴格按照心理學專業基本實驗開展流程設計,實驗對象是隨機選擇的全日制本科在校大學生、財經類專業人士和社會人士,實驗手段採用網絡調查問卷和發放問卷相結合方式進行,確保了實驗結論的有效性,最終回收有效問卷數量符合標準。這些心理學實驗結論顯示,心理偏差廣泛存在於受實驗人群中,不受時間和空間的限制,決策者由於存在不同種類或同種類但不同程度的心理偏差而產生了異質信念。

### 7.3.1 個體信念形成中的偏差

#### 7.3.1.1 啟發式認知偏差與心理學實驗

人的認知過程包括算法和啟發法:算法(algorithm)是解決問題的精確步驟。如果一個問題有算法,那麼只要按照其規則進行操作,就能獲得問題的解。啟發法(heuristics)是憑藉經驗的解題方法,是一種思考上的捷徑,是解決問題的簡單、通常是籠統的規律或策略,也稱之為經驗法則或拇指法則(the rule of thumb)。心理學研究表明,人類是「認知吝嗇鬼」(cognitive misers),總是在竭力節省認知能量,具有明顯的「複雜事情簡單化」處理的傾向。因此,大部分決策者在面對現實事件時,並非總是通過嚴格計算後決定的,而是普遍採取「啟發式(Heuristic)」的決策方法。這種方法雖然能夠幫助人們迅速找到解決方案,但不一定是最優方案,也往往不是理性的方案,因此會造成系統性偏差。社會心理學指出,人們在四種情況下最容易進行啟發式判斷:

(1)當認真考慮問題會占用太多時間,而人們普遍認為自己的時間十分寶貴時;

(2)我們無法對我們掌握的信息進行充分加工,存在信息不對稱時;

(3)我們認為沒有必要對問題進行多層次、全方位的思考時;

(4) 人們不具備必要的知識對問題做出分析、推導和解決時。

研究發現，採用啟發式的心理判斷規則時，往往會造成以下一些決策錯誤：

(1) 代表性偏誤（representative）

Kahneman 和 Tversky（1982）[①] 率先將認知心理學中「代表性直覺」的概念引入到行為學中。研究發現，人們在不確定的情況下，會特別關注一個事物與另一事物的相似性，也就是說，人傾向於根據樣本是否代表總體來判斷出現的概率，通過「A 在多大程度上能夠代表 B，或 A 在多大程度上與 B 相似」來判斷事件發生的可能性。

為了驗證這一理論是否合理，Kahneman 和 Tversky 設計了這樣一個實驗。實驗中受訪者得到的信息是：「某城市中有 A、B 兩個出租車公司，A 公司出租車主要是藍色，佔有該城市 85% 的出租車市場；B 公司出租車主要是綠色，佔有 15% 市場。現知某一輛出租車在某個晚上撞人逃逸。有目擊者指出肇事車是綠色的，而法庭對其辨認能力進行測試後認為目擊者正確辨認車輛顏色的概率為 80%」。研究人員詢問受訪者，「你認為，肇事車輛更可能是 A 還是 B 公司的出租車」。經過對受訪者給出判斷決策的收集整理後發現，大多數人認為目擊者證詞可信度達到 80%，所以判斷是綠色車，而實際上「85% 的出租車是藍色」這一重要的先驗概率被大多數人忽略了。過度重視目擊者證言這一特定信息而不是按照貝葉斯原則將先驗概率與目擊者證言相結合，就導致了「代表性偏誤」。代表性偏誤可以導致資本市場上股價的「動量與反轉效應」（林樹等，2006[②]）。因此，代表性偏誤往往被認為是直接導致資本市場參與者「非理性」的最主要的心理因素。

**關於「代表性偏誤」的心理學實驗：**

①實驗設計：230 位受試者被告知某個人有如下特徵：「該人 30 歲、已婚、沒有小孩。他的能力和激情都很高，因而他在該領域有望非常成功，但是不怎麼受同事們喜歡。」

請問：他的身分估計是什麼？

A. 律師

B. 律師，同時也是以自我為中心的人

---

[①] KAHNEMAN D, TVERSKY A. Intuitive Prediction: Biases and Corrective Procedures [J]. Tims Studies in Management Sciences, 1977 (12): 313-327.

[②] 林樹，俞喬，湯震宇，等. 投資者「熱手效應」與「賭徒謬誤」的心理實驗研究 [J]. 經濟研究，2006 (8): 58-69.

②實驗結果：

| 選項 | 人數 | 比例 |
| --- | --- | --- |
| A | 82 | 35.65% |
| B | 142 | 61.74% |
| 有效問卷數 | 230 | |

③結果分析：

可以看到，在已知信息下，大部分人選擇 B 選項，但是這個答案是包含在 A 選擇中的，也就是 A 選擇應該具有更高的概率。因此人們的選擇不符合統計的基本原理，即兩個獨立事件（「律師」和「以自我為中心的人」）同時發生的可能性不可能高於單個事件（「律師」或「以自我為中心的人」）發生的可能性。事實上，Kahneman 和 Tversky（1982）將這種現象稱為「結合謬論」。在這個實驗中，受試者可能採用的思維模式是在估計 α 來自 β 的可能性，其中 α 是一個例子或一個樣本，β 是一個種類或樣本總體。則這個實驗中，α 是這個被描述的男士，β 就是有自我主義傾向的律師。人們認為 α 更符合 β 這個群體，所以選擇出現了偏誤。

（2）易得性偏誤（availability heuristic）

Kahneman 和 Tversky（1974）[①] 發表於《Science》的研究發現，人們傾向於根據事件在知覺或記憶中的可得性程度來評估其相對頻率，容易知覺到的或回想起的被判定為更常出現。利用易得性來直接估計事件發生的頻率和可能性，可以將困難的決策內容進行簡化。當事件的易得性與其客觀頻率高度相關時，可得性啓發法是非常有用的，然而，更常見的情況是，依靠易得性進行預測可能會導致偏差。人們會對那些容易記起的信息過於依賴，而忽略了大量的其他必須考慮的信息。

比如，考慮這樣一個問題：「請你想像一下，在美國，下面兩種情況哪種更容易導致死亡？」

A. 被飛機上掉下來的零件砸死

B. 在海裡游泳時被鯊魚咬死

絕大多數人回答第二種情況，因為人們對相關影視作品中演員被鯊魚「咬死」的場面印象更加深刻，社會上關於此類問題的報告也較為常見。實

---

[①] TVERSKY A, KAHNEMAN D. Judgment under uncertainty: Heuristics and biases [J]. Science, 1973, 185 (4157): 1124-1131.

際上，A 發生的頻率是 B 的 30 倍。此時，易得性啓發是誤導人們進行頻率判斷產生偏差的因素。

　　John Carroll（1978）[①] 對易得性啓發進行了研究，他所提出的研究假設是：如果一個容易被想像的事件能夠被判斷為更可能發生的事件，那麼對一個事件「刻意地想像」可以增加其易得性，從而使它看起來更可能發生。實驗設計在 1976 年美國總統大選前一天，受試者被要求「想像」他們隨後會看到的大選結果。比如，對一半的受試者，要求進行如下「想像」：福特贏得了大選，而卡特沒有抓住幾個關鍵州而失敗。福特一共獲得 316 張選舉人票，卡特贏得 222 張，即福特贏得 32 個州，卡特贏得 18 個州和哥倫畢業特區。餘下一半受試者被給予的「想像」如下：卡特利用其在南部和東部絕對的優勢贏得了大選，最終贏得 342 張選舉人票，而福特贏得 196 張，即卡特贏得 28 個州和哥倫畢業特區，而福特贏得了 22 個州。實驗要求受訪者的想像力力求逼真（比如，想像獲勝者發表的演講內容等等）。在受試者完成想像後，讓他們判斷最終大選的結果如何。結果顯示，第一組受試者更多預測福特能夠獲勝，而第二組更多預測卡特能夠獲勝。這說明，給定結果的想像可以使結果更容易被受試者的記憶「喚醒」，也就增加了其對該結果真實發生的概率判斷信念。Nisbett 和 Ross（1980）[②] 進一步指出，當呈現給投資者的信息更加生動時，比起呈現給他們平淡的、抽象的信息而言，更容易在情緒上引起「易得性偏誤」，造成人們決策出現「非理性」。

　　**關於「易得性偏誤」的心理學實驗：**
　　①實驗設計：230 位受試者，請你回答：
　　問題一：假如從一篇文章中隨機抽出一個英文單詞，認為該單詞是以：
　　A. r 開頭的單詞更有可能
　　B. 第三個字母是 r 的單詞更有可能
　　問題二：在中國，以下哪種情況造成死亡人數更多？
　　A. 凶殺案
　　B. 中風
　　②實驗結果：
　　問題一：

---

[①] CARROLL J S. The effect of imagining an event on expectations for the event: An interpretation in terms of the availability heuristic [J]. Journal of Experimental Social Psychology, 1978, 14 (1): 88-96.

[②] NISBETT R, ROSS L. Limitations of Judgment (Psychology and the Law: Human Inference) [J]. Science, 1980, 208 (4445): 713-714.

| 選項 | 小計 | 比例 |
| --- | --- | --- |
| A | 188 | 81.74% |
| B | 42 | 18.26% |
| 本題有效填寫人次 | 230 | |

問題二：

| 選項 | 小計 | 比例 |
| --- | --- | --- |
| A | 192 | 83.48% |
| B | 38 | 16.52% |
| 本題有效填寫人次 | 230 | |

③結果分析：真實的情況與受試者給出的答案正好相反，然而由於從直覺的易得性上人們更傾向於記得「某個 r 開頭的單詞」，同時在社會新聞中常常特別關注「凶殺案」的相關報導，導致了這兩個情景更容易被人們回憶起，因此給出了不準確的判斷，易得性偏誤普遍存在。

（3）錨定效應（anchoring effect）與調整

Kahneman 和 Tversky（1974）[①] 在幸運輪實驗的開展中發現了這一心理偏差。實驗要求參與實驗者根據幸運輪上的數字對非洲國家在聯合國中占比做出估計。結果是，幸運輪數字為 65 時，實驗組估計占比平均值為 45%，而數字為 10 時，估計的平均值為 25%。其實非洲國家聯合國占比與幸運輪給出的數字之間完全沒有任何內在關係，但是實驗者卻根據不同的數字改變了自己的預測。Kahneman 和 Tversky 將其定義為「錨定和調整」，即個體在進行判斷時，有一個初始的參考點，這個參考點就是「錨」，然後個體會進行不充分的上下調整，對照參考點進行修正。

在金融投資領域，錨定效應是普遍存在的。比如，在判斷股票價格水準時，多數投資者會根據記憶中離現在最近的價格作為參照點。研究發現，就單個股票而言，價格變化會受到其他股票價格變化的錨定，市盈率也會受到其他公司市盈率的錨定。在個體進行判斷和評估投資項目時，往往先設定一個容易獲取的信息作為估計的初始值或參考值，以此為基礎點進行調整，一旦選擇的點不同，做出的決策和預期就會不同。

---

① TVERSKY A, KAHNEMAN D. Judgment under Uncertainty: Heuristics and Biases [J]. Science, 1974, 185（4157）：1124-1131.

**關於「錨定效應」的心理學實驗：**

①實驗設計。230 位受試者，請你回答：包括 2 月 29 日在內，一年中有 366 個可能的生日。因此在一個小組中，至少要有 367 個人才能確保至少兩個人的生日在同一天。至少需要多少人才會有 50%的可能有兩個人生日相同呢？

②實驗結果與分析。

超過 80%的受訪者給出了大於等於 183 人（一年中一半的天數）的答案，而實際上正確答案是只需要 23 人。計算流程是：考慮有兩個人生日不在同一天的概率，為 365/366＝99.73%，接著考慮 3 個人生日不在同一天的概率，為(365/366)×(364/366)＝99.18%；考慮 4 個人生日不在同一天概率，為(365/366)×(364/366)×(363/366)＝98.37%。按照相同的邏輯，可以推算出 23 個人的生日不在同一天的概率為：

$$\frac{365\times364\times363\times\cdots\times344}{366^{23}}=49\%$$

因此，通過簡單的概率計算，在包含 23 個人的小組中，至少兩人生日在同一天的概率超過了 50%。

大部分的受訪者（大學生）都學習過這種高中教授的基礎概率運算，但是還是做出了 183 人或更多的判斷，原因在於他們被給予了一個「錨」，即「至少要有 367 個人，則至少兩個人的生日在同一天的概率為 100%」，而當問及這個概率為「50%」（概率減半）時，大部分人直接採用「367/2」的方式來作答。

### 7.3.1.2 過度自信（Overconfidence）與心理學實驗

人們往往過於相信自己的判斷能力而高估自己成功的機會，把成功歸功於自己的能力，而低估運氣和機會在其中的作用，這種認知偏差稱為過度自信（overconfidence）。過度自信心理普遍存在於人類社會中，主要表現為兩種形式：一是對事件發生可能性的估計會存在高估或低估；二是在設置置信區間時將區間範圍設置過於狹隘，例如將 50%的真實數量包含在了 95%的置信區間內。

「過度自信」是資本市場投資者最常見的心理偏差之一。Fischhoff 和 Slovic（1977）[1] 認為，過度自信體現為人們常高估自己所實際擁有知識和

---

[1] FISCHHOFF B, SLOVIC P, LICHTENSTEIN S. Knowing with certainty: The appropriateness of extreme confidence [J]. Journal of Experimental Psychology Human Perception & Performance, 1977, 3 (4): 552-564.

信息的精確性。Thaler 和 Johnson（1990）[①] 最早發現並定義了「賭場資金效應」現象，即投資者在獲取盈利後，開始轉變態度，接受了之前自己不太能接受的賭博。這種現象的出現在於賭博者獲利後會產生過度自信心理，認為自己的決策判斷會持續正確。Odean（1998）[②] 通過對市場中的交易者、內幕知情者和做市商的調查，認為投資者總對自己的信息評價好於同類的其他人，存在過度自信。Odean 和 Barber（2000）[③] 對 1991—1996 年 66,465 戶美國家庭的投資情況進行了調查，發現他們投資普通股的收益並不高，所持有的股票變動的比率較大，分析發現過度自信是高交易水準和低收益表現的重要原因。

此外，資本市場投資者如果過度自信，則會導致「事後聰明偏差」（hindsight bias）與「過度交易」（over traded）。以過度交易為例，因為過度自信包含了對憑藉個人努力獲得成功過度的樂觀，因此投資者的過度自信心理往往與證券交易量變化存在聯繫。20 世紀 50 年代以來，紐約股票市場的平均年度換手率為 18%，而某些年份的換手率特別高，如 1987 年高達 73%。傳統金融理論無法對此進行解釋，因為市場沒有突發的信息導致過高的交易量。然而，從心理角度看，正是由於投資者過度自信，堅信自己掌握了必要的投資技巧和私人信息，因此導致了大量盲目性交易的產生。

**關於「過度自信」的心理學實驗：**

①實驗設計：實驗分成兩大部分：第一部分從網絡上各處搜索了 25 道不常見的問題，根據自己的是非觀念來判斷正誤，第二部分安插了自信心測試以及國外特別著名的研究過度自信及其成因的實驗。

②實驗對象：來自不同職業的專業人士和在校大學生填製了問卷調查，最終回收有效問卷 299 份。

③問卷結果匯總（以下問題均為單選題）

問題一：上海到芝加哥的航線里程是？

A. 超過 15,000 千米

B. 不到 15,000 千米

---

[①] THALER R H, JOHNSON E J. Gambling with the house money and trying to break even: the effects of prior outcomes on risky choice [J]. Management Science, 1990, 36（6）: 643-660.

[②] ODEAN T. Are Investors Reluctant to Realize Their Losses? [J]. The Journal of Finance, 1998, 53（5）: 1775-1798.

[③] BARBER B M, ODEAN T. The Courage of Misguided Convictions: The Trading Behavior of Individual Investors [J]. Social Science Electronic Publishing, 2000, 55（6）: 41-55.

| 選項 | 小計 | 比例 |
| --- | --- | --- |
| A | 167 | 55.85% |
| B | 132 | 44.15% |
| 本題有效填寫人次 | 299 | |

問題二：貝多芬出生的時間是？

A. 早於 1780 年

B. 晚於 1780 年

| 選項 | 小計 | 比例 |
| --- | --- | --- |
| A | 159 | 53.18% |
| B | 140 | 46.82% |
| 本題有效填寫人次 | 299 | |

問題三：耶魯大學成立的時間是？

A. 早於 1750 年

B. 晚於 1750 年

| 選項 | 小計 | 比例 |
| --- | --- | --- |
| A | 157 | 52.51% |
| B | 142 | 47.49% |
| 本題有效填寫人次 | 299 | |

問題四：曾在芝加哥大學任教或學習的教授或學生中獲得諾貝爾獎的人數是？

A. 不到 50 人

B. 超過 50 人

| 選項 | 小計 | 比例 |
| --- | --- | --- |
| A | 148 | 49.50% |
| B | 151 | 50.50% |
| 本題有效填寫人次 | 299 | |

問題五：莫扎特完成的交響樂曲數量是？

A. 不到 30 首

B. 超過 30 首

| 選項 | 小計 | 比例 |
| --- | --- | --- |
| A | 124 | 41.47% |
| B | 175 | 58.53% |
| 本題有效填寫人次 | 299 | |

問題六：馬丁·路德·金去世的年齡是？

A. 大於 40 歲

B. 小於 40 歲

| 選項 | 小計 | 比例 |
| --- | --- | --- |
| A | 148 | 49.50% |
| B | 151 | 50.50% |
| 本題有效填寫人次 | 299 | |

問題七：一架波音 747 的重量是？

A. 不到 150 噸

B. 超過 150 噸

| 選項 | 小計 | 比例 |
| --- | --- | --- |
| A | 146 | 48.83% |
| B | 153 | 51.17% |
| 本題有效填寫人次 | 299 | |

問題八：一頭亞洲象妊娠的時間是？

A. 超過 500 天

B. 不到 500 天

| 選項 | 小計 | 比例 |
| --- | --- | --- |
| A | 155 | 51.84% |
| B | 144 | 48.16% |
| 本題有效填寫人次 | 299 | |

問題九：尼羅河的長度是？

A. 不到 6,000 千米

B. 超過 6,000 千米

| 選項 | 小計 | 比例 |
| --- | --- | --- |
| A | 127 | 42.47% |
| B | 172 | 57.53% |
| 本題有效填寫人次 | 299 | |

問題十：美國平均每年被鯊魚咬傷至死的人數是？

A. 超過 5 人

B. 不到 5 人

| 選項 | 小計 | 比例 |
| --- | --- | --- |
| A | 186 | 62.21% |
| B | 113 | 37.79% |
| 本題有效填寫人次 | 299 | |

問題十一：由於鈣的流失，容易出現維生素 D 缺乏症，導致腰腿發軟、骨質疏鬆，多吃牛奶和雞蛋可以補充維生素 D。是對是錯？

A. 對

B. 錯

| 選項 | 小計 | 比例 |
| --- | --- | --- |
| A | 164 | 54.85% |
| B | 135 | 45.15% |
| 本題有效填寫人次 | 299 | |

問題十二：「法律面前人人平等」是最先由英國人提出來的嗎？

A. 是

B. 不是

| 選項 | 小計 | 比例 |
| --- | --- | --- |
| A | 146 | 48.83% |
| B | 153 | 51.17% |
| 本題有效填寫人次 | 299 | |

問題十三：水果的含鈣量要比骨頭湯中的含鈣量高嗎？

A. 對

B. 錯

| 選項 | 小計 | 比例 |
|---|---|---|
| A | 135 | 45.15% |
| B | 164 | 54.85% |
| 本題有效填寫人次 | 299 | |

問題十四：泰坦尼克號是1912年沉沒的嗎？

A. 對

B. 錯

| 選項 | 小計 | 比例 |
|---|---|---|
| A | 177 | 59.20% |
| B | 122 | 40.80% |
| 本題有效填寫人次 | 299 | |

問題十五：身體最大的解毒器官是肝臟嗎？

A. 對

B. 錯

| 選項 | 小計 | 比例 |
|---|---|---|
| A | 188 | 62.88% |
| B | 111 | 37.12% |
| 本題有效填寫人次 | 299 | |

問題十六：人的五感中味覺的反應最快嗎？

A. 對

B. 錯

| 選項 | 小計 | 比例 |
|---|---|---|
| A | 141 | 47.16% |
| B | 158 | 52.84% |
| 本題有效填寫人次 | 299 | |

問題十七：「初唐四杰」中有王勃嗎？

A. 有

B. 沒有

| 選項 | 小計 | 比例 |
|---|---|---|
| A | 178 | 59.53% |
| B | 121 | 40.47% |
| 本題有效填寫人次 | 299 | |

問題十八：杜康酒的產地是在中國的河南嗎？

A. 對

B. 錯

| 選項 | 小計 | 比例 |
|---|---|---|
| A | 169 | 56.52% |
| B | 130 | 43.48% |
| 本題有效填寫人次 | 299 | |

問題十九：如果把一個成人的全部血管連接起來，其長度接近10萬千米嗎？

A. 對

B. 錯

| 選項 | 小計 | 比例 |
|---|---|---|
| A | 184 | 61.54% |
| B | 115 | 38.46% |
| 本題有效填寫人次 | 299 | |

問題二十：豆科植物可以根據根瘤菌固氮嗎？

A. 對

B. 錯

| 選項 | 小計 | 比例 |
|---|---|---|
| A | 189 | 63.21% |
| B | 110 | 36.79% |
| 本題有效填寫人次 | 299 | |

問題二十一：中國雖然不是復姓大國，但是有不少復姓，請問「三臺」是不是復姓？

A. 是

B. 不是

| 選項 | 小計 | 比例 |
| --- | --- | --- |
| A | 143 | 47.83% |
| B | 156 | 52.17% |
| 本題有效填寫人次 | 299 | |

問題二十二：我們日常的主食基本上屬於鹼性食物嗎？

A. 是

B. 不是

| 選項 | 小計 | 比例 |
| --- | --- | --- |
| A | 173 | 57.86% |
| B | 126 | 42.14% |
| 本題有效填寫人次 | 299 | |

問題二十三：是義大利人最先製作牛奶巧克力嗎？

A. 對

B. 錯

| 選項 | 小計 | 比例 |
| --- | --- | --- |
| A | 167 | 55.85% |
| B | 132 | 44.15% |
| 本題有效填寫人次 | 299 | |

問題二十四：味精的鮮味來自於谷氨酸，它最早發現於雞湯中嗎？

A. 對

B. 錯

| 選項 | 小計 | 比例 |
| --- | --- | --- |
| A | 177 | 59.20% |
| B | 122 | 40.80% |
| 本題有效填寫人次 | 299 | |

問題二十五：教育使用土地權的出讓年限要比居住用地土地使用權的出讓年限高嗎？

A. 對

B. 錯

| 選項 | 小計 | 比例 |
| --- | --- | --- |
| A | 183 | 61.20% |
| B | 116 | 38.80% |
| 本題有效填寫人次 | 299 | |

問題二十六：你是一家醫藥公司的老總，正在開發一種新的止痛藥。據你所知，另外一家醫藥公司已經開發出了類似的止痛藥，如果繼續進行這個項目，公司有近90%的可能性損失500萬元，10%的可能盈利2,500萬元。項目已投入了500萬元，還需再投資50萬元，你是繼續開發還是現在放棄？

A. 繼續開發

B. 放棄

| 選項 | 小計 | 比例 |
| --- | --- | --- |
| A | 185 | 61.87% |
| B | 114 | 38.13% |
| 本題有效填寫人次 | 299 | |

問題二十七：您的性別是？

A. 男

B. 女

| 選項 | 小計 | 比例 |
| --- | --- | --- |
| A | 129 | 43.14% |
| B | 170 | 56.86% |
| 本題有效填寫人次 | 299 | |

問題二十八：您目前從事的職業是？

A. 學生

B. 財務/審計人員

C. 管理人員

D. 教師

E. 專業人士（如會計師、律師、建築師、醫護人員、記者等）

F. 其他

| 選項 | 小計 | 比例 |
| --- | --- | --- |
| A | 101 | 33.78% |
| B | 66 | 22.07% |
| C | 23 | 7.69% |
| D | 45 | 15.05% |
| E | 15 | 5.02% |
| F | 49 | 16.39% |
| 本題有效填寫人次 | 299 | |

④實驗結果分析

前26道題都是我們平時不常見的一類題目，評分原則是用50%～100%之間的某個數表示個體進行判斷時的概率，50%表明你是猜的，100%表示確定是對的。要求受訪者計算一下這26道題答對概率的平均值。根據統計，大約有76%的人估計自己答對概率在75%及以上，而他們答對的實際平均水準在50%左右，尤其是財務人員或管理人員估計答對概率相對更高。這種過高估計自己能力的表現是個體高估自身實際能力、表現、對事件控制水準以及成功機率的一種認知偏差。根據問卷調查結果顯示說明：一般來說，人是過度自信的，如圖7.3。

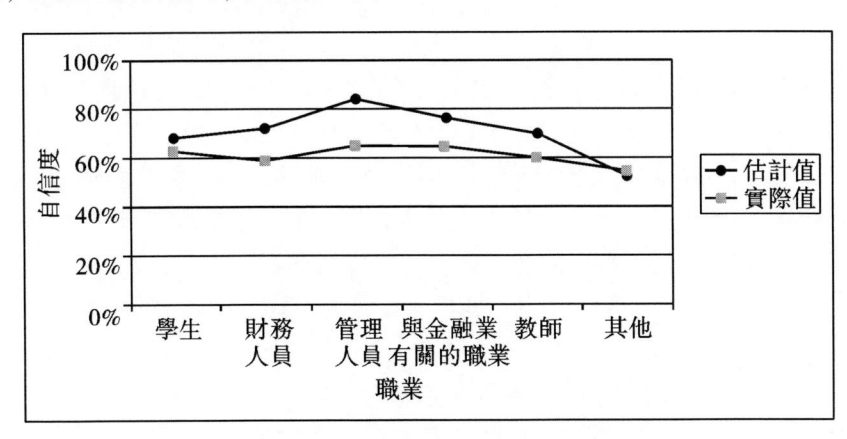

圖7.3 「過度自信」實驗結果示意圖

實驗結果論證了DeBondt和Thaler在對行為金融的微觀基礎進行總結的時候曾說過的一句名言：「在心理學領域有關個人判斷的研究成果中，最強的結論就是人們是過度自信的。」

### 7.3.1.3 心理帳戶與心理學實驗

Thaler（1980）[①]定義了「心理帳戶」——人們會根據金錢的來源、保存方法以及花費方法來處理與區分金錢種類的一種心理偏差。他指出，不管是個體、家庭還是公司，都有明確或潛在的帳戶系統，在進行經濟決策時，潛在帳戶系統的運行方式並不「理性」，使得個體的決策會違背一些最簡單的經濟法則。個體進行決策時，潛在帳戶系統常常遵循一種與經濟學運算規律相矛盾的規則，這就造成了個體決策的非理性。Thaler（1999）[②]進一步指出，在心理帳戶理論下，人們傾向於把金錢或有價值的項目進行分類，即便這種分類沒有合理的邏輯依據。例如，人們常常把省下來的錢或買彩票之類意外獲得的收入單獨與日常工作產生的報酬分離開來，以滿足不同的目的，即使金錢本身並不存在特定帳戶用於特定目的的特點。Taler（1980）認為，心理帳戶之間具有不可替代性，因此會較為持久地影響人們的決策與判斷。

心理帳戶的存在可以解釋為何分開獲得的心理效用有時會大於整合獲得的心理效用。在不同情形下，當人們面臨得與失的時候，其分開價值和整合價值將發生有規則的變化。利用人們心理帳戶而做出關於盈虧的反饋的情況主要有以下四種：

（1）兩筆盈利收入應分開。假設兩筆收入為正，則應該分別給予，而不是整合給予。比如，一個老板一次性給員工發放 5,000 元使員工得到的滿足感不如先給員工 3,000 元，過一段再發 2,000 元帶來的滿足感高。因為員工會用不同的心理帳戶對待兩筆資金，而根據價值函數的凹形特徵可知，兩次獲得所帶來的心理效用之和必定大於一次總獲得所帶來的心理效用。

（2）兩筆損失收入應整合。若兩筆收入都是負的，則應該整合，以打包的形象公布出來。比如，銷售人員在販賣一件主產品時最好把配件的價格也包括在內。因為對於顧客而言，消費行為是「損失」，按照心理帳戶理論，如果先支付主產品的價錢，再支付配件的價錢，則兩次付款帶來的心理效用小於只付款一次的情形（基本兩種付款方式下的支付的總金額相同）。

（3）大得小失應整合。兩筆一正一負的收入，總收入為正時，人們更偏好整合。即在面臨很多選擇時，會進行整合考慮，如果整合後總價值為正，則更願意接受這一系列的選擇。或者說，當將一個很有價值的好消息

---

[①] THALER R. Toward a positive theory of consumer choice [J]. Journal of Economic Behavior & Organization, 1980, 1 (1): 39-60.

[②] THALER R H. Mental accounting matters [J]. Journal of Behavioral Decision Making, 1999, 12 (3): 183-206.

和一個不太有衝擊力的壞消息一起告訴別人時，對方會使用一大一小兩個心理帳戶來衡量消息的價值，而最終正的價值由於具備較高的帳戶值，可以衝淡負的價值。

（4）小得大失應分開。與上一種情況相反，當一個很有衝擊的壞消息和一般價值的好消息需要公開時，最好是分開來講。這樣壞消息與好消息對應的心理帳戶間隔較遠，相互間不太容易彼此影響，即壞消息不會立即衝淡好消息帶給人們的心理愉悅。

心理帳戶的提出還對理解金融「異象」如股利之謎和一月效應有一定的幫助。此外，在行銷領域，由於心理帳戶直接關乎於消費者購買需求，生產者可以根據相關理論的原則指導產品設計與產品種類的選擇，在價格區間上做出適合不同類型消費者心理帳戶的調整變化。

**關於「心理帳戶」的心理學實驗：**

①實驗設計：實驗分成若干單選題，具體題面見結果匯總。

②實驗對象：來自不同職業的專業人士和在校大學生填製了問卷調查，最終回收有效問卷 205 份。

③問卷結果匯總

問題一：假設買一個計算器需要 15 元，售貨員告訴你：你買的計算器在另一家商店只需要 10 元，但是要走 20 分鐘的路，你會去另一家商店嗎？

A. 會

B. 不會

| 選項 | 小計 | 比例 |
| --- | --- | --- |
| A | 176 | 85.85% |
| B | 29 | 1.15% |
| 本題有效填寫人次 | 205 | |

問題二：假設買一件夾克衫需要 125 元，售貨員告訴你：你買的夾克衫在另一家商店只需要 120 元，但是要走 20 分鐘的路，你會去另一家商店嗎？

A. 會

B. 不會

| 選項 | 小計 | 比例 |
| --- | --- | --- |
| A | 55 | 26.83% |
| B | 150 | 73.17% |
| 本題有效填寫人次 | 205 | |

問題三：假設你要去看一部非常想看的電影，花50元買了一張電影票。當你準備出門時，發現電影票丟了，你還會再花50元去買一張票嗎？

A. 會

B. 不會

| 選項 | 小計 | 比例 |
| --- | --- | --- |
| A | 77 | 37.56% |
| B | 128 | 62.44% |
| 本題有效填寫人次 | 205 | |

問題四：假設你要去看一部非常想看的電影，票價是50元。當你準備出門時，發現自己丟了一張50元的鈔票，你還會去電影院花50元買票看電影嗎？

A. 會

B. 不會

| 選項 | 小計 | 比例 |
| --- | --- | --- |
| A | 154 | 75.12% |
| B | 51 | 24.88% |
| 本題有效填寫人次 | 205 | |

④實驗結果分析

由以上結果可以看出，問題一和問題二同樣是可以優惠5元，但對於計算器有85.85%的人願意多走路而省錢，對於夾克衫就只有26.83%願意。這顯然是心理帳戶在起作用。心理帳戶使人們從相對價值而非絕對價值來評價得失。大多數人想的是，計算器得到的優惠是其價格的1/3，而夾克衫只有1/25，因此相對而言，計算器有一個較大的折扣率，讓人們心裡感覺節省的金錢比較多，所以願意多走路去享受折扣價。

問題三和問題四的結果又發生了一些變化。在兩種不同方式下，問題三只有37.56%的人會再買一張票，而問題四就有75.12%的人。為什麼人們在丟了票後不願意再買一張，而丟了錢以後還是願意再花錢買票？進一步調查發現，很大一部分人在問題三的情境下，心裡感覺多花了一倍錢去看一場電影，但實際情況是，問題三和問題四的情境都是50元錢的損失。在人們的心理帳戶中，把買來的電影票看作是看電影的成本，丟票後再買一張是電影成本的增加，而丟了鈔票只是意外的損失，並不算在「電影成

本」這樣一個心理帳戶內，所以才會出現如上的調查結果。

### 7.3.2 個體選擇偏好的偏差

#### 7.3.2.1 後悔厭惡（regret aversion）與心理學實驗

Kahneman 和 Tversky（1979）[1] 最早設計了這樣一個心理學實驗：保羅擁有 A 公司的股票，本來打算轉向投資於 B 公司，但沒有那麼做，結果發現如果持有 B 公司的股票本來可以多賺 1,200 美元。而喬治持有 B 公司股票，後來轉向投資於 A 公司，結果發現如果他繼續持有 B 公司的股票本來可以多賺 1,200 美元。問：誰會更後悔？

研究結果發現，有高達 92% 的被試者認為喬治會更後悔，因為人們更容易從喬治的角度出發考慮問題，有「我是自作自受」的思想，激發了後悔的心理。Kahneman 和 Miller（1986）[2] 後續研究指出，通常人們會比較容易想像自己應該避免採取某個已經發生的行動。而較難想像去做某件實際沒有發生的事。兩位學者進一步將此命名為「作為效應」，即決策者的決策產生相同的不好的結果，那麼「作為（action）」引起的後悔要大於「不作為（inaction）」。

Loomes 和 Sugden（1982）[3] 將「後悔的可能性」作為一個變量引入了決策理論，該理論認為，一個備選項的期望效用是對相應結果所伴隨的痛苦和愉悅程度進行計量後的結果。後悔厭惡的存在使得在計算一個備選項的效用時還需考慮將所選擇的方案與所放棄的方案進行對比，以判斷是否會產生後悔。如果人們自己所放棄的備選項產生了更好的結果，則後悔產生；若產生更壞的結果，則愉悅產生。

Bell（1982）[4] 在後續研究中對期望效用理論進行了修正：

$$修正後期望效用 = 預期效用 \pm 後悔變量$$

其中，後悔變量 $= \omega \left( \sum RI \times RP_{[A-B]} \right)$，RI 表示後悔強度，是選擇的決策方案與其他備選方案進行比較後產生的強度；RP 是後悔發生的可能性；$\omega$ 取決於決策者的個性和外界因素（例如有人天生喜歡避免後悔的事發生，

---

[1] KAHNEMAN D, TVERSKY A. Prospect theory: An analysis of decision under risk [J]. Econometrica, 1979, 47 (2): 263-291.

[2] KAHNEMAN D, MILLER D T. Norm Theory [J]. Psychological Review, 1978 (3): 136-153.

[3] LOOMES G, SUGDEN R. Regret Theory: An Alternative Theory of Rational Choice Under Uncertainty [J]. Economic Journal, 1982, 92 (368): 805-824.

[4] BELL D E. Regret in Decision Making under Uncertainty [J]. Operations Research, 1982, 30 (5): 961-981.

則這樣的個體的 ω 值比較高）。研究發現，後悔產生的 ω 值遠大於喜悅產生的 ω 值。

上式的結果可以用後悔厭惡理論圖來表示（見圖 7.4）。

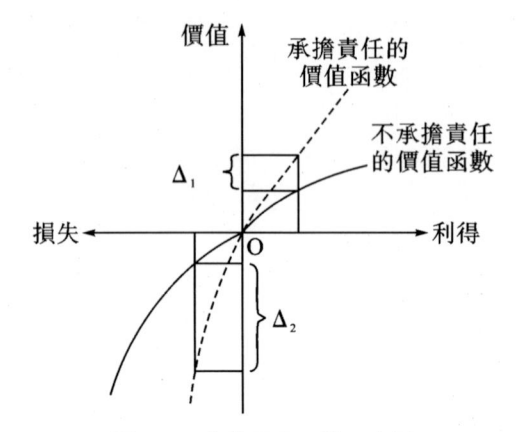

圖 7.4　後悔厭惡理論示意圖

圖 7.4 中，實線表示決策者無須承擔責任的價值函數曲線，虛線表示需要承擔責任的價值函數。投資者愉悅的感覺隨著利得值的增加而增加，後悔效力則隨著損失值的增加而增加。後悔效力體現在第三象限兩條曲線的垂直距離上，可以看到這個垂直距離大於第一象限中的愉悅效力（即圖中的 $\Delta_2 > \Delta_1$），所以決策者在承擔責任前提下最終會盡量避免採取行動，以免後悔發生，而不會總是基於規避風險的原則進行選擇。

可見，後悔厭惡可能導致理性行為，也可能導致非理性行為。比如，Thaler（1980）[1] 定義了「後悔厭惡」，即當人們做出錯誤的決策時，事後會對自己的行為感到痛苦。為了避免後悔，人們常常做出一些非理性行為，即有時候我們的決策是以「最大後悔最小化原則」為依據的。比如，考慮這樣一個情況：老張準備購買一輛二手車，現在只有兩輛車符合購買要求。1 號車質量可靠，但是價格昂貴；2 號車曾經出現過技術問題，但是價格便宜。因此選擇 2 號車相較於 1 號車而言是更加冒險的選擇。當老張準備購買 1 號車時，他朋友老李來準備買走 2 號車。此時，老李發現 2 號車沒有出現任何問題，則老張很有可能後悔花了冤枉錢買 1 號車，因此會選擇購買 2 號車。可見，「購買 2 號車」這個比較冒險的選擇反而成為後悔最小化的選擇，而人們對後悔的規避會使其傾向於選擇更冒險的選項，即「非理性」

---

[1] THALER R. Toward a positive theory of consumer choice［J］. Journal of Economic Behavior & Organization，1980，1（1）：39-60.

行為發生。另一個實例是後悔厭噁心理可以解釋資本市場中的過度交易現象，即投資者在交易收益不足以抵償交易成本時仍持有股票的行為。

但是心理學家 Janis 和 Mann（1977）[①] 將研究關注於對後悔的預期上，他們認為對後悔的預期可以使人們產生更加「理性」的選擇，即人們對後悔的預期可以使之「三思而後行」，從而避免盲目做出決策。理論上講，傳統金融學理論定義了人們做出規避風險（risk-averse）的選擇時，是理性的行為選擇。在後悔心理下，人們會認為後悔的經歷是不愉快的，因此要盡量進行後悔最小化（regret-minimizing）的選擇。當後悔最小化的選擇恰好就是規避風險的選擇是，理性行為發生。比如，考慮一個賭博和一個確定性事件，明顯前者會造成後悔心理，此時為了規避後悔，則人們傾向於選擇後者，而選擇確定性事件也反應了規避風險，此時，規避後悔與規避風險都做出了相同的選擇。

**關於「後悔厭惡」的心理學實驗：**

（1）實驗設計：實驗分成若干單選題，具體題面見結果匯總。

（2）實驗對象：來自不同職業的專業人士和在校大學生填製了問卷調查，最終回收有效問卷 150 份。

（3）問卷結果匯總

問題一：請問你的性別是？

A. 男

B. 女

| 選項 | 小計 | 比例 |
| --- | --- | --- |
| A | 75 | 50.00% |
| B | 75 | 50.00% |
| 本題有效填寫人次 | 150 | |

問題二：甲先生在電影院排隊買票，他前面的人剛好是這家戲院的第 10 萬名顧客，得到了 10,000 元獎金，而甲先生因為緊隨其後，得到了 1,200 元獎金；你是否為甲先生的遭遇感到遺憾？

A. 會，因為本來可以得到 10,000 元獎金

B. 不會，至少得到 1,200 元獎金

---

[①] JANIS I I, MANN L. Decisional Problems（Book Reviews：Decision Making. A Psychological Analysis of Conflict, Choice, and Commitment）[J]. Science, 1977, 197：1355-1356.

| 選項 | 小計 | 比例 |
| --- | --- | --- |
| A | 89 | 59.33% |
| B | 61 | 40.67% |
| 本題有效填寫人次 | 150 | |

問題三：乙先生在另一家電影院排隊買票，到了售票口，他發現他是這家影院的第一萬名顧客，因此得到了1,000元獎金。相對於「問題二」的甲先生，你願意當甲先生還是乙先生？

A. 甲先生，因為獎金額度較高
B. 乙先生，因為沒有錯失10,000獎金的遺憾

| 選項 | 小計 | 比例 |
| --- | --- | --- |
| A | 42 | 28.00% |
| B | 108 | 72.00% |
| 本題有效填寫人次 | 150 | |

問題四：阿福是一個股民，在網上炒股票，交易費用為零，股票拋出以後，錢會自動轉帳到他的活期存款帳目中。上個月，阿福買了10,000股「海神電器」，當時買入價是32元/股。之後阿福有一天上網一看，卻發現「海神電器」已跌到了15元/股。如果你是阿福，你最終究竟會選擇拋，還是不拋呢？

A. 拋售變現
B. 不拋售，再持有看看

| 選項 | 小計 | 比例 |
| --- | --- | --- |
| A | 73 | 48.67% |
| B | 77 | 51.33% |
| 本題有效填寫人次 | 150 | |

問題五（該問題只要求「問題四」中選擇「不拋售」的受訪者作答）：正當阿福舉棋不定的時候，發現寵物貓咪爬到桌子上，貓爪子正好搭在鼠標上，按下了「拋售」鍵。阿福原先的320,000元，現在已經變成了150,000元，並且即時地轉到了他的活期帳目中。如果你是阿福，你現在是立即再把「海神電器」買回來繼續持有，還是把這150,000元投資於其他的股票？

A. 買回來

B. 不買回

| 選項 | 小計 | 比例 |
| --- | --- | --- |
| A | 101 | 67.33% |
| B | 49 | 32.67% |
| 本題有效填寫人次 | 150 | |

註：如果你選擇「A」，請繼續填寫原因：＿＿＿＿＿＿＿＿＿＿＿＿

（4）實驗結果分析

①在受訪者中男女比例各占50%，以排除性別差異。

②在第2題的有意引導下，相比於獎金數額更大，但會感到遺憾的甲先生，大約有93%的受訪者更希望自己是「不會感到後悔」的乙先生。受訪者表現出一定程度的後悔厭惡。

③在面對形勢不妙的「海神電器」時，選擇「拋」與「不拋」的人群大約各占50%，選擇「拋」的受訪者表現比較理性，認為應當及時止損；選擇「不拋」的受訪者表現出強烈的後悔厭惡傾向，這部分人群在面臨虧損時，因為害怕決策錯誤而選擇不做決策，寧願保持現狀。

④選擇「不拋」的受訪者回答「問題五」時，僅有32.67%的受訪者選擇不買回，而選擇買回的受訪者占了一個相當大的比例。在對選擇「買回」的受訪者進行進一步的訪談後發現，其願意買回的原因主要在於不認為「拋售」行為是自己主觀做出的，而歸因於偶然事件（貓爪子放在了按鍵上），因此即使買回後股票又下跌，也不認為是自己造成的後果，因此沒有較強的後悔噁心理。

7.3.2.2 損失厭惡（loss aversion）與心理學實驗

損失厭惡（loss aversion）是指人們面對同樣數量的收益和損失時，損失會使他們產生更大的情緒波動。Kahneman 和 Tversky（1979）[1] 的經典實驗表明，在面對財富的損失和收益時，人們會表現出明顯的損失厭惡，即對損失比對同等金額數量的收益顯得更加敏感。二人在1992年[2]開展了實驗進一步探索這個問題，他們發現，損失帶給人們的負效用是等量收益帶來的正效用的近2倍，量化後發現可以把倍數確定為2.25。損失厭惡反應

---

[1] KAHNEMAN D, TVERSKY A. Prospect Theory: An Analysis of Decision under Risk [J]. Econometrica, 1979, 47 (2): 263-291.

[2] TVERSKY A, KAHNEMAN D. Advances in prospect theory: Cumulative representation of uncertainty [J]. Journal of Risk and Uncertainty, 1992, 5 (4): 297-323.

了人們的風險偏好並不是一致的，當涉及的選擇是收益時，人們表現為風險厭惡（risk averse）；當涉及的選擇是損失時，人們則表現為風險尋求（risk seeking）。

損失厭惡導致稟賦效應（endowment effect）。稟賦效應是與損失厭惡相關聯的心理行為現象。人們在日常生活中往往面臨這樣兩類決策，一類是維持現狀，一類是接受一個新的方案，而新方案中又將出現在某些方面有利而另一些方面不利的情況。研究發現，人們往往不願意「放棄現狀」，因為損失一項資產的痛苦程度大於得到一項資產的喜悅程度，所以人們得到資產的「支付意願」要小於（甚至是遠小於）放棄資產的「接受意願」。具體情況可用以下實驗來證實：

問題：假設現在你立即死亡的概率是千分之一。

情形1：你為了消除這個概率預計會出多少錢？

情形2：你要得到多少錢才允許這個死亡概率降臨到自己身上呢？

該實驗得到典型回答如下：

對於情形1，典型的回答是「最多會出200美元」，而對於情形2，典型回答是「至少給我50,000美元」。實驗說明，對於一樣東西，如果你本來就擁有（比如問題中的「生命」），那麼賣價會更高；如果本來沒有，則願意支付的價格比賣價低很多。

損失厭惡還會導致「短視性損失厭惡（myopic loss aversion）」（Kahneman和Lovallo，1993[①]）。實踐中觀察到，大部分人在考慮一個既定問題時，不僅將正在考慮的問題同其他需要考慮的問題分開，而且還將它同未來可能需要考慮的類似問題分開。在考慮現在與未來時，決策者可能不能選擇一個從長遠來看更好的決策，所以被稱為「短視性損失厭惡」。

「短視性損失厭惡」可由一個經典的心理學實驗來證明：假設面臨如下兩個決策，這兩個決策必須同時做出，你最後的總效用取決於兩個決策的選項。

情形1：在以下兩個選項中選擇一個

A. 肯定獲得240元

B. 25%的可能獲得1,000元，75%的可能什麼都沒有

情形2：在以下兩個選項中選擇一個

C. 肯定損失750元

---

[①] KAHNEMAN D, DAN L. Timid Choices and Bold Forecasts: A Cognitive Perspective on Risk Taking [J]. Management Science, 1993, 39 (1): 17-31.

D. 75%的可能性損失 1,000 元，而 25%的可能沒有任何損失

雖然題目要求受試者同時考慮這兩個決策，但還是有大部分人選擇了 A+D，獲得的期望值＝240+（75%×1,000）＝510（損失），而實際上 B+C 的期望值＝25%×1,000-750＝500（損失），是更好地組合。此實驗證明了由於人們存在損失厭惡，故不會優先考慮 C 選項，且傾向於分類考慮情形 1 和情形 2，即存在短視性損失厭惡。

**關於「損失厭惡」的心理學實驗：**

（1）實驗設計：實驗分成若干單選題，具體題面見結果匯總。

（2）實驗對象：來自不同職業的專業人士和在校大學生填製了問卷調查，最終回收有效問卷 220 份。

（3）問卷結果匯總（均為單選題）

問題一：在下列兩種情況下任選其一。

A. 肯定收益 3,000 元

B. 80%可能獲得 4,000 元，20%可能一無所獲

| 選項 | 小計 | 比例 |
| --- | --- | --- |
| A | 125 | 56.82% |
| B | 95 | 43.18% |
| 本題有效填寫人次 | 220 | |

問題二：在下列兩種情況下任選其一。

A. 肯定損失 3,000 元

B. 80%可能損失 4,000 元，20%可能一點都不損失

| 選項 | 小計 | 比例 |
| --- | --- | --- |
| A | 48 | 21.82% |
| B | 172 | 78.18% |
| 本題有效填寫人次 | 220 | |

問題三：有以下兩個場景，哪個場景更糟糕？

A. 我給你 1,000 元

B. 我給你 2,000 元，但隨後我又要回 1,000 元

| 選項 | 小計 | 比例 |
| --- | --- | --- |
| A | 77 | 35.00% |
| B | 143 | 65.00% |
| 本題有效填寫人次 | 220 | |

問題四：投一枚均勻的硬幣，正面為贏，負面為輸，如果贏了可以獲得 50,000 元，如果輸了失去 50,000 元，請問你是否願意賭一把？

A. 願意

B. 不願意

| 選項 | 小計 | 比例 |
| --- | --- | --- |
| A | 23 | 10.45% |
| B | 197 | 89.55% |
| 本題有效填寫人次 | 220 | |

問題五：擲硬幣打賭（所有硬幣絕對均勻），如果結果是背面，你將輸掉 10,000 元；如果正面，你將贏得 15,000 元。你是否願意參加？

A. 願意

B. 不願意

| 選項 | 小計 | 比例 |
| --- | --- | --- |
| A | 34 | 15.45% |
| B | 186 | 84.55% |
| 本題有效填寫人次 | 220 | |

問題六：準備幾十個印有各種圖案的馬克杯，這種馬克杯的零售價是 5 元，但在我們售賣時會撕掉原有的標籤，問受訪者願意出多少錢來購買？

A. 1~5 元

B. 5~10 元

C. 10 元以上

| 選項 | 小計 | 比例 |
| --- | --- | --- |
| A | 154 | 70.00% |
| B | 50 | 22.73% |
| C | 16 | 7.27% |
| 本題有效填寫人次 | 220 | |

問題七：首先我們會免費送受訪者一個印有各種圖案的馬克杯，但隨後你被告知我們由於某種原因可以有償收回部分馬克杯，請問你願意以什麼樣的價格出售？

A. 1~5元
B. 5~10元
C. 10元以上

| 選項 | 小計 | 比例 |
| --- | --- | --- |
| A | 12 | 5.45% |
| B | 41 | 18.64% |
| C | 167 | 75.91% |
| 本題有效填寫人次 | 220 | |

問題八：首先我們要求受訪者對任意六種物品的吸引力進行排序，發現巧克力吸引力排在鋼筆前面。然後將鋼筆發給前20名參與者，剩下20名參與者可以選擇獲得一支鋼筆或一塊巧克力，請問你會選擇獲得哪個？

A. 鋼筆
B. 巧克力

| 選項 | 小計 | 比例 |
| --- | --- | --- |
| A | 5 | 25.00% |
| B | 15 | 75.00% |
| 本題有效填寫人次 | 20 | |

問題九：繼續第8題的實驗，如果前20名參與者可以有一次機會用鋼筆換取巧克力，請問你是否願意交換？

A. 願意
B. 不願意

| 選項 | 小計 | 比例 |
| --- | --- | --- |
| A | 7 | 35.00% |
| B | 13 | 65.00% |
| 本題有效填寫人次 | 20 | |

(4) 實驗結果分析

①大部分受訪者對損失比獲得具有更敏感的心理傾向。

②大多數人對損失和獲得的敏感程度不對稱，面對損失的痛苦感要大大超過面對獲得的快感。

③同一件商品，相對於還未擁有這件商品之前，擁有後會對這件商品的價值評估大大提高。

④稟賦效應的產生並不是因為對商品價值的高估，而是當與自己擁有的商品分離時，會產生痛苦。

7.3.2.3 時間偏好與心理學實驗

時間偏好指人們傾向於推遲執行那些需要立即投入而報酬滯後的任務，而去執行馬上帶來報酬而投入滯後的事情。心理學實驗普遍表明人們對短期利益獲得時的心理偏好程度比長期利益獲得時來得大，體現了明顯的時間偏好效應。這就否定了傳統經濟學中認為人們對時間變量的偏好存在一致性的假定，因此資本市場參與者更傾向於對短期收益的獲取。

比如，一些上市公司為了提高會計利潤，通過資產交易獲取巨額收益，會進行所謂的「報表重組」，這實際是一種短期行為。當上市公司考慮併購行為時，大多數目標公司的明顯特點是經營績效差，被收購後往往出現大比例的董事長和高級管理人員被替換的現象。合併後的新公司業績在第一年會有顯著的提高，但從第二年開始許多併購公司經營狀況急遽下滑，主要原因就在於參與合併決策的公司管理層出於個體利益驅動而偏好短期行為，通過對報表的修飾而非實際提高公司效率與生產力的方式，獲取了併購後的短期收益。剛完成併購的上市企業也常常在短期內經歷大幅度的股價上漲，說明資本市場投資者往往也是具有短期時間偏好的，他們會傾向於投資剛合併的公司，在「炒作」的氛圍下迅速獲得短期收益，而不關注合併給公司帶來的長期價值影響。

**關於「時間偏好」的心理學實驗：**

(1) 實驗設計：實驗分成若干單選題，具體題面見結果匯總。

(2) 實驗對象：來自不同職業的專業人士和在校大學生填製了問卷調查，最終回收有效問卷 120 份。

(3) 問卷結果匯總（均為單選題）

問題一：如果讓你今天選擇馬上吃的零食，A 是水果，B 是巧克力，你會選擇？

| 選項 | 小計 | 比例 |
|---|---|---|
| A | 36 | 30.00% |
| B | 84 | 70.00% |
| 本題有效填寫人次 | 120 | |

問題二：如果讓你今天選擇下周吃的零食，A 是水果，B 是巧克力，你會選擇？

| 選項 | 小計 | 比例 |
|---|---|---|
| A | 88 | 73.33% |
| B | 32 | 26.67% |
| 本題有效填寫人次 | 120 | |

問題三：假設你填寫問卷時間為 2016 年 6 月 3 日。你的投資帳戶經紀人為你提供了兩個收益選擇：方案一，在 7 月 3 日得到 1,000 元回報；方案二，在 2 個月以內得到 2,500 元回報。你的選擇是？

| 選項 | 小計 | 比例 |
|---|---|---|
| A | 73 | 60.83% |
| B | 47 | 39.17% |
| 本題有效填寫人次 | 120 | |

問題四：假設你填寫問卷時間為 2016 年 6 月 3 日。你的投資帳戶經紀人為你提供了兩個收益選擇：方案一，在明年的 7 月 3 日得到 12,000 元回報；方案二，在明年的 8 月 3 日得到 13,500 元回報。你的選擇是？

| 選項 | 小計 | 比例 |
|---|---|---|
| A | 43 | 35.83% |
| B | 77 | 64.17% |
| 本題有效填寫人次 | 120 | |

問題五：當以下兩者均免費時，你更偏好選擇哪一個？
A. 一個月後的那週週五在高檔餐廳享用晚餐
B. 兩個月後的那週週五在高檔餐廳享用晚餐

| 選項 | 小計 | 比例 |
| --- | --- | --- |
| A | 110 | 91.67% |
| B | 10 | 8.33% |
| 本題有效填寫人次 | 120 | |

問題六：當以下兩者均免費時，你更偏好選擇哪一個？

A. 一個月後的那週週五在高檔餐廳享用晚餐且兩個月後的那週週五在普通餐廳吃一頓晚餐

B. 一個月後的那週週五在普通餐廳吃一頓晚餐且兩個月後的那週週五在高檔餐廳享用晚餐

| 選項 | 小計 | 比例 |
| --- | --- | --- |
| A | 57 | 47.50% |
| B | 63 | 52.50% |
| 本題有效填寫人次 | 120 | |

(4) 實驗結果分析

通過問題一、三、五的選擇結果可得知：當面臨兩個短期選擇時，人們總是選擇做出能夠立即得到回報的決策，俗稱「短視行為」，即個體對於短期選擇的態度是偏好能夠較早得到報酬的那個選項，即便多等待一段時間該報酬會大幅度增加。實驗結果表現出一種非理性行為。再對比問題二、四、六的選擇結果可以看出，對於兩個長期選擇，人們則喜歡較多報酬、較後實現的選項，表現出理性行為。

### 7.3.3 群體決策偏差：羊群/從眾行為（herd behaviors）與心理學實驗

研究發現，群體討論容易增強群體成員達成一致的傾向，這種現象被稱為「群體極化」（Moscovici 和 Zavalloni，1969[1]）。這種群體性行為可以明顯改變個體行為，比如，在群體大多數成員最初意見傾向於保守時，最終群體討論的結果是得出更加保守的意見；反之，最初意見傾向於冒險時，最終群體討論的結果會得出更加冒險的意見。

從眾行為發生的心理學原因主要在於：個體掌握信息不對稱、不完全，

---

[1] MOSCOVICI S, ZAVALLONI M. The group as a polarizer of attitudes [J]. Journal of Personality & Social Psychology, 1969, 12 (12): 125-135.

需要參照他人的表現；個體有推卸責任的需要，一旦說服自己決策的做出是基於大多數人的選擇，則在面臨失敗結局時更不容易產生內疚心理；個體有減少恐懼的需要，害怕與眾不同，也害怕受到孤立；個體缺乏知識經驗以及其他一些個性方面的特徵，導致對其他成員的選擇或行為存在高度信任。

從社會學角度看，從眾行為具有一定積極意義，是人類進化的產物，因為人是社會性的群居動物，一個人的知識和能力是相當有限的。當他能夠從行為、觀念和選擇上與大多數人一致時，可以更好地適應社會，更容易被他人接納；另一方面，從眾行為也會產生消極意義。因為盲目追隨大多數人的選擇未必總是正確的，而這種跟隨行為會擴大事件或決策本身的錯誤影響。尤其在金融市場中，投資者在信息不確定的情況下，行為更受到其他投資者的影響。Festinger 和 Schachter（1963）[1] 指出，個體思想會潛意識地剔除與整體關聯性最弱的信息。

金融領域的從眾行為體現為模仿他人投資決策、過多依賴於輿論、盲從「專家」建議而不考慮私人信息的行為，又被稱之為「羊群行為」（herd behaviors）。在證券市場上，部分投資者會根據他人（主要是有經驗的或權威的投資者，以及機構投資者）的投資決策來改變自己最初的投資決策。Friend 和 Blume（1970）[2] 最早提出了羊群效應的實證證據。他們研究發現，共同基金會跟隨其他成功經理人的前期決策來選擇當期投資組合；Lakonishok 等（1992）[3] 發現美國機構投資者的交易行為普遍存在羊群效應，具有明顯趨同性，從而使他們成為交易市場上的噪音交易者。Frey 和 Jegen（2001）[4] 研究了不同國家不同時期的羊群數據，認為股票市場投資者從眾行為是廣泛存在的，而且不局限於股票的買賣和交易時機的趨同性。宋軍等（2001）[5] 構建了基於有限理性和傳染機制的模型，證明了以個體的統計特徵來解釋市場價格的行為不具有解釋性，因為個體之間存在相互跟

---

[1] FESTINGER B L, SCHACHTER S. Social pressures in informal groups [M]. Calitornia：Stanford University Pre, 1963.

[2] FRIEND I, BLUME M. Measurement of Portfolio Performance Under Uncertainty [J]. American Economic Review, 1970, 60 (4)：561-575.

[3] BROCK W, LAKONISHOK J, LEBARON B. Simple Technical Trading Rules and the Stochastic Properties of Stock Returns [J]. The Journal of Finance, 1992, 47 (5)：1731-1764.

[4] FREY B S, JEGEN R. Motivational Interactions：Effects on Behaviour [J]. Annales D'economie Et De Statistique, 2001, 63 (63-64)：131-153.

[5] 宋軍, 吳衝鋒. 中國證券投資基金羊群行為的實證研究 [J]. 中國會計與財務研究, 2001 (3)：1-47.

隨效應，此時需要考慮總體特徵。

**關於「羊群效應」的心理學實驗：**

（1）實驗設計：實驗分成若干單選題，具體題面見結果匯總。

（2）實驗對象：在校大學生填製了問卷調查，最終回收有效問卷100份。

（3）問卷結果匯總（均為單選題）

問題一：請問你的性別是？

A. 女生

B. 男生

| 選項 | 小計 | 比例 |
| --- | --- | --- |
| A | 55 | 55.00% |
| B | 45 | 45.00% |
| 本題有效填寫人次 | 100 | |

問題二：期末考試來襲，考試題目不幸很難，而你發現很多同學在趁老師出去的時候作弊，你會怎麼做？

A. 不看白不看，不能吃虧

B. 堅決不作弊

C. 對題目沒把握時作弊

D. 幫別人可以，自己不作弊

| 選項 | 小計 | 比例 |
| --- | --- | --- |
| A | 33 | 33.00% |
| B | 23 | 23.00% |
| C | 31 | 31.00% |
| D | 13 | 13.00% |
| 本題有效填寫人次 | 100 | |

問題三：在課堂上，當老師詢問大家的額外作業是否有做，你和朋友A都做了，但是A沒有舉手，也沒有其他同學舉手，這個時候你會？

A. 對A說：「舉手吧？」A如果舉，自己也舉

B. 算了吧，不舉了

C. 毫不猶豫舉手

D. 不舉手，但下課去和老師交流自己做了的情況

| 選項 | 小計 | 比例 |
| --- | --- | --- |
| A | 43 | 43.00% |
| B | 31 | 31.00% |
| C | 2 | 2.00% |
| D | 24 | 24.00% |
| 本題有效填寫人次 | 100 | |

問題四：室友們都在討論報考英語四級的事，室友們都決定報考，你會怎麼做？

A. 大家都報考了，不能不如別人，我也要去
B. 對英語考級考試有興趣，但要先看看自己考哪種合適
C. 對英語四級沒興趣，不去參加
D. 問問老師或朋友的意見，再決定是否報考

| 選項 | 小計 | 比例 |
| --- | --- | --- |
| A | 66 | 66.00% |
| B | 21 | 21.00% |
| C | 6 | 6.00% |
| D | 7 | 7.00% |
| 本題有效填寫人次 | 100 | |

問題五：某位著名人物來學校演講，你的朋友們準備去，你會怎麼做？

A. 大家都去聽，我也要去，機會失去了就沒了
B. 看看講座的要講的內容，喜歡的話就去
C. 先看看講座主要涉及哪方面的知識，自己先瞭解一下，帶著問題去聽講座
D. 不去，聽講座完全是浪費時間

| 選項 | 小計 | 比例 |
| --- | --- | --- |
| A | 54 | 54.00% |
| B | 13 | 13.00% |
| C | 26 | 26.00% |
| D | 7 | 7.00% |
| 本題有效填寫人次 | 100 | |

問題六：下學期的選課又要開始了，你會如何選擇？

A. 選熱門的課程

B. 看朋友要學什麼，我和他（她）一起學

C. 選擇看著容易過的科目

D. 根據自身情況和日後發展選擇

| 選項 | 小計 | 比例 |
| --- | --- | --- |
| A | 45 | 45.00% |
| B | 22 | 22.00% |
| C | 22 | 22.00% |
| D | 11 | 11.00% |
| 本題有效填寫人次 | 100 | |

問題七：寢室的很多人都去自習，你會有緊迫感嗎？

A. 有，趕緊也去學習

B. 有，但仍然做自己的事

C. 沒有，學習是自己的事情

D. 無所謂

| 選項 | 小計 | 比例 |
| --- | --- | --- |
| A | 44 | 44.00% |
| B | 32 | 32.00% |
| C | 16 | 16.00% |
| D | 8 | 8.00% |
| 本題有效填寫人次 | 100 | |

（4）實驗結果分析

①從眾心理普遍存在，人們希望將他人的行為作為自己的一個參考，很大程度上會跟隨大多數人的做法去進行選擇。

②從眾心理具有兩面性，有些情況下的從眾行為有助於我們更為簡單正確的處理時間，符合大多數人的思想；有些從眾心理將出現人雲亦雲的錯誤情況。因此我們應當理性看待他人的做法。

## 7.4 文獻綜述：異質機構投資者對商業銀行風險承擔行為的影響

### 7.4.1 異質機構投資者的分類

基於上文的討論可知，異質機構投資者在投資過程中一般具有異質信念，因此可以將其按照一定依據進行劃分，以便後文更科學地對其行為分化的具體類型進行劃分，並基於不同類型的行為分化來研究其對商業銀行風險承擔行為產生的影響。

經過前期考察，目前中國資本市場上較為活躍的機構投資者主要有：證券投資基金管理公司、證券公司、社保基金、保險公司、信託公司和合格境外機構投資者（QFII）六大類。關於這六類機構投資者，在本章開頭已給出了其定義與業務範圍，可見這六類機構投資者在持股週期、與銀行的相互關係、行政干預程度、資金來源、投資風格、業績考核和信息披露要求等方面天然地存在差異，這符合前文從心理學角度討論人們天然地具有不同特徵而導致行為分化的推導結論。具體來看，這六類機構投資者相互之間「天然的」差異如表7.1所示。

**表 7.1　六類機構投資者「天然的」特徵差異**

|  | 證券投資基金 | 依託 | 券商 | QFII | 社保基金 | 保險公司 |
|---|---|---|---|---|---|---|
| 平均持股週期 | 偏短 | 偏短 | 偏短 | 偏長 | 偏長 | 偏長 |
| 與銀行是否有商業利益關係 | 有(利用銀行渠道銷售理財產品) | 有(利用銀行渠道銷售理財產品) | 有(利用銀行渠道銷售理財產品) | 無 | 無 | 有(利用銀行渠道銷售理財產品) |
| 行政干預程度 | 較弱 | 較弱 | 較弱 | 無 | 強 | 較強 |
| 資金來源的穩定性 | 不穩定(存在贖回壓力) | 穩定 | 不穩定 | 穩定 | 穩定 | 穩定 |
| 投資風格 | 激進投機型 | 激進型 | 激進投機型 | 價值投資，比較穩健 | 穩健，追求長期收益 | 穩健，追求長期穩定收益 |
| 業績考核 | 短期壓力大 | 短期壓力大 | 短期壓力大 | 短期壓力小 | 壓力非常大 | 壓力較小 |
| 信息披露要求 | 高 | 高 | 一般 | 一般 | 一般 | 一般 |

由表7.1可以看出，在對這六類異質機構投資者進行分類時，可以有不同的依據，如基於行政干預程度或業績考核壓力方面的不同。本書認為，對這些「天然」具有差異的異質機構投資者按照其可能持有的「異質信念」

進行分類，更符合本書的研究基礎與思想。一定時期內股票的「換手率」是公認的衡量股票持有人異質信念的指標（Boehme et al., 2005；Garfinkel和 Sokobin, 2006；Yan, 2009；陳國進等，2009）。當某些機構投資者對資本市場持有看漲信念時，其交易熱情比較高，所投資的股票換手率會相應提高，反之則下降。此外，由於股票換手率會受到市場參與者的流動性需求和系統性風險的影響，因此為了剔除這些因素可採用修正後的換手率來衡量異質信念，記為 HB。HB 的計算公式為：

$$HB = Turnover_{i,j} - \frac{\sum_{i=1}^{12} Turnover_{i,j-1}}{12}$$

上述公式中，Turnover 表示換手率；$i$ 為月份，$j$ 為年份，上式表明採用滯後一年的月平均換手率來反應機構投資者的流動性需求。本書以中小板市場作為資本市場的代表，選取 2011—2016 年期間被這六類機構投資者中的一類或幾類機構投資者持有的中小上市企業為樣本，將它們在這 5 年期間的年平均換手率按從高到低順序進行排列。排序後發現，具有較高 HB（排名前 3 位）的股票更容易成為某些機構投資者的投資對象，而具有較低 HB（排名後 3 位）的股票則獲得了另一些機構投資者的青睞。因此，本書按照投資對象換手率高低對異質機構投資者進行劃分，劃分依據和結果見表 7.2。

表 7.2　　　　　　　　本書對異質機構投資者的分類

|  | 證券投資基金 | 信託 | 券商 | QFII | 社保基金 | 保險公司 |
|---|---|---|---|---|---|---|
| 被投資對象五年內的平均換手率 | 偏高 | 偏高 | 偏高 | 偏低 | 偏低 | 偏低 |
| 本文的劃分 | 短期投資者 | 短期投資者 | 短期投資者 | 長期投資者 | 長期投資者 | 長期投資者 |

由上表可知，投資對象的換手率偏高且持有股票的時間相對較短的機構投資者有證券投資基金、信託和券商三類，他們在投資過程中更看重被投資企業的短期市場表現，投資帶有較強的投機性，本書將這三類機構投資者稱為「短期投資者」；剩下的 QFII、社保基金和保險公司則偏好持有具有較低換手率的公司，且他們持有股票時間相對短期投資者而言更長，投資過程中的投機成分相對較弱，故稱其為「長期投資者」。

下面將進行實證分析，主要考察這樣的問題：機構投資者是否對上市商業銀行在創新能力、盈利能力和內控質量方面具有影響？這些影響是否直接或間接導致商業銀行風險承擔行為加劇？要想回答這些問題，首先需要

瞭解商業銀行盈利能力與風險承擔行為之間的關係。

### 7.4.2 商業銀行盈利與其風險承擔行為的關係

風險與盈利是一個永遠不會減輕熱度的話題，很多國內外前輩學者都對銀行風險承擔和銀行盈利水準做過大量研究。

（1）國內研究綜述

曲立國（2012）[1] 對2000年至2010年13家銀行的平面數據進行實證分析，得出銀行信用風險與商業銀行盈利能力呈正相關，商業銀行的發展與國民經濟相互影響、相互促進；賈洪文、李偉（2013）[2] 使用迴歸分析，通過建立計量模型，創造性對商業銀行盈利能力和風險進行量化研究，得出將總風險控制在一定標準情況下，適當增加商業銀行風險資產比重，能在一定程度上增強商業銀行盈利能力的結論；在銀行風險方面，周薈（2013）[3] 研究發現在國家貨幣政策寬鬆的情況下，銀行更加願意積極承擔較多風險，銀行業的競爭情況和大環境下國家金融環境發展情況也會影響銀行風險承擔。特許權價值對工商銀行的風險承擔無明顯影響，多元化發展業務和增速提高資產規模都能有效減少銀行風險；宋光輝、錢崇秀（2016）[4] 為研究中國上市商業銀行風險承擔，採用Z-score破產風險模型，使用60組非平衡面板數據進行實證檢驗。結果顯示，城市商業銀行的風險承擔能力小於股份制，而股份制小於國有商業銀行，商業銀行盈利能力越強，其風險承擔行為越可能加劇；在商業銀行風險與盈利能力關係研究方面，張瑞穩、李雪（2016）[5] 通過面板數據建模實證分析，得出商業銀行流動性風險增高會導致其盈利能力下降，商業銀行信用風險增高，會增強其盈利能力，但是，只有銀行流動性較高情況下，提高信用風險才會對其盈利能力存在正向作用。

（2）國外研究綜述

Walters（2012）[6] 利用十二個國家的銀行業數據對伊斯蘭銀行盈利能力

---

[1] 曲立國. 對影響中國商業銀行盈利能力因素的分析［D］. 成都：西南財經大學，2012.

[2] 賈洪文，李偉. 商業銀行盈利能力與風險承擔關係的實證研究——基於中國14家上市銀行面板數據的分析［D］. 長春：吉林工商學院，2013.

[3] 周薈. 商業銀行風險承擔的主要激勵因素［D］. 成都：西南財經大學，2013.

[4] 宋光輝. 商業銀行「三性」對其風險承擔能力的影響［D］. 廣州：華南理工大學，2016.

[5] 張瑞穩. 商業銀行流動性風險、信用風險與盈利能力［D］. 合肥：中國科學技術大學，2016.

[6] BRADLEY B WALTERS. Do Property Rights Matter for Conservation? Family Land, Forests and Trees in Saint Lucia, West Indies［DB］. Springer Science Business Media New York，2012；863-878.

的影響因素進行分析，研究發現，銀行盈利能力對其風險提升有正面影響，但是對股東權益有著負面影響。Masood 和 Ashraf（2012）[1]假設金融機構所得籌資可以不用歸還，並一直用於金融資產，研究發現，商業銀行盈利能力會顯著提升銀行新增信用風險的可能性。Boyd（2005）[2] 以淨利息收益率作為指標，對商業銀行盈利能力的影響因素進行分析，以 1989 年至 1993 年美國銀行的數據進行研究，結果發現槓桿率、有效資產比率與銀行盈利能力正相關；銀行盈利對其操作風險有著負面影響。Agoraki 等（2011）[3] 通過研究 1984 年至 1993 年十年間美國銀行業數據，得出銀行的規模以及市場結構與銀行風險承擔行為存在正相關關係，盈利能力會提升銀行的信用風險水準，且可能改變銀行產權結構。

### 7.4.3 機構投資者持股與企業盈利水準的關係

學術界至今還沒有對機構投資者以及公司成長水準這兩者之間的確切關係達成共識，歸納來看，主要結論有三個觀點：

（1）機構投資者能夠提升企業盈利水準

對於機構投資者能夠提升公司績效的研究，有一個非常重要的假說——「有效監督假說」，這一假說最早是由美國國家經濟研究員 Shleifer 和 Vishny（1986）[4]共同提出的。他們指出，機構投資者持股量大，專業水準高，出於自身利益考慮，有監督公司管理者的動機和能力，能夠有效監督公司管理層，提高公司的治理水準，改善公司業績。憑藉著對這個假說的研究結果，Shleifer 和 Vishny（1986）得出結論：機構投資者持股比例與公司績效之間存在顯著的相關性，持股比例與公司績效呈正比關係。西方學者的諸多研究都支持了「有效監督假說」這一假說，如 McConell 和 Servaes（1990）[5]以美國 1,173 個上市公司為樣本，實證研究表明機構投資者持股比例與托賓 Q 值正相關，機構投資者能夠對公司管理層實施有效的監督，從而提高

---

[1] OMAR MASOOD, MUHAMMAD ASHRAF. Bank-specific and macroeconomic profitability determinants of Islamic banks-the case of different countries [J]. Qualitative Research in Financial Markets, 2012 (2): 33–39.

[2] BOYD J H, DE N G. The Theory of Bank Risk-taking and Competition Revised [J]. Journal of Finance, 2005 (60): 1329–1343.

[3] AGORAKI M K, DELIS M D, PASIOURAS F. Regulations, Competition and Bank Risk-taking in Transition Countries [J]. Journal of FinancialStability, 2011 (7): 101–112.

[4] SHLEIFER, VISHNY. Large share holders and corporate control [J]. Hournal of Political Economy, 1986, 94: 461–488.

[5] MCCONNELL J, SERVAES H. Additional Evidence on Equity Ownership and Corporate Value [J]. Journal of Financial Economics. 1990, 27 (2): 595–612.

公司市場價值。中國有不少的學者支持有效監督假說。宋冬林、張跡（2002）[①] 和蘇振華（2002）[②] 較早提出機構投資者參與公司治理的過程具有非常重要的作用，能夠增強公司治理方面的激勵以及改善約束機制。楊合力等（2012）[③] 也得到了類似結論，即認為機構投資者能夠促進公司發展，改善公司現有經營管理格局與內容。潘愛玲、潘清（2013）[④] 研究也支持機構投資者持股比例越高，企業業績越好的觀點。此外，如果將企業股權成分考慮進去，則會得出不同的結論。如彭丁（2011）[⑤] 將企業分為了國有企業與非國有企業，分別研究機構投資者對公司治理的影響後，發現機構投資者在非國有企業中發揮的制衡作用更明顯。

（2）機構投資者不能提升企業盈利水準

Pound（1988）研究機構投資者的持股比例與公司績效的關係，提出了包括利益衝突假說（Interest Ceonflict Hypothesis）、戰略同盟假說（Strategic Alliane Hypothesis）和負面監督假說（Negative Motoring Hypothesis）在內的一系列假說，指出機構投資者不但擁有其所在上市公司的股票所有權，而且還有可能與持股公司存在著其他營利性的業務關係。因此，機構投資者非常有可能會因為這種業務關係的存在而在董事會中違背本意地為經理人投票；而戰略同盟假說認為，機構投資者和上市公司的管理層的共同合作關係對雙方來說都是有利可圖的，由此便會結成同盟，正是因為這種勾結關係，機構投資者參與治理公司、監督管理層的積極性會嚴重降低，從而導致公司的價值出現下滑。

機構投資者持股還可能與公司創新能力負相關，主要原因在於企業創新會使得信息不對稱的投資者（尤其是短期投資者）承擔風險，因此企業經理人有動機縮減 R&D 支出（Baysinger, Barry D. Rita D. Kosnik, Thomas A. Turk., 1991[⑥]; Lang & Mcnichols, 1997[⑦]）。

---

① 宋冬林, 張跡. 機構投資者參與公司治理的經濟學分析 [J]. 經濟縱橫, 2002 (5): 24-29.

② 蘇振華. 論機構投資者介入上市公司治理 [J]. 浙江社會科學, 2002 (2): 61-64.

③ 楊合力, 周立, 王博. 公司治理、機構投資者與企業績效——來自中國上市公司的經驗證據 [J]. 財政研究, 2012 (8): 67-71.

④ 潘愛玲, 潘清. 機構投資者持股對公司業績的影響分析——基於 2009-2011 年滬深上市公司的實證檢驗 [J]. 亞太經濟, 2013 (3): 101-104.

⑤ 彭丁. 大股東控制、機構投資者治理與公司績效——基於深交所上市公司的經驗證據 [J]. 宏觀經濟研究, 2011 (7): 50-55.

⑥ BAYSINGER, BARRY D. RITA D. KOSNIK, THOMAS A. TURK. Effects of board and ownership structure on corporate R&D strategy [J]. Academy of Management Journal, 1991, 34 (1): 205-214.

⑦ LANG M, M. MCNICHOLS. Institutional trading and corporate performance [R]. Working Paper, Stanford University, 1997.

(3) 機構投資者與企業盈利水準之間沒有明顯關係

「無效監督假說」這一理論認為機構投資者在參與公司治理過程中其實並不對公司績效產生較為顯著的積極的或者消極的影響，換種說法也就是機構投資者的持股行為對公司的日常經營活動不產生任何作用。Wahal（1996）[1] 研究指出，養老基金在參與公司治理過程中的效果並不十分顯著，實踐表明機構投資者青睞的公司績效並沒有因為養老基金的參與而有所改變，甚至可以說沒有產生任何影響。Al-Amarneh（2014）[2] 研究發現，機構投資者和外國機構投資者的參與沒有起到預期的對銀行績效的影響。中國也有不少學者支持無效監督這一觀點，如蔡慶豐、宋友勇（2010）[3] 研究發現機構投資者會加劇證券市場的波動性，比沒有起到預期的、對資本市場的「穩定器」作用。陳義華（2013）[4] 分析了中國上市公司數據後認為，公司績效沒有顯著因為機構投資者的參與而受到影響。

綜上所述，可以看出現有機構投資者在對上市企業經營績效方面的影響存在諸多爭議，可能的原因在於忽略了機構投資者在類型、行為和動機方面存在先天的差異，即沒有意識到機構投資者異質信念的存在（Attig, et al, 2013[5]）。

## 7.5 實證研究：異質機構投資者對商業銀行風險承擔行為的影響

### 7.5.1 數據來源與樣本選取

與前幾章類似，依舊選擇2010—2018年A股上市的16家商業銀行為研究對象。為了消除極端值影響，我們對所有連續變量進行1%水準的winsorize處理。所有上市公司數據來自銳思數據庫（www.resset.cn）。

---

[1] WAHAL S. Pension Fund Activism and Firm Performance [J]. Journal of Financial and Quantitative Analysis, 1996, 31 (1): 1-23.

[2] AL-AMARNEH. Corporate Governance, Ownership Structure and Bank Performance in Jordan [J]. International Journal of Economics & Finance, 2014, 6 (6): 131-152.

[3] 蔡慶豐, 宋友勇. 超常規發展的機構投資者能穩定市場嗎?——對中國基金業跨越式發展的反思 [J]. 經濟研究, 2010 (1): 90-101.

[4] 陳義華. 機構投資者參與中國上市公司治理的現實困境與對策初探 [J]. 改革與戰略, 2013 (6): 42-46.

[5] ATTIG N, CLEARY S, GHOUL S E, et al. Institutional investment horizon and investment-cash flow sensitivity [J]. Journal of Banking & Finance, 2012, 36 (4): 1164-1180.

## 7.5.2 變量設定說明

（1）按照現有文獻研究成果，本章在實證部分採用三類被解釋變量衡量銀行的風險承擔水準

被解散變量之一：企業創新能力。Hall et al（2009）[1] 選取義大利高新技術商業銀行 1995—2003 年相關數據，研究了研發投入與商業銀行發展的關係。結果表明，研發投入能夠促進商業銀行，尤其是科技型商業銀行產品和生產工藝的創新，促進企業發展。Nunes et al.（2012）[2] 認為研發投入與商業銀行成長之間存在一種「V」形關係：在企業的發展初期，研發投入在一定程度上限制了企業的增長；而在企業進入成熟期後，研發投入促進了科技型企業的產出增長。按照新的財務準則，企業在研發無形資產的過程中，處於研究階段產生的費用需進行費用化處理，對於開發階段發生的費用，在符合相關條件的情況下，允許資本化。鑒於商業銀行自身特徵，對創新活動的研發支出較少進行資本化處理，更多的是在期末時將「研發支出」科目歸集的費用化支出轉入「管理費用」科目（陳曉紅等，2008[3]）。因此，我們使用「管理費用率」來衡量樣本企業的創新能力。

此外，張玉明和梁益琳（2011）[4] 認為商業銀行發展的核心是創新，而創新的關鍵是人才，只有當企業的研發支出占銷售收入比重在 5% 以上，並且研發人員達到員工人數的 10% 以上時，企業才能有創新的保障。王建瓊、侯婷婷（2009）[5] 以 10 家上市企業為樣本，構造發展的 CSD 指標，迴歸分析企業社會責任對發展的影響，結果表明企業履行職工責任與企業發展呈正相關的關係。為了從人力資本角度衡量商業銀行創新水準，本章還使用「企業研發設計人員占總員工比例」作為被解釋變量。

被解散變量之二：企業盈利水準（ROA）。Lumpkin 和 Dess（1996）[6]

---

[1] HALL BRONWYN H, LOTTI F, MAIRESSE J. Innovation and Productivity in SMEs: Empirical Evidence for Italy [J]. Springer Science Business Media Published online, 2009（9）：1-19.

[2] NUNES P, ZELIA S, JOAO L. Is There a Linear Relationship between R&D Intensity and Growth? Empirical Evidence of Non-high-tech vs. High-tech SMEs [J]. Research Policy, 2012（41）：36-53.

[3] 陳曉紅，彭子晟，韓文強. 中小企業技術創新與成長性的關係研究——基於中國滬深中小上市公司的實證分析 [J]. 科學學研究，2008，26（5）：1098-1104.

[4] 張玉明，梁益琳. 企業自主創新的多元資金支持模型實證研究 [J]. 科技進步與對策，2011，28（20）：80-86.

[5] 王建瓊，侯婷婷. 社會責任對企業可持續發展影響的實證分析 [J]. 科學進步與對策，2009（18）：94-96.

[6] LUMPKIN G T, DESS G. Clarifying the entrepreneurial orientation construct and linking it to performance [J]. The Academy of Management Review, 1996, 21（1）：135-172.

突出了財務績效對於企業成長的獨特意義，在評價企業發展時應該對企業的財務管理能力賦予更高的權重，這樣才能使評價指標更加科學、客觀。Reutzel 等（2005）[①] 研究認為，企業財務管理能力與企業的發展能力相輔相成，良好的財務管理能力可以充分有效地利用企業資源，有利於企業可持續成長，同樣企業發展能力的提升也有利於企業財務管理能力的提升。因此，一般認為，具有較高 ROA 的企業，現有發展水準較高，因此當期處於較高的盈利水準。

被解散變量之三：企業內控質量（IC）。學術界對內部控制質量的度量方法常見有兩類：一是以企業披露的某一條或幾條與內部控制相關的信息來判斷；二是建立內部控制指數進行綜合評價。因為本章主要考查的是商業銀行，其本身存在內部控制制度建設不全面的弊端，故選擇企業外部的內部控制評價來度量內控質量。即企業是否聘請外部審計師對公司內部控制進行審計，以及內控審計結果是否為「標準無保留意見」。

（2）解釋變量為機構投資者持股比例代表變量

機構投資者可以劃分為長期機構投資者與短期機構投資者。前者包括 QFII、保險公司和社保基金公司，後者則包括一般基金公司、券商和信託公司。

（3）控制變量

為了控制其他可能影響企業創新能力的變量，本章選取了企業股權性質（是否包含國有成分，包含為 1，不包含為 0）、股權集中程度（前十大股東持股比例總和）、流動比率、營業收入增長率、資產負債率和總資產現金回收率等指標反應企業的治理結構與發展水準。

上述被解釋變量、解釋變量以及控制變量的具體說明見表 7.3。

表 7.3　　　　　　　　　變量說明

| | 變量代碼 | 變量名稱 | 變量說明 |
|---|---|---|---|
| 被解釋變量 | Innovation1 | 管理費用率 | 管理費用率＝當期管理費用/總營業收入；該指標衡量企業成長潛力 |
| | Innovation2 | 創新人才占比 | 創新人才占比＝本期技術設計類人員/總員工；該指標衡量企業成長潛力 |
| | IC | 內控審計意見 | 聘請外部審計師進行內控審計並且出具標準無保留意見取 1，否則取 0；該指標衡量企業成長持續能力 |
| | ROA | 企業資產收益率 | 淨利潤/平均資產總計，平均資產總計＝(資產總計期末餘額+資產總計期初餘額)/2；該指標衡量企業現有成長水準 |

[①] RELAND R, REUTZEL C R, WEBB J. Entrepreneurship research in AMJ: what has been published and what might the future hold? [J]. Academy of Management Journal, 2005 (48): 556-564.

表7.3(續)

| | 變量代碼 | 變量名稱 | 變量說明 |
|---|---|---|---|
| 解釋變量 | total | 持股總比例 | 不同類型機構投資者持股比例的總和 |
| | long | 持股比例(長期) | 長期機構投資者持股比例之和 |
| | short | 持股比例(短期) | 短期機構投資者持股比例之和 |
| 控制變量 | state | 國有成分 | 國有成分參股取1,否則取0 |
| | center | 股權集中股 | 前十大股東持股比例總和 |
| | currency | 流動比率 | 流動資產/流動負債;用來衡量企業流動資產在短期債務到期前可以變為現金用於償還負債的能力。 |
| | operating | 營業收入增長率 | 營業收入增長率=本年營業收入增長額/上年營業收入總額×100%<br>其中:本年營業收入增長額=本年營業收入總額-上年營業收入總額;該指標反應企業營業收入的增減變動情況。 |
| | Debt-Asset ration | 資產負債率 | 負債合計/資產總計;用以衡量負債水準的綜合指標。同時也是一項衡量公司利用債權人資金進行經營活動能力的指標,反應債權人發放貸款的安全性 |
| | cash ratio | 總資產現金回收率 | 總資產現金回收率=經營現金淨額/平均總資產×100%;該指標考評企業總資產產生現金的能力。 |

### 7.5.3 計量模型構建

為避免模型變量內生性問題,通過逐一加入控制變量的方法,同時為了驗證國有成分參股是否對機構投資者持股與銀行風險承擔行為之間的關係產生影響,加入了二者的交互項。最終設計模型如下:

$$Y_i = \beta_0 + \beta_1 \{share_i\} + \beta_2 \{share_i\} * state + \Sigma Control + \Sigma Ind + \varepsilon$$

上述公式中:$Y_i$包括 $Innovation1_i$、$Innovation2_i$、$IC_i$和$ROA_i$,分別用來表示商業銀行上市企業盈利潛力、風險承受行為監督力度和現有盈利水準;$\{share_i\}$代表機構投資者持股比例,具體包括 total、long 和 short,分別代表機構投資者持股總比例、長期機構投資者持股比例與短期機構投資者持股比例;state 代表本公司機構投資者中含有國有成分(不一定是國有控股);Control 代表控制變量;$\Sigma Ind$代表樣本企業所屬的不同行業。

為了檢驗機構投資者異質信念對商業銀行成長能力的具體影響,在把$\{share_i\}$細分為三類投資者後,具體子模型如下:

Model1:$Y_i = \beta_0 + \beta_1 total_i + \beta_2 total_i * state + \Sigma Control + \Sigma Ind + \varepsilon$

Model2:$Y_i = \beta_0 + \beta_1 long_i + \beta_2 long_i * state + \Sigma Control + \Sigma Ind + \varepsilon$

Model3:$Y_i = \beta_0 + \beta_1 short_i + \beta_2 short_i * state + \Sigma Control + \Sigma Ind + \varepsilon$

### 7.5.4 變量的描述統計

根據是否含國有成分,我們將所有樣本劃分為「含國有成分組」和「無國有成分組」兩組。兩組主要變量的描述統計如表 7.4 所示。

表 7.4　　　　　　　　兩組變量的描述性統計

| 無國有成分組 | Innocation1 | Innocation2 | ROA | IC | share |
|---|---|---|---|---|---|
| 均值 | 9.412 | 0.187 | 0.676 | 0 | 0.149 |
| 中位數 | 7.890 | 0.136 | 0.682 | 0 | 0.077 |
| 最大值 | 83.158 | 3.168 | 1.343 | 1 | 0.890 |
| 最小值 | 0.173 | 0 | 0.154 | 0 | 0 |
| 標準差 | 7.076 | 0.172 | 0.165 | 0.021 | 0.185 |
| 含國有成分組 | | | | | |
| 均值 | 10.030 | 0.213 | 0.646 | 0.360 | 0.188 |
| 中位數 | 8.220 | 0.150 | 0.651 | 0 | 0.140 |
| 最大值 | 221.089 | 2.813 | 1 | 1 | 0.839 |
| 最小值 | 0.653 | 0 | 0.182 | 0 | 0 |
| 標準差 | 9.598 | 0.209 | 0.157 | 0.480 | 0.171 |

### 7.5.5 迴歸結果與分析

三個模型的迴歸結果如下所示:

表 7.5　　　三類機構投資者持股比例與企業成長能力的迴歸分析

| Model1 | Innovation1 | Innovation2 | ROA | IC |
|---|---|---|---|---|
| 總體機構持股 | (1) | (2) | (3) | (4) |
| Prob (Hausman Test) | 0 | 1 | 1 | 1 |
| 實證方法 | FE | RE | RE | RE |
| total | 0.017*** | 0.002 | 0.016** | 0.002 |
|  | (8.487) | (0.912) | (2.005) | (0.221) |
| total * state | 0.013*** | 0.012*** | -0.007 | -0.059** |
|  | (5.244) | (2.694) | (-0.631) | (-2.255) |
| center | -0.081*** | -0.008* | 0.177*** | 0.076*** |
|  | (-14.344) | (-1.85) | (10.783) | (6.309) |

表7.5(續)

| | | | | |
|---|---|---|---|---|
| currency | -0.002 | 0.07 | -0.083* | -0.091*** |
| | (-0.382) | (1.452) | (-1.622) | (-3.083) |
| oprating | -0.023*** | -0.002 | 0.039*** | 0.016*** |
| | (-8.557) | (-1.3) | (8.107) | (2.848) |
| debt-asset | 0.013*** | -0.013*** | -0.117*** | -0.111*** |
| | (3.925) | (-3.942) | (-7.454) | (-5.87) |
| cash | -0.016*** | 0.012*** | 0.244*** | 0.053*** |
| | (-4.414) | (3.08) | (9.055) | (2.52) |
| R-squared | 0.926,9 | 0.973,1 | 0.817,3 | 0.907,2 |
| Adjusted R-squared | 0.916,3 | 0.959,3 | 0.816,1 | 0.916,1 |
| Prob (F-statistic) | 0 | 0 | 0 | 0 |
| Model2 | Innovation1 | Innovation2 | ROA | IC |
| 長期機構持股 | (1) | (2) | (3) | (4) |
| Prob (Hausman Test) | 1 | 1 | 1 | 1 |
| 實證方法 | RE | RE | RE | RE |
| long | 0.01 | -0.004 | 0.223*** | 0 |
| | (0.17) | (-0.165) | (2.865) | (1.416) |
| long * state | -0.11 | 0.245*** | -0.327*** | -0.001*** |
| | (-0.721) | (4.647) | (-2.176) | (-3.166) |
| center | -0.098*** | -0.007* | 0.18*** | 0*** |
| | (-9.378) | (-1.873) | (10.494) | (5.559) |
| currency | 0.016 | 0.003 | -0.081 | 0*** |
| | (0.326) | (0.485) | (-1.577) | (-3.908) |
| oprating | -0.033*** | -0.002 | 0.039*** | 0*** |
| | (-5.862) | (-1.391) | (7.979) | (3.435) |
| debt-asset | -0.002 | -0.014*** | -0.116*** | 0*** |
| | (-0.085) | (-4.277) | (-7.229) | (-5.045) |
| cash | -0.002 | 0.011*** | 0.245*** | 0*** |
| | (-1.157) | (2.936) | (8.932) | (3.871) |
| R-squared | 0.910,1 | 0.983,1 | 0.818,2 | 0.866,3 |
| Adjusted R-squared | 0.910,3 | 0.967,8 | 0.817,8 | 0.843,2 |
| Prob (F-statistic) | 0 | 0 | 0 | 0 |

表7.5(續)

| Model3<br>短期機構持股 | Innovation1<br>(1) | Innovation2<br>(2) | ROA<br>(3) | IC<br>(4) |
|---|---|---|---|---|
| Prob（Hausman Test） | 1 | 1 | 1 | 1 |
| 實證方法 | RE | RE | RE | RE |
| short | 0.02*** | 0.157*** | 0.116*** | 0* |
|  | (3.648) | (3.46) | (3.471) | (-1.905) |
| short * state | 0.015* | 0.189** | -0.034 | 0*** |
|  | (1.629) | (2.203) | (-1) | (-4.2) |
| center | -0.079*** | 0.011 | 0.181*** | 0*** |
|  | (-14.119) | (0.699) | (10.692) | (5.555) |
| currency | -0.001 | 0.026 | -0.08 | 0*** |
|  | (-0.165) | (0.388) | (-1.538) | (-3.848) |
| oprating | -0.024*** | 0 | 0.037*** | 0*** |
|  | (-8.41) | (-0.291) | (8.527) | (3.487) |
| debt-asset | 0.012*** | -0.033 | -0.114*** | 0*** |
|  | (3.587) | (-1.308) | (-7.193) | (-5.126) |
| cash | -0.016*** | 0.035 | 0.243*** | 0*** |
|  | (-4.462) | (1.277) | (9.055) | (3.911) |
| R-squared | 0.923,4 | 0.978,7 | 0.923,7 | 0.954,3 |
| Adjusted R-squared | 0.930,2 | 0.971,2 | 0.925,4 | 0.950,1 |
| Prob（F-statistic） | 0 | 0 | 0 | 0 |

註：括號內為相應的t值；*、**、***分別表示在10%、5%和1%水準顯著（本章所有迴歸適用此格式）

結果分析：

為了檢驗機構投資者持股對商業銀行盈利能力與內控能力的影響，對樣本進行了迴歸分析，分析結果見表7.5。其中，第1、2列是以創新來衡量的企業「盈利潛力」，第3列是以ROA來衡量的企業「現有盈利水準」，第4列是以內控質量來衡量的企業「風險承受行為監督力度」。具體結果分析如下：

（1）筆者用兩個指標衡量企業創新能力，表示企業「盈利潛力」。一個是「Innovation1（管理費用率）」，另一個是「Innovation2（人才占比）」。當「Innovation1」被解釋成變量時，從Model1、2、3的第（1）列的迴歸結果對比中可以看出，對於機構投資者整體而言，持股比例與創新能力正相關，

且含有國有成分的機構投資者對此正相關關係有顯著加強作用（在1%水準下，交叉項「total * state」與創新能力正相關）；長期機構投資者對創新能力沒有顯著影響，是否含有國有成分對二者關係無影響；短期機構投資者則在1%水準上與創新能力正相關，且在含有國有成分前提下，正相關可以得到促進（在10%水準下，交叉項「short * state」與創新能力正相關）。這說明，總體來看，機構投資者持股可以顯著提升樣本企業的管理費用率，即促進其創新能力，且含有國有成分可以顯著促進二者關係。實證結果還說明，長期和短期機構投資者持有「異質信念」，只有短期機構投資者持股可以促進其創新能力，而長期機構投資者持股對此影響並不顯著。所以在擁有更多短期機構投資者的商業銀行中，其創新能力隨該類機構投資者持股比例的上升能夠得以加強。

（2）當「Innovation2（人才占比）」做被解釋變量時，從 Model1、2、3 的第（2）列的迴歸結果對比中可以看出，對於機構投資者整體而言，持股比例與人才占比沒有相關關係，但考慮含有國有成分後發現，二者存在正相關關係（在1%水準下，交叉項「total * state」與人才占比正相關）；長期機構投資者對創新能力沒有顯著影響，含有國有成分的樣本中，二者存在正相關關係（在1%水準下，交叉項「long * state」與人才占比正相關）；短期機構投資者則在1%水準上與人才占比正相關，且在含有國有成分前提下，正相關可以得到促進（在5%水準下，交叉項「short * state」與創新能力正相關）。這說明，總體來看，機構投資者持股不能顯著提升樣本企業的人才占比，但在含有國有成分企業中二者正相關。與「管理費用率」一樣，「異質信念」下只有短期機構投資者持股可以促進人才占比提升，而長期機構投資者持股對此影響並不顯著。因此結論是：在擁有更多短期機構投資者的商業銀行中，創新能力隨該類機構投資者持股比例的上升能夠得以加強。

（3）筆者用「ROA（資產收益率）」指標衡量企業現有盈利水準。當「ROA」做被解釋變量時，從 Model1、2、3 的第（3）列的迴歸結果對比中可以看出，對於機構投資者整體而言，持股比例與 ROA 正相關，是否含有國有成分對二者關係無影響；長期機構投資者在1%水準下與 ROA 正相關，含有國有成分會削弱這種正影響（在5%水準下，交叉項「long * state」與 ROA 負相關）；短期機構投資者也在1%水準上與 ROA 正相關，是否含有國有成分對二者關係無影響。這說明，總體來看，機構投資者持股顯著提升了企業現有盈利水準，是否含有國有成分對二者關係無影響。此時的長期與短期機構投資者沒有體現明顯的「異質信念」，二者均與 ROA 正相關，而隨著盈利水準的上升，商業銀行可能具有更多風險承擔行為，即機構投

資者會加劇風險承擔行為。

（4）筆者用「IC（內部控制）」指標衡量企業的「風險承受行為監督力度」，即 IC 越高，上市商業銀行在主動承擔具風險的項目時，更容易被內部監督者所察覺，即風險承擔行為可以得到一定遏制。當「IC」做被解釋變量時，從 Model1、2、3 的第（4）列的迴歸結果對比中可以看出，對於機構投資者整體而言，持股比例與 IC 沒有顯著關係，含有國有成分對此關係有顯著削弱作用（在5%水準下，交叉項「total * state」與 IC 負相關）；長期機構投資者情況與整體機構投資者一致；短期機構投資者則與 IC 沒有關係，是否含有國有成分對二者關係無影響。這說明，總體來看，異質機構投資者持股不能顯著影響企業「風險承受行為監督力度」，但在含國有成分的上市商業銀行中，機構投資者持股可以降低監督力度，即國有成分銀行較非國有成分銀行而言，在都具有機構投資者情況下，可能更願意開展具風險的項目與策略，即機構投資者會加劇含國有成分商業銀行的風險承擔行為。

### 7.5.6 穩健性檢驗結果與分析

因為對於盈利企業（ROA>0 的樣本）而言，其風險承擔行為加劇可能是由其他因素而非機構投資者的異質信念造成的。如果這類樣本企業採用上述模型進行迴歸分析仍然能夠得出近似結論，則可以驗證不同類型機構投資者對商業銀行風險承擔行為確有影響，且該影響因投資者持有「異質信念」而體現了差異性。因此，筆者篩選了原樣本中 ROA 為正的共計 12 家商業銀行構成新的樣本，對其進行迴歸分析，所得到的穩健性檢驗結果如表 7.6 所示。

表 7.6　三類機構投資者持股比例與盈利企業成長能力關係的實證結果

| Model1 穩健性 | Innovation1 | Innovation2 | ROA | IC |
|---|---|---|---|---|
| 總體機構持股 | （1） | （2） | （3） | （4） |
| Prob（Hausman Test） | 0 | 1 | 1 | 0.03 |
| 實證方法 | FE | RE | RE | FE |
| total | 0.043 *** | 0.034 * | 0.015 *** | 0 *** |
|  | (2.771) | (1.666) | (3.37) | (−3.569) |
| total * state | 0.066 *** | 0.002 | −0.03 *** | −0.001 ** |
|  | (2.724) | (0.084) | (−4.01) | (−2.81) |
| center | −0.143 *** | 0.042 | 0.094 *** | 0.002 *** |
|  | (−6.822) | (1.015) | (14.507) | (5.393) |

表7.6(續)

|  | | | | |
|---|---|---|---|---|
| currency | 0.21** | 0.12 | 0.105* | -0.003*** |
|  | (2.128) | (0.739) | (1.88) | (-4.292) |
| oprating | -0.04*** | -0.009 | 0.053*** | 0*** |
|  | (-6.97) | (-0.39) | (16.379) | (2.821) |
| debt-asset | 0.016 | -0.034 | -0.125*** | -0.003*** |
|  | (0.943) | (-0.444) | (-20.199) | (-4.225) |
| cash | -0.035 | 0.047 | 0.183*** | 0*** |
|  | (-1.263) | (0.663) | (14.273) | (2.977) |
| R-squared | 0.870,2 | 0.687,6 | 0.767,3 | 0.912,1 |
| Adjusted R-squared | 0.876,5 | 0.698,3 | 0.789,3 | 0.933,4 |
| Prob (F-statistic) | 0 | 0 | 0 | 0 |
| Model2 穩健性 | Innovation1 | Innovation2 | ROA | IC |
| 長期機構持股 | (1) | (2) | (3) | (4) |
| Prob (Hausman Test) | 1 | 1 | 1 | 1 |
| 實證方法 | RE | RE | RE | RE |
| long | (-0.005) | -0.044 | 0.379*** | 0.001** |
|  | (-0.093) | (-1.077) | (3.382) | (2.4) |
| long*state | -0.228*** | -0.16 | -0.392*** | -0.011*** |
|  | (-2.508) | (-1.03) | (-1.096) | (-2.893) |
| center | -0.092*** | -0.006 | 0.104*** | 0.001*** |
|  | (-15.952) | (0.965) | (6.538) | (4.08) |
| currency | 0.158*** | 0.223*** | 0.013 | -0.002*** |
|  | (3.958) | (4.2) | (0.185) | (-4.798) |
| oprating | -0.022*** | -0.003 | 0.045*** | 0*** |
|  | (-6.427) | (-1.039) | (6.358) | (2.878) |
| debt-asset | -0.056*** | -0.028*** | -0.183*** | -0.002*** |
|  | (-10.825) | (-3.575) | (-8.923) | (-6.116) |
| cash | -0.022** | 0.021*** | 0.189*** | 0*** |
|  | (-2.276) | (3.072) | (5.698) | (2.73) |
| R-squared | 0.912,3 | 0.645,5 | 0.767,5 | 0.923,2 |
| Adjusted R-squared | 0.910,2 | 0.608,3 | 0.710,2 | 0.956,6 |
| Prob (F-statistic) | 0 | 0 | 0 | 0 |

表7.6(續)

| Model3 穩健性 | Innovation1 | Innovation2 | ROA | IC |
|---|---|---|---|---|
| 短期機構持股 | (1) | (2) | (3) | (4) |
| Prob（Hausman Test） | 1 | 1 | 1 | 1 |
| 實證方法 | RE | RE | RE | RE |
| short | 0.073** | 0.094*** | 0.136*** | 0* |
|  | (2.17) | (6.42) | (11.306) | (-4.555) |
| short * state | 0.068* | 0.056* | -0.03* | -0.001*** |
|  | (1.737) | (1.603) | (-1.66) | (-2.823) |
| center | -0.141*** | -0.007 | 0.082*** | 0.002*** |
|  | (-4.221) | (-0.898) | (6.8) | (5.255) |
| currency | 0.07 | 0.134** | -0.052 | -0.002*** |
|  | (0.504) | (2.135) | (-0.861) | (-3.887) |
| oprating | -0.041*** | -0.004 | 0.036*** | 0*** |
|  | (-4.381) | (-1.552) | (11.392) | (2.915) |
| debt-asset | 0.078 | -0.028*** | -0.133*** | -0.002*** |
|  | (1.514) | (-3.556) | (-16.892) | (-4.162) |
| cash | -0.05 | 0.019* | 0.09*** | 0.001*** |
|  | (-1.45) | (1.937) | (6.866) | (3.028) |
| R-squared | 0.942,2 | 0.610,2 | 0.876,7 | 0.963,7 |
| Adjusted R-squared | 0.950,3 | 0.600,9 | 0.898,7 | 0.950,1 |
| Prob（F-statistic） | 0 | 0 | 0 | 0 |

結果分析：

（1）當「Innovation1」做被解釋變量時，從 Model1、2、3 的第（1）列的迴歸結果對比中可以看出，對於機構投資者整體而言，持股比例與創新能力正相關，且含有國有成分的機構投資者對此正相關關係有顯著加強作用（在 10% 水準下，交叉項「total * state」與創新能力正相關）；長期機構投資者對創新能力沒有顯著影響，含有國有成分會削弱二者關係（在 1% 水準下，交叉項「long * state」與創新能力負相關）；短期機構投資者則在 5% 水準上與創新能力正相關，且含有國有成分前提下正相關可以得到促進（在 10% 水準下，交叉項「short * state」與創新能力正相關）。因此，在被解釋變量為「Innovation1」時，穩健性檢驗結果與原始結果高度一致。

（2）當「Innovation2（人才占比）」被解釋成變量時，從 Model1、2、3 的第（2）列的迴歸結果對比中可以看出，對於機構投資者整體而言，持股

比例與人才占比在 10% 的水準上正相關，是否含有國有成分對二者關係無影響；長期機構投資者對創新能力沒有顯著影響，是否含有國有成分對二者關係無影響；短期機構投資者則在 1% 水準上與人才占比正相關，且含有國有成分前提下正相關可以得到促進（在 5% 水準下，交叉項「short * state」與創新能力正相關）。因此，在被解釋變量為「Innovation2」時，穩健性檢驗結果在短期機構投資者中與原始結果一致。

（3）當「ROA」被解釋變量時，從 Model1、2、3 的第（3）列的迴歸結果對比中可以看出，對於機構投資者整體而言，持股比例與 ROA 正相關，含有國有成分會削弱二者關係（在 1% 水準下，交叉項「total * state」與 ROA 負相關）；長期機構投資者在 1% 水準下與 ROA 正相關，是否含有國有成分對二者關係無影響；短期機構投資者也在 1% 水準上與 ROA 正相關，含有國有成分會削弱二者關係（在 10% 水準下，交叉項「short * state」與 ROA 負相關）。因此，在被解釋變量為「ROA」時，穩健性檢驗結果與原始結果一致，但含有國有成分對此關係的影響與原始結果不太相同。

（4）當「IC」被解釋成變量時，從 Model1、2、3 的第（4）列的迴歸結果對比中可以看出，對於機構投資者整體而言，持股比例與 IC 沒有顯著關係，含有國有成分對此關係有顯著削弱作用（在 1% 水準下，交叉項「total * state」與 IC 負相關）；長期機構投資者持股比例與 IC 顯著正相關，且含有國有成分會削弱二者關係（在 1% 水準下，交叉項「long * state」與 IC 負相關）；短期機構投資者則與 IC 沒有關係，含有國有成分會削弱二者關係（在 1% 水準下，交叉項「short * state」與 IC 負相關）。因此，在被解釋變量為「IC」時，穩健性檢驗結果與原始結果基本一致。綜上所述，模型的穩健性檢驗通過。

## 7.6　防範商業銀行風險承擔行為加劇的對策

上述結論蘊含的政策建議如下：

第一，銀行應該積極適應現代金融環境，加快網絡銀行建設步伐，給投資者提供輕鬆方便的投資方法，簡化操作，多方面探索，找到適合時代的高效發展模式，避免機構投資者持股過高導致一般投資者喪失對銀行發展方向與風險承擔水準的自我辨別能力。

第二，建立健全內部監管與內部控制制度，有效提高上市商業銀行內控水準，將風險承擔行為在報表中以壞帳率的方式被反應出來之前，就將

風險苗頭甄別出來，並加以一定的阻攔。各銀行各個崗位嚴加控制，使每個崗位的人都只能做自己職責權限內的事情，減少操作風險加劇的可能性。

第三，銀行可以進一步地優化可用資金資產配置，減少風險資產，多將金融資源放在穩健經營的項目上。要加大銀行從業人員與客戶的風險防範意識，使客戶願意放棄高風險投資項目，在保證銀行收益水準的同時，有意識降低經辦人員對高風險項目的過度追捧。

第四，應鼓勵銀行在嚴格控制風險的前提下大膽創新，增大可盈利項目投資，減少邊際成本。通過提升內在創新原動力的方式，減少異質機構投資者對自身創新水準產生不同方向的影響。

第五，銀行決策層應關注當前經濟形勢，關注國家政策走向，豐富自身理論知識，瞭解行業動態，積極學習最新金融學理論與觀點（如瞭解行為金融理論關於投資者持有異質信念的前沿觀點），以盡量減少經營決策失誤導致銀行風險承擔行為與意願加劇。

## 7.7　本章小結

本章主要討論了機構投資者異質信念對上市商業銀行風險承擔行為的直接和間接的影響。從現有文獻研究成果來看，機構投資者對上市企業的影響在績效、股價波動、內部治理和創新能力等方面都沒有得到一致的結論，最可能的解釋就是由於機構投資者具有異質信念，因此對投資組合的選擇和市場行為的決策具有行動上的差異性。本章將社保基金、保險基金、QFII 定義為長期信念持有者（即長期機構投資者），而將證券投資基金、券商、信託公司定義為短期信念持有者（即短期機構投資者）。長期機構投資者以公司治理為途徑，以價值的持續性提升和長期投資回報為目標，而短期機構投資者通過技術分析方法獲取短期的差價，因此兩類機構投資者存在天然的差異，具備行為金融理論提出的持有異質信念的可能。

本章實證分析所得結論如下：

（1）機構投資者參與商業銀行上市企業經營有助於提升其盈利能力，具體而言，持股比例上升可以促進商業銀行的盈利潛力和現有盈利水準。根據前文關於銀行盈利能力與風險承擔行為之間具有正相關關係的分析可知，機構投資者持股比例上升可能會導致銀行風險承擔行為加劇。

（2）長期投資者與短期投資者各自持股對商業銀行的影響各不相同，存在明顯的異質信念。主要體現為：就盈利潛力而言，長期機構投資者持

股對其促進作用不如短期機構投資者的明顯；就現有盈利水準而言，兩類機構投資者持股比例均與之正相關。

（3）樣本是否含有國有成分對機構投資者持股比例與銀行盈利能力之間關係具有雙向作用，具體來說：對整體機構投資者而言，國有成分促進了其與銀行創新能力的正向關係，削弱了其與銀行內控質量的關係；對長期機構投資者而言，國有成分促進了其與銀行創新能力的正向關係，削弱了其與企業現有盈利水準和內控質量的關係；對短期機構投資者而言，國有成分促進了其與銀行創新能力的正向關係。

（4）對於內控質量而言，短期機構投資者持股對其有明顯促進作用。因為內控質量代表商業銀行「風險承受行為監督力度」，說明在含有較多短期機構投資者的商業銀行中，隨著該類投資者持股比例的上升，商業銀行風險承擔行為被有效監督的可能性有所提升，故相應行為能夠得以遏制。此外，在含國有成分的上市商業銀行中，機構投資者持股可以降低監督力度，即國有成分銀行較非國有成分銀行而言可能更願意開展具風險的項目與策略，因此機構投資者會加劇含國有成分商業銀行的風險承擔行為。

由此，可以推導出本章結論：中國異質機構投資者持有異質信念會導致商業銀行的盈利、創新與內控質量受到影響。較為一致的影響是，隨著機構投資者持股比例的增大，商業銀行的盈利能力與創新水準有所提升，而國有成分銀行的內控質量水準有所下降。由於前期研究大多指出，盈利能力與創新水準和銀行風險承擔能力與意願正相關，而內控質量水準和銀行風險承擔能力與意願負相關，因此本章研究認為，異質機構投資者持股上市商業銀行，總體而言導致了銀行風險承擔行為有所加劇，且含國有成分的商業銀行受此影響的程度更高。

# 8 結語

　　長期以來，一國商業銀行對風險的防控能力和主觀態度與本國金融體系的穩定性和實體經濟發展的可持續性密切相關。當商業銀行風險防範能力的有效性受到影響時，資本市場的股票價格異象極易發生，市場的系統性金融風險發生概率也會較高。在對商業銀行風險承擔行為的影響因素開展研究的過程中，學術界注意到，除了宏觀經濟、公司治理水準等常見影響因素外，宏觀政策的制定與執行也對商業銀行風險承擔行為具有影響。因此，本書結合行為金融理論、公司治理理論和商業銀行治理理論研究了中國若干家上市商業銀行風險承擔行為受不同宏觀政策影響的途徑與結果，並討論了在市場經濟深度轉型期，銀行應該如何應對政策制定和實施對其自身風險承擔行為的負面影響問題。具體來講，本書分為以下五個問題開展了論述：

　　第一，金融發展水準是一國重要的核心競爭力，在當前國內外形勢發生深刻複雜變化的背景下，黨中央高度重視防控金融風險、保障金融安全。因此，採用何種理論依據與研究手段來分析宏觀政策對商業銀行風險承擔行為的影響更合理，是值得討論的問題。

　　第二，利率市場化改革與政策制定對中國商業銀行風險承擔行為的影響何在，銀行如何應對其中的負面影響問題。

　　第三，人民幣國際化改革與政策制定對中國商業銀行風險承擔行為的影響何在，銀行如何應對其中的負面影響問題。

　　第四，新型城鎮化政策制定與執行對中國商業銀行風險承擔行為的影響何在，銀行如何應對其中的負面影響問題。

　　第五，超常規發展機構投資者戰略的制定對中國商業銀行風險承擔行為的影響何在，銀行如何應對其中的負面影響問題。

　　研究了這五個主要問題之後，本章對本書的研究結論進行了總結，並

基於結論提出了一些建議。最後指出了本章研究的不足之處，以及今後進一步研究的方向。

## 8.1 主要結論

本書研究的主要內容與結論為：

第一，總的來看，商業銀行普遍具有風險，是以經營風險來獲得利益的一類特殊企業。商業銀行管理層在經營管理銀行的過程中，可能對較高風險的項目和業務具有較強的接受能力與開展意願，這勢必導致銀行業風險的集聚，最終甚至加劇金融體系的系統性風險，因此影響商業銀行風險承擔行為的因素是一個十分值得研究的課題。一國財經政策與商業銀行風險之間的關係是學術界一個常被談論的話題，但貨幣政策以外的其他政策與商業銀行風險承擔行為之間的關係向來研究較少，原因在於一國宏觀政策較為繁多，政策出抬的動機與出發點各不相同，難以放在一個統一的研究框架下進行討論。宏觀政策，尤其是涉及經濟與社會發展情況的一系列政策，都是關係到經濟社會生活各個方面的，而商業銀行與社會各個方面的聯繫又十分緊密，故勢必受到一些典型宏觀政策和戰略的影響。本書在選擇幾類比較典型的宏觀政策與戰略基礎上，研究了它們對中國商業銀行風險承擔所造成的各種具體影響。

第二，近年來，隨著中國利率市場化改革取得一個又一個的階段性成果，商業銀行面對日益波動的存貸款利差和複雜多變的金融環境，主動或被動承擔了較高的利率風險和信用風險，這些風險的不確定性已成為影響中國經濟增長前景的關鍵因素。筆者通過分析利率市場化改革對商業銀行風險承擔行為的影響後，得出如下結論：(1) 隨著利率市場化進程的推進，中國商業銀行更有傾向主動承擔利率風險和信用風險，對風險的防範可以參考發達國家（如美國和日本）在利率市場化改革中的經驗與教訓。(2) 不同類型銀行在改革提速期所承擔風險的行為方式各有不同，但都存在利率風險和信用風險不斷累積的可能性。預防和降低信用風險與利率風險的途徑有賴於多種渠道和對策。(3) 利率市場化改革不是單一改革利率，而是需要一系列金融市場配套改革措施的輔助，其中尤其以提高直接融資占社會融資比例為主要輔助手段。(4) 如果不能切實提高銀行資產質量，降低信用風險並積極發展表外業務，則會進一步阻礙中國金融市場早日實現全面自由化。

第三，在借鑑美國、日本和德國本幣國際化與本國銀行「走出去」關係的基礎上，梳理了中國人民幣國際化政策和商業銀行「走出去」而承擔的風險的關係。未來隨著人民幣國際化的推進，商業銀行需要在「借力」的同時，完善自身「走出去」策略，積極地為中資企業提供海外服務，助力中國國際貿易的增長，以提高人民幣海外使用的頻率與效率，保障人民幣國際地位的提升，但同時也需要防範海外業務過快擴張帶來的一系列風險。因為在銀行「走出去」的過程中，不僅要面對來自國際社會的更多不確定性風險的衝擊，還要面臨本幣國際化過程中自身遇到的不少問題，因此銀行不可在擴張過程中盲目開展過多的海外高風險項目，不可為了追趕本幣國際化的步伐而加劇風險承擔行為與意願。

第四，利用 2010—2018 年的省級面板數據，研究了中國新型城鎮化政策制定與實施對上市商業銀行風險承擔行為之間的關係。實證研究的主要結論如下：（1）新型城鎮化建設對涉農銀行的「技術人員占比」「人才儲備」「管理費用率」有顯著的促進作用。具體表現為：城鎮就業率每增加 10%，技術人員占比上升 2.38%，人才儲備上升 5.04%，管理費用率上升 0.9%；（2）商業銀行風險信用貸款總額每上升 10%，東部商業銀行人才儲備上升 4.37%，管理費用率上升 2.81%；西部商業銀行人才儲備上升 10.61%，管理費用率上升 4.03%；中部的管理費用率則上升 4.56%。這說明，總的來看，商業銀行風險信用貸款總額的增加使得經濟總體發展相對較弱的中部和西部地區的商業銀行創新能力提升，說明如果單看提升創新能力這一點，則這些地區的商業銀行對信用風險的主動承擔可能更為樂意。

第五，從金融與經濟發展關係的視角討論了新型城鎮化政策對涉農商業銀行規模、效率與信用風險承擔行為之間的關係，並討論了涉農銀行可能存在的「吸儲外放」行為對農村經濟發展與自身風險防範的不利影響。實證部分基於 2010—2018 年中國 26 省市面板數據，運用動態面板模型的差分 GMM 方法考察了三者的關係，結果表明：新型城鎮化建設會促進涉農銀行規模的擴大和效率的提升，但是金融效率的提升可能是因為商業銀行存在「吸儲外放」行為，此舉不利於農村經濟的發展，且會導致商業銀行信用風險加劇，因此從農村金融機構的發展規模與效率角度可以看出，新型城鎮化政策可能也會強化涉農銀行的信用風險承擔行為。

第六，討論了機構投資者異質信念對上市商業銀行風險承擔行為的直接和間接的影響。從現有文獻研究成果來看，機構投資者對上市企業的影響在績效、股價波動、內部治理和創新能力等方面都沒有得到一致的結論，最可能的解釋就是由於機構投資者具有異質信念，因此對投資組合的選擇

和市場行為的決策具有行動上的差異性。本章將社保基金、保險基金、QFII定義為長期信念持有者（即長期機構投資者），而將證券投資基金、券商、信託公司定義為短期信念持有者（即短期機構投資者）。長期機構投資者以公司治理為途徑，以價值的持續性提升和長期投資回報為目標，而短期機構投資者通過技術分析方法去獲取短期的差價，因此兩類機構投資者存在天然的差異，具備行為金融理論提出的持有異質信念的可能。

實證分析所得結論如下：（1）機構投資者參與商業銀行上市企業經營有助於提升其盈利能力，具體而言，持股比例上升可以促進商業銀行的盈利潛力和現有盈利水準。根據前文關於銀行盈利能力與風險承擔行為之間具有正相關關係的分析可知，機構投資者持股比例上升可能會導致銀行風險承擔行為加劇。（2）長期投資者與短期投資者各自持股對商業銀行的影響各不相同，存在明顯的異質信念。主要體現為：就盈利潛力而言，長期機構投資者持股對其促進作用不如短期機構投資者明顯；就現有盈利水準而言，兩類機構投資者持股比例均與之正相關。（3）樣本是否含有國有成分對機構投資者持股比例與銀行盈利能力之間關係具有雙向作用，具體來說：對整體機構投資者而言，國有成分促進了其與銀行創新能力的正向關係，削弱了其與銀行內控質量的關係；對長期機構投資者而言，國有成分促進了其與銀行創新能力的正向關係，削弱了其與企業現有盈利水準和內控質量的關係；對短期機構投資者而言，國有成分促進了其與銀行創新能力的正向關係。（4）就內控質量而言，短期機構投資者持股對其有明顯促進作用。因為內控質量代表商業銀行「風險承受行為監督力度」，說明在含有較多短期機構投資者的商業銀行中，隨著該類投資者持股比例的上升，商業銀行風險承擔行為被有效監督的可能性有所提升，故相應行為能夠得以遏制。此外，在含國有成分的上市商業銀行中，機構投資者持股可以降低監督力度，即國有成分銀行較非國有成分銀行而言可能更願意開展具風險的項目與策略，因此機構投資者會加劇含國有成分商業銀行的風險承擔行為。

綜上所述，中國經濟結構調整步入新的階段，各類保障改革開放成果與進一步深化經濟體制改革的宏觀政策和戰略頻頻頒布，其中不少政策都會對金融行業造成不小的影響，因此對於商業銀行的風險承擔行為也造成了影響，可能對金融體系防範系統性金融危機的爆發存在不利影響。有鑒於此，本書主要研究近年來幾類耳熟能詳的宏觀政策對商業銀行風險承擔的影響，以及後者應該採取的對策，以瞭解在政策頒發和實施過程中各類商業銀行的應對策略與經營態度，從主觀意願上把握銀行對風險類資產的

管理能力和風險類項目的謹慎程度，探索中國商業銀行在市場經濟與社會轉型的深度改革時期所面臨的機遇與挑戰，為防止系統性金融危機的爆發和避免受到國際金融危機的影響提供一定的經驗與借鑑思路。

## 8.2 建議與對策

基於上述結論，本書提出如下一些關於防範銀行風險承擔行為加劇的對策與建議如下：

第一，繼續發揮市場的決定性作用，構建綜合監管體系。《中共中央關於全面深化改革若干重大問題的決定》指出，「經濟體制改革是全面深化改革的重點，核心問題是處理好政府和市場的關係，使市場在資源配置中起決定性作用和更好發揮政府作用。」可見，市場化的順利推進，離不開監管力度的提升。本書分析了商業銀行在利率市場化改革提速期間，面臨利差縮小的不確定性造成銀行承擔各類風險的可能是真實存在的。因此，在堅定地將市場因素引入利率改革的過程中時，「一行兩會」需設置一個綜合的監管體系，密切監控銀行的各類風險。

第二，加強金融創新，鼓勵中間業務和表外業務發展。雖然目前中國的商業銀行仍然以傳統的借貸業務為主要利潤來源，但是這類業務受利率波動的影響較大，隨著利率市場化的推進，利率波動更明顯，這類利率敏感型業務的收益不穩定，存貸利差有下降的趨勢，損害了銀行的營利性。在此基礎上，中國商業銀行應該注重金融創新，設計出高收益低風險的業務品種，努力提升金融產品的創新能力，充分發揮銀行在存貸款業務以外的服務優勢，開發投資諮詢類中間業務，建立「一站式」金融服務平臺來提升非利息業務收入。有了應對利率市場化後同行競爭的不利影響的新增盈利後，銀行管理層和職業經理人才會更主動地放棄承擔更多的風險。

第三，學習他國經驗，進一步落實基準利率對市場金融資源進行定價的作用。從開展了利率市場化改革的國家的經驗來看，基準利率的確定是市場化利率機制建立的重要基礎，而中國以 Shibor 為基準建立的利率體系還有較多需要完善的地方。基準利率能夠及時體現市場資金供求的真實變動，引導各類市場利率的變化。商業銀行可以在此基礎上更合理地確定存貸款產品的定價，並對未來利率變動趨勢進行預測，有效預防利率風險。

第四，加快落實存款保險制度。美國聯邦存款保險公司設立的存款保險制度在利率市場化改革期間對以銀行業為主的金融體系的穩定起到了巨

大作用，黨的十八屆三中全會也明確提出應建立存款保險制度，完善金融機構市場化退出機制。該制度最大限度保障了存款人的合法利益，緩解了金融體系道德風險，同時也保障了銀行存款總額不會產生較大的波動，避免了銀行利差收入的下滑，避免銀行被動地承擔較大利率風險。

第五，積極開展員工和銀行管理人員的學習教育。商業銀行的經營管理原則之一是提高盈利水準，在傳統利差收入大幅縮減的情況下，利率水準升高會導致商業銀行資產質量下降，部分銀行管理人員或客戶經理可能會優先考慮貸款給高風險貸款人，以獲取較高的利率，維持利差收入，這就導致了銀行主動承擔過多信用風險，將其本身已具有的信用風險累積到了一個危險的新高度。

第六，奠定人民幣國際化的堅實基礎。以美日德和中國貨幣國際化過程來看，本幣的國際化實際是本國經濟發展到一定階段水到渠成的結果，而經濟實力主要體現在經濟規模和對外貿易兩個方面。中國經歷多年的改革與發展，目前經濟規模緊隨美國之後位居世界第二，貿易量更是超越美國成為世界第一。據測算，到2030年前後，中國經濟規模將超越美國成為世界第一。因此，未來的發展過程仍應堅持「以我為主」，積極改變經濟結構；要輔助民營企業積極適應國內外環境變化，提升其以品牌、服務和產品質量為核心的外貿競爭新優勢。「打鐵還需自身硬」，只有具備了良好的經濟基礎，才能為人民幣國際化和人民幣幣值穩定提供堅實的基礎，抵禦人民幣國際化進程帶給商業銀行海外業務的各類潛在風險。

第七，新型城鎮化需要注重城鄉要素的平等交換和流動，政府可以通過平衡城鄉要素的流動，創造更加平等的要素交換關係和交換機制來提高中國商業銀行整體發展水準，助力經濟平穩增長；要進一步強調對「人才」各方面需求的滿足，協調城鄉關係，改變目前的「二元經濟結構」，縮小貧富差距，使城鎮資源合理向弱勢群體傾斜，提高新型城鎮化的質量；應重視對市場進行一定培育。涉農銀行技術創新對企業成長以及「研、產、銷」協同效應關係明顯。目前中國商業銀行技術創新水準的提高不一定總能對企業成長帶來幫助，這其中與企業的技術研發、生產與銷售脫節有關，故需要培育客戶需求和市場。新型城鎮化過程中，涉農銀行的創新成果需要良好的市場才能有效轉化為實際經濟利益。

第八，需要積極且穩步地解決商業銀行在農村地區的金融資源供給不足問題。中國農村地區仍存在金融供給不足的現狀及其原因，這對農業經濟的發展產生了不利影響，不利於新型城鎮化建設，也不利於商業銀行有效控制自身的風險承擔行為。解決商業銀行「供求失衡」問題的關鍵，首

先在於發揮政府的作用。建議有關當局盡快確定以擴張農業貸款規模為重點的系列方針政策，在農業貸款策略方面鼓勵涉農商業銀行創新，鼓勵扶持涉農商業銀行發展的各類金融機構，加大對縣級金融機構涉農貸款增量的獎勵，並積極發展農村中小金融機構；其次是盡快賦予農村非正規金融合法地位，出抬有針對性的法律法規，加強對其監管監督的力度；最後，應加快推進農村抵押品合法化進程。中央財經領導小組辦公室副主任、中央農村工作領導小組辦公室主任陳錫文指出，《中華人民共和國擔保法》中規定，農民的承包土地、農民的住房是不能用於抵押的，至於對不對，還可以進一步研究。沒有抵押物就不貸款，並不符合農村金融發展的要求，並不是世界上所有的金融形式都需要抵押物，比如現在積極推行的小額貸款。現在每一筆發放的小額貸款平均達到 8 萬元，且不要抵押物。關鍵是這裡有一個金融機構自身怎麼轉變觀念，改進工作和服務，更好地為農民服務的問題。新型城鎮化的建設將使大量農業人口轉化成為城鎮居民，他們不再從事農業生產活動，如果允許農村土地承包經營權、宅基地，甚至農村房屋進行抵押，則可從根本上解決目前涉農商業銀行的供給不足問題，削弱商業銀行對農戶的「惜貸」心理，促進涉農商業銀行的健康發展，減低其主動在城鎮地區開展高風險活動的意願。

第九，需要採取一定措施遏制農村資金外流。金融機構在幫助發展農村地區金融市場與提高商業銀行服務的同時也吸收了農戶和鄉村企業大量的存款，這些農村資金的主要流出渠道恰恰是正規金融機構。如果資金外流，則進一步加劇了農村金融資源市場供不應求的局面，使得農戶貸款需求難以得到滿足；而且也會導致商業銀行在城鎮地區承擔過多風險。因此，政府需要發揮在農村資金流動上的導向性作用，增加財政補貼，或者是出抬有關措施，加強政策性金融機構對農村地區資金缺乏問題的改善作用，避免農村資金流向城市；也可引導非正規金融機構向正規金融機構轉變，提高其抗風險能力，使之更好地服務於農村經濟增長。

第十，需統一和提高各界對中國金融市場可能爆發系統性金融危機的認識。黨中央在新時期提出要「健全金融監管體系，守住不發生系統性金融風險的底線」，一定會在市場風險的防範方面做出更多探索，逐步完善現有監管體系。本章分析認為，股價異象常常卷土重來，且具有「花樣翻新」的特性。它們的出現是資本市場發生系統性金融危機的信號之一。行為金融理論能夠更好地解釋股價異象，建議各類監管部門在對資本市場進行監管的過程中，高度關注行為金融研究領域最新的研究成果。此外，還應將這些成果觀點及時向上市公司和市場投資者，尤其是機構投資者進行必要

的宣傳、教育與培訓，使實務界與理論界在防範系統性金融危機的問題上達成一致認知。

## 8.3 研究不足與展望

　　本書研究還有一些不足之處和值得進一步深化的地方，比如：

　　第一，研究對象的不足與改進方向。本章主要的研究對象為上市商業銀行，沒有分析其他類型的商業銀行。在後續研究中可以分析更多類型的商業銀行，或者分析整個金融機構行業，這更符合當下實證研究採用「大數據」的趨勢。

　　第二，研究手段的不足與改進方向。本章在研究宏觀政策對商業銀行風險承擔行為的影響時，在實證檢驗中建立了靜態面板數據模型。實證模型與結果雖具有有效性和穩健性，但研究對象受到其他因素影響的可能性是存在的。在後續研究中，可以考慮建立 Logit 模型或其他類型計量模型來對本章相關結論進行再次驗證。

　　第三，研究適用範圍的不足與改進方向。本章在分析異質機構投資者行為分化具有內在動機和基於行為金融理論開展研究過程中，借鑑了若干心理學實驗結論，但這些實驗大多來自於國外學者的研究，參與實驗的也是外國人居多。筆者希望日後能夠開展涵蓋更廣範圍人員的心理學實驗，以增強行為金融理論對不同國家投資者行為背後動機的解釋力與適用性。

# 參考文獻

［1］觀察者. 林毅夫：中國很可能在 8 年後成為世界最大經濟體［EB/OL］.（2017-11-19）. https：//www.guancha.cn/economy/2017_11_19_435481.shtml.

［2］閻慶民，蔡紅豔. 商業銀行操作風險管理框架評價研究［J］. 金融研究，2006（6）：61-70.

［3］MINSKY H A. The financial-instability hypothesis：capitalist processes and the behavior of the economy［A］. Cambridge：Cambridge University Press，1982：13-38.

［4］SHLEIFER，VISHNY. Large Share Holders and Corporate Control［J］. Journal of Political Economy，1986，94：461-488.

［5］MACEY J R，O'HARA M. The corporate governance of banks［J］. Economic Policy Review，2003，9（1）：91-107.

［6］洪正. 論銀行業公司治理的特殊性［J］. 經濟評論，2006（6）：125-133.

［7］KAUFMAN G G. Bank failures, systemic risk, and bank regulation［J］. Cato Journal，1996，16（1）：17-45.

［8］VARIAN H R. Intermediate microeconomics：A modern approach［M］：New York：W. W. Norton & Company，2014：38.

［9］闕方平. 有問題銀行：負外部性初步研究［J］. 金融研究，2000（7）：109-116.

［10］ADOLE BERLE，GARFINER MEANS. The modern corporation and private propevty［M］. Livingston Campus of Rutgers University：Trarsaction Publisher，1932.

［11］AMEUR H B，PRIGENT J L. Behaviour towards risk in structured portfolio management [J]. Internation Journal of Economics & Finance, 2010, 2 (5):155-162.

[12] 孔德蘭, 董金. 公司治理機制對商業銀行風險承擔影響的實證分析[J]. 中央財經大學學報, 2008 (11): 38-42.

[13] GONZALEZ, RAFAEL C. Pattern recognition principles [M]. Boston: Addison-Wesley, 1974.

[14] HANNAN T H, HANWECK G A. Recent Trends in the Number and Size of Bank Branches: An Examination of Likely Determinants [J]. Social Science Electronic Publishing, 2009, 23: 155-164.

[15] CROSBIE P, BOHN J. Modeling default risk [R]. New York: Moody's Analytics, 2003: 12.

[16] 劉繼雲. 為中國當前的風險投資號脈出方 [J]. 中國統計, 2002 (1): 31-32.

[17] 陳啓清. 商業銀行: 宏觀調控的風險與對策 [J]. 南方金融, 2004 (10): 27-29.

[18] 潘敏, 張依茹. 魚和熊掌能否兼得: 中國財政政策效果研究 [J]. 統計研究, 2012, 29 (4): 51-59.

[19] 符林, 邱田振. 中國經濟週期與信貸風險關係研究 [J]. 金融與經濟, 2011 (11): 41-45.

[20] 曾智, 何雅婷, 曹國華. 負利率、銀行風險承擔與風險異質性研究——基於歐洲銀行業的實證分析 [J]. 商業研究, 2017, 59 (7): 44-51.

[21] DELIS M D, KOURETAS G P. Interest rates and bank risk-taking [J]. Journal of Banking & Finance, 2011, 35 (4): 840-855.

[22] 江俊蓉. 資本監管約束下貨幣政策對商業銀行信貸的影響研究 [D]. 杭州: 浙江工商大學, 2015.

[23] 彭欽. 基於行業比較的中國銀行業高盈利研究 [D]. 長沙: 湖南大學, 2015.

[24] 於一, 何維達. 貨幣政策、信貸質量與銀行風險偏好的實證檢驗 [J]. 國際金融研究, 2011 (12): 59-68.

[25] DELIS M D, KOURETAS G P. Interest rates and bank risk-taking [J]. Journal of Banking & Finance, 2011, 35 (4): 840-855.

[26] CM Bush. 向全能銀行轉變: 轉軌國家的風險與收益 [J]. 金融系統演變考, 2002: 87-99.

[27] LA PORTA R, FLORENCIO L D S, SHLEIFER A, et al. Which

Countries Give Investors the Best Protection? [J]. World Bank Other Operational Studies, 1997: 133-143.

[28] CAPRIO G, LAEVEN L, LEVINE R. Governance and bank valuation [J]. Journal of Financial Intermediation, 2007, 16 (4): 584-617.

[29] 餘青. 中國商業銀行治理機制與風險承擔行為的研究 [D]. 南昌: 江西財經大學, 2014.

[30] 張瑞君, 李小榮. 金字塔結構、業績波動與信用風險 [J]. 會計研究, 2012 (3): 62-71.

[31] 莊宇, 朱靜, 孫亞南. 公司治理與銀行風險承擔行為——基於中國上市商業銀行的研究 [J]. 經濟與管理, 2013 (10): 34-38.

[32] MCKINNON, RONALD I. Money and Capital in Economic Development [M]. Washington, DC: The Brookings Institution, 1973.

[33] LEAVEN L. Does Financial Liberalization Reduce Financing Constraints? [J]. Financial Management, 2003, 32 (4): 5-34.

[34] 王東靜, 張祥建. 利率市場化、企業融資與金融機構信貸行為研究 [J]. 世界經濟, 2007 (2): 50-59.

[35] CHAN K, DANG V, YAN I. Financail Reform and Financail Constraint: Some Evidence from Listed Chinese Firms [J]. China Economic Review, 2012, 23 (2): 482-479.

[36] 朱霞, 劉林松. 利率市場化背景下商業銀行利率風險管理 [J]. 金融改革, 2010 (2): 40-43.

[37] 林樂芬, 陳旭陽. 利率市場下中國商業銀行利率風險壓力測試分析 [J]. 經濟縱橫, 2013 (12): 84-88.

[38] DANIEL B C, JONES J B. Financial Liberalization and Banking Crises in Emerging Economies [J]. Journal of international Economics, 2007, 72 (1): 202-221.

[39] 金玲玲, 朱元倩, 巴曙松. 利率市場化對商業銀行影響的國際經驗及啟示 [J]. 農村金融研究, 2012 (1): 53-57.

[40] FORTIN R, GERSON M, GREG R. Bank risk taking at the onset of the current banking crisis [J]. Financial Review, 2010, 45 (8): 891-913.

[41] GONZALEA F. Bank regulation and risk-taking incentives: A international comparison of bank risk [J]. Journal of Banking & Finance, 2005, 29 (5): 1153-1184.

[42] ARMEANU D, BALU FLORENTINAOLIVIA, OBREJ CANMEN. In-

terest Rate Risk Management-using Duration Gap Methodology [J]. Theoretical and Applied Economics, 2008 (1): 3-10.

[43] 巴曙松, 嚴敏, 王月香. 中國利率市場化對商業銀行的影響分析 [J]. 華中師範大學學報 (人文社會科學版), 2013 (7): 27-37.

[44] 黃金老. 利率市場化與商業銀行風險控制 [J]. 經濟研究, 2001 (1): 19-28.

[45] 李宏瑾. 利率市場化對商業銀行的挑戰及應對 [J]. 國際金融研究, 2015 (2): 65-76.

[46] 肖欣榮, 伍永剛. 美國利率市場化改革對銀行業的影響 [J]. 國際金融研究, 2011 (1): 69-75.

[47] A. JOANNE KELLERMANN, FEMKE DE VRIES, JAKOB DE HAAN. 21世紀金融監管 [M]. 張曉樸, 譯. 北京: 中信出版集團, 2016: 221.

[48] 張曉樸, 文竹. 利率市場化的推進步驟與風險防範的政策安排——基於印度的案例分析 [J]. 金融監管研究, 2013 (2): 22-42.

[49] 新華社. 中共中央關於全面深化改革若干重大問題的決定 [EB/OL]. (2018-01-14). https://www.sohu.com/a/216562168_99914060..

[50] 商務部. 中國對外貿易形勢報告 (2016年秋季) [EB/OL]. (2016-11-01). http://zhs.mofcom.gov.cn/article/cbw/201611/20161101564835.shtml.

[51] 向松祚. 人民幣國際化報告2016: 貨幣國際化與宏觀金融風險管理 [R]. 北京: 中國人民大學, 2016.

[52] 陳雨露, 王芳, 楊明. 作為國家競爭戰略的貨幣國際化 [J]. 經濟研究, 2005 (2): 35-44.

[53] 韓龍. 美元崛起歷程及對人民幣國際化的啟示 [J]. 國際金融研究, 2012 (10): 37-46.

[54] 趙柯. 工業競爭力、資本帳戶開放與貨幣國際化——德國馬克的國際化為什麼比日元成功 [J]. 世界經濟與政治, 2013 (12): 140.

[55] 陳衛東, 李建軍. 日元國際化進程中值得關注的若干問題 [J]. 國際金融研究, 2010 (6): 4.

[56] 宮崎勇, 劉莉. 日本金融自由化和日元國際化 [J]. 國際經濟評論, 1985 (1): 41.

[57] 劉文杰, 劉春波, 褚亞莉. 發展海外貸款 推動人民幣境外使用——日本「黑字環流」案例 [J]. 金融發展研究, 2014 (9): 76-81.

[58] 羅成, 顧永昆. 日元衰退及其對人民幣國際化的啟示 [J]. 現代日本經濟, 2017 (1): 27-38.

[59] JASON A GORN. German Banks in the Global Economy: Global Pressures and Public Sector Banking [J]. Journal of Economic History, 2008, 39 (2): 135-547.

[60] J LAWRENCE BROZ. The International Origins of the Federal Reserve System [M]. New York: Cornell University Press, 153-154, 1997.

[61] 中國銀行業協會. 2015年度中國銀行業社會責任報告 [EB/OL]. (2016-06-24). http://finance.huanqiu.com/roll/2016-06/9080220.html.

[62] 商務部. 中國對外貿易形勢報告（2016年秋季）[EB/OL]. (2016-11-01). http://zhs.mofcom.gov.cn/article/cbw/201611/20161101564835.shtml.

[63] CHEN-YUAN TUNG, GUO-CHEN WANG, JASON YEH. Renminbi Internationalization: Progress, Prospect and Comparison [J]. China & World Economy, 2012, 20 (5): 63-82.

[64] FRANKEL J. Internationalization of the RMB and Historical Precedents [J]. Journal of Economic Integration, 2012, 27 (3): 329-365.

[65] LEE J W. Will the Renminbi Emerge as an International Reserve Currency? [J]. The World Economy, 2014, 37 (1): 42-62.

[66] 文誠. 中資商業銀行應緊隨人民幣國際化的步伐 [J]. 杭州金融研修學院學報, 2016 (1): 30-32.

[67] 劉駿民, 劉惠杰, 王洋. 如何看待人民幣國際化中匯率升值與熱線衝擊 [J]. 開放導報, 2006 (5): 80-82.

[68] ISLAM M S, BACHAR O K M R. International of Renminbi: What does the Evidence Suggest? [J]. World Review of Business Research, 2012, 2 (5): 65-85.

[69] 陳守東, 谷家奎. 中國境內銀行貨幣錯配比較研究——基於人民幣匯率變化不確定性視角 [J]. 當代經濟科學, 2013 (2): 22-42.

[70] 宋帥邦, 崔建鵬. 貨幣錯配對商業銀行盈利水準的影響 [J]. 金融論壇, 2014 (8): 40-48.

[71] 江百靈, 葉文娛. 本幣升值衝擊與銀行業危機——基於貨幣錯配視角的中國經驗 [J]. 經濟經緯, 2012 (6): 156-160.

[72] 馬克思, 恩格斯. 馬克思恩格斯文集: 第8卷 [M]. 中共中央馬克思恩格斯列寧斯大林著作編譯局, 譯. 北京: 人民出版社, 2009.

[73] ANDERSON A R, LI J H, HARRISON R T, et al. The Increasing Role of Small Business in the Chinese Economy [J]. Journal of Small Business Management, 2003, 41 (3): 449-450.

［74］陸大道，陳明星. 關於「國家新型城鎮化規劃（2014—2020）」編製大背景的幾點認識［J］. 地理學報，2015（2）：179-185.

［75］馮尚春. 發達國家城鎮化及其對中國的啟示［J］. 城市發展研究，2004（1）：5-8.

［76］李思麗. 新型城鎮化建設視域下人才培養的目標及對策［J］. 繼續教育研究，2013（3）：31-33.

［77］甄峰，魏宗財，歐向軍. 人力資本、經濟增長與城市化：以江蘇省地級市為例［J］. 城市發展研究，2007（5）：62-67.

［78］武力超，孫浦陽. 基礎設施發展水準對中國城市化進程的影響［J］. 中國人口資源與環境，2010（8）：121-125.

［79］KAUFMANN A, TÖDTLING F. How Effective Is Innovation Support for SMEs?［J］. An Analysis of the Region of Upper Austria, Technovation, 1999, 22（3）：147-159.

［80］李濤，陳彥樺，王嘉煒，等. 地區人才吸引力與城鎮化水準相關性研究——以廣西為例［J］. 欽州學院學報，2014（8）：68-74.

［81］陳曉紅，王小丁，曾江洪. 高管薪酬激勵方式對中小企業成長性的影響——基於分解法視角的實證研究［J］. 經濟問題探索，2007（3）：150-155.

［82］BECK T, DEMIRG-KUNT A, LEVINE R. A New Database on Financial Development and Structure［J］. Policy Research Working Paper, 1999, 14（3）：597-605.

［83］趙洪丹. 中國村鎮商業銀行發展與農村經濟發展的關係——基於1978—2009年數據的實證研究［J］. 經濟學家，2011（11）：58-63.

［84］丁志國，譚伶俐，趙晶. 村鎮商業銀行對減少貧困的作用研究［J］. 農業經濟問題，2011（11）：72-77.

［85］GREENWALD B C, STIGLITZ J E. Externalities in Economies with Imperfect Information and Incomplete Markets［J］. The Quarterly Journal of Economics, 1986, 101（2）：229-264.

［86］MCKINNON R. Money and Capital in Economic Development［M］. Washington DC：Brookings Institution, 1973.

［87］GREENWOOD J, JOVANOVIC B. Financial Development, Growth, and the Distribution of Income［J］. Social Science Electronic Publishing, 2015, 98（5）：1076-1107.

［88］PRADHAN R. The Nexus between Finance. Growth and Poverty in Indian: The Cointegration and Causality Approach [J]. Asian Social Science, 2010 (6): 114-122.

[89] 章奇, 劉明興, 陶然, Chen, Y. P. 中國的金融仲介增長與城鄉居民收入差距 [R]. 北京: 北京大學中經濟研究中心 (CCER), 2003 (10).

[90] 葉志強, 陳習定, 張順民. 金融發展能減少城鄉收入差距嗎——來自中國的證據 [J]. 金融研究, 2011 (2): 42-56.

[91] 胡振華, 陳恒智. 村鎮商業銀行發展、城鎮化與城鄉居民收入差距實證分析 [J]. 經濟問題探索, 2013 (6): 63-68

[92] BOSCHMA R, IAMMARINO S. Related Variety, Trade Linkages and Regional Growth in Italy [J]. Economic Geography, 2015, 85 (3): 289-311.

[93] 姚毓春. 人的城鎮化: 內在邏輯與戰略選擇 [J]. 學習與探索, 2014 (1): 106-109.

[94] STOPHER P R. Financing Urban Rail Projects: The Case of Los Angeles [J]. Transportation, 1993, 20 (3): 229-250.

[95] 邱俊杰, 邱兆祥. 新型城鎮化建設中的金融困境及其突破 [J]. 理論探索, 2013 (4): 82-86.

[96] 陳釗, 陸銘, 金煜. 中國人力資本和教育發展的區域差異: 對於面板數據的估算 [J]. 世界經濟, 2004 (12): 25-31.

[97] 李新星. 中國城市化進程中的金融支持研究 [D]. 長沙: 湖南大學, 2009.

[98] 伍豔. 西部欠發達地區城鎮化進程中的金融支持 [J]. 西南民族大學學報, 2005 (2): 126-129.

[99] 陳雨露, 馬勇. 中國村鎮商業銀行論綱 [M]. 中國金融出版社, 2010.

[100] 朱喜, 李子奈. 中國農村正式金融機構對農戶的信貸配給——一個聯立離散選擇模型的實證分析 [J]. 數量經濟技術經濟研究, 2006 (3): 37-49.

[101] 李銳, 朱喜. 農戶金融抑制及其福利損失的計量分析 [J]. 經濟研究, 2007, 2 (3): 146-155.

[102] 張兵, 李丹. 新型村鎮商業銀行機構網點佈局及農戶信貸可獲性研究——以江蘇省村鎮銀行為例 [J]. 江蘇社會科學, 2014 (2): 256-262.

[103] AHRENDSEN B L, DIXON B L, LUO B. The Effects of Bank Mergers On Commercial Bank Agricultural Lending [J]. General Information, 2003: 27-30.

[104] 劉春志，張雪蘭，馬悅婷. 銀行集中度的下降是否緩解了涉農信貸配給 [J]. 農業經濟問題，2015（12）：74-81.

[105] 汪昌雲，鐘騰，鄭華懋. 金融市場化提高了農戶信貸獲得嗎？——基於農戶調查的實證研究 [J]. 經濟研究，2014，49（10）：33-45.

[106] 左曉慧. 城鎮化的金融支持研究 [J]. 福建論壇（人文社會科學版），2012（3）：48-50.

[107] 丁汝俊，段亞威. 村鎮商業銀行體系構建：加快中國城鎮化發展的重要推動力 [J]. 財經科學，2014（1）：10-18.

[108] 劉芬華. 農村城鎮化、異質性金融需求與金融產業結構調整 [J]. 小城鎮建設，2010（7）：33-37.

[109] 易小蘭，宋瑋楠. 中國農戶借貸需求及其滿足程度的調查研究 [J]. 經濟縱橫，2013（4）：86-89.

[110] 劉莉亞. 金融支持農村城鎮化建設的探討 [J]. 河北金融，2007（1）：7-9.

[111] 黃勇，謝朝華. 城鎮化建設中的金融支持效應分析 [J]. 理論探索，2008（3）：91-93.

[112] 劉莉亞. 關於金融支持社會主義新農村建設的思考 [J]. 經濟與管理，2009（3）：13-16.

[113] 方少勇. 小城鎮城市化金融支持與政府干預 [J]. 金融理論與實踐，2005（4）：3-5.

[114] 高聖平. 農地金融化的法律困境及出路 [J]. 中國社會科學，2014（8）：147-166.

[115] 丁汝俊，段亞威. 村鎮商業銀行體系構建：加快中國城鎮化發展的重要推動力 [J]. 財經科學，2014（1）：10-18.

[116] 彭紅利. 金融抑制背景下村鎮商業銀行體系的重構 [D]. 北京：北京師範大學，2005.

[117] 吳永興，唐青生. 西部地區村鎮商業銀行與農村經濟協調發展研究——基於2001—2010年數據的實證分析 [J]. 雲南財經大學學報，2013（2）：80-87.

[118] 李樹生，曹雲峰，高立紅. 金融發展能促進農村城鎮化嗎？[J]. 首都經濟貿易大學學報，2015（1）：17-23.

[119] 唐樹伶，張成虎. 村鎮商業銀行發展對農村城鎮化作用實證研究 [J]. 商業時代，2013（20）：60-62.

［120］林志偉. 經濟增長、金融發展與城鎮居民收入不平等［J］. 山西財經大學學報, 2007（1）: 56-60.

［121］丁志國, 徐德財, 趙晶. 村鎮商業銀行有效促進了中國農村經濟發展嗎?［J］. 農村經濟問題, 2012（9）: 50-57.

［122］新華網. 中華人民共和國國民經濟和社會發展第十三個五年規劃綱要［EB/OL］. （2016-03-18）. http://www.sh.xinhuanet.com/2016-03/18/c_135200400_2.htm.

［123］ARELLANO M, BOND S. Some Tests of Specification for Panel Data: Monte Carlo Evidence and an Application to Employment Equations［J］. Review of Economic Studies, 1991, 58（2）: 277-297.

［124］證券時報. 陳錫文: 要研究加快發展農村金融［EB/OL］. （2013-02-02）. http://www.chinastock.com.cn/yhwz_about.do?methodCall=getDetailInfo&docId=3308796.

［125］GILLAN S L, STARKS L T. Corporate governance proposals and shareholder activism: The role of institutional investors［J］. Journal of financial economics, 2000, 57（2）: 275-305.

［126］CHAGANTI R, DAMANPOUR F. Institutional ownership, capital structure, and firm performance［J］. Strategic Management Hournal, 1991, 12（7）: 479-491.

［127］KAHNEMAN D, TVERSKY A. Intuitive Prediction: Biases and Corrective Procedures［J］. Tims Studies in Management Sciences, 1977（12）: 313-327.

［128］林樹, 俞喬, 湯震宇, 等. 投資者「熱手效應」與「賭徒謬誤」的心理實驗研究［J］. 經濟研究, 2006（8）: 58-69.

［129］TVERSKY A, KAHNEMAN D. Judgment under uncertainty: Heuristics and biases［J］. Science, 1973, 185（4157）: 1124-1131.

［130］CARROLL J S. The effect of imagining an event on expectations for the event: An interpretation in terms of the availability heuristic［J］. Journal of Experimental Social Psychology, 1978, 14（1）: 88-96.

［131］NISBETT R, ROSS L. Limitations of Judgment.（Psychology and the Law: Human Inference）［J］. Science, 1980, 208（4445）: 713-714.

［132］TVERSKY A, KAHNEMAN D. Judgment under Uncertainty: Heuristics and Biases［J］. Science, 1974, 185（4157）: 1124-31.

［133］FISCHHOFF B, SLOVIC P, LICHTENSTEIN S. Knowing with certainty: The appropriateness of extreme confidence [J]. Journal of Experimental Psychology Human Perception & Performance, 1977, 3 (4): 552-564.

[134] THALER R H, JOHNSON E J. Gambling with the house money and trying to break even: the effects of prior outcomes on risky choice [J]. Management Science, 1990, 36 (6): 643-660.

[135] ODEAN T. Are Investors Reluctant to Realize Their Losses? [J]. The Journal of Finance, 1998, 53 (5): 1775-1798.

[136] BARBER B M, ODEAN T. The Courage of Misguided Convictions: The Trading Behavior of Individual Investors [J]. Social Science Electronic Publishing, 2000, 55 (6): 41-55.

[137] THALER R. Toward a positive theory of consumer choice [J]. Journal of Economic Behavior & Organization, 1980, 1 (1): 39-60.

[138] THALER R H. Mental accounting matters [J]. Journal of Behavioral Decision Making, 1999, 12 (3): 183-206.

[139] KAHNEMAN D, TVERSKY A. Prospect theory: An analysis of decision under risk [J]. Econometrica, 1979, 47 (2): 263-291.

[140] KAHNEMAN D, MILLER D T. Norm Theory [J]. Psychological Review, 1978 (3): 136-153.

[141] LOOMES G, SUGDEN R. Regret Theory: An Alternative Theory of Rational Choice Under Uncertainty [J]. Economic Journal, 1982, 92 (368): 805-824.

[142] BELL D E. Regret in Decision Making under Uncertainty [J]. Operations Research, 1982, 30 (5): 961-981.

[143] THALER R. Toward a positive theory of consumer choice [J]. Journal of Economic Behavior & Organization, 1980, 1 (1): 39-60.

[144] JANIS I I, MANN L. Decisional Problems. (Book Reviews: Decision Making. A Psychological Analysis of Conflict, Choice, and Commitment) [J]. Science, 1977, 197: 1355-1356.

[145] KAHNEMAN D, TVERSKY A. Prospect Theory: An Analysis of Decision under Risk [J]. Econometrica, 1979, 47 (2): 263-291.

[146] TVERSKY A, KAHNEMAN D. Advances in prospect theory: Cumulative representation of uncertainty [J]. Journal of Risk and Uncertainty, 1992, 5 (4): 297-323.

[147] KAHNEMAN D, DAN L. Timid Choices and Bold Forecasts: A Cog-

nitive Perspective on Risk Taking [J]. Management Science, 1993, 39 (1): 17-31.

[148] MOSCOVICI S, ZAVALLONI M. The group as a polarizer of attitudes [J]. Journal of Personality & Social Psychology, 1969, 12 (12): 125-135.

[149] FESTINGER B L, SCHACHTER S. Social pressures in informal groups [M]. california: Stanford University Pre, 1963.

[150] FRIEND I, BLUME M. Measurement of Portfolio Performance Under Uncertainty [J]. American Economic Review, 1970, 60 (4): 561-575.

[151] BROCK W, LAKONISHOK J, LEBARON B. Simple Technical Trading Rules and the Stochastic Properties of Stock Returns [J]. The Journal of Finance, 1992, 47 (5): 1731-1764.

[152] FREY B S, JEGEN R. Motivational Interactions: Effects on Behaviour [J]. Annales Déconomie Et De Statistique, 2001, 63 (63-64): 131-153.

[153] 宋軍, 吴衝鋒. 中國證券投資基金羊群行為的實證研究 [J]. 中國會計與財務研究, 2001 (3): 1-47.

[154] 曲立國. 對影響中國商業銀行盈利能力因素的分析 [D]. 成都: 西南財經大學, 2012.

[155] 賈洪文, 李偉. 商業銀行盈利能力與風險承擔關係的實證研究——基於中國14家上市銀行面板數據的分析 [D]. 長春: 吉林工商學院, 2013.

[156] 周蕓. 商業銀行風險承擔的主要激勵因素 [D]. 成都: 西南財經大學, 2013.

[157] 宋光輝. 商業銀行「三性」對其風險承擔能力的影響 [D]. 廣州: 華南理工大學, 2016.

[158] 張瑞穩. 商業銀行流動性風險、信用風險與盈利能力 [D]. 合肥: 中國科學技術大學, 2016.

[159] BRADLEY B WALTERS. Do Property Rights Matter for Conservation? Family Land, Forests and Trees in Saint Lucia, West Indies [DB]. Springer Science Business Media New York 2012, pp. 863-878.

[160] OMAR MASOOD, MUHAMMAD ASHRAF. Bank-specific and macroeconomic profitability determinants of Islamic banks – the case of different countries [J]. Qualitative Research in Financial Markets, 2012 (2): 33-39.

[161] BOYD J H, DE N G. The Theory of Bank Risk-taking and Competition Revised [J]. Journal of Finance, 2005 (60): 1329-1343.

[162] AGORAKI M K, DELIS M D, PASIOURAS F. Regulations, Competition and Bank Risk-taking in Transition Countries [J]. Journal of FinancialStability, 2011 (7): 101-112.

[163] SHLEIFER, VISHNY. Large share holders and corporate control [J]. Hournal of Political Economy, 1986, 94: 461-488.

[164] MCCONNELL J, SERVAES H. Additional Evidence on Equity Ownership and Corporate Value [J]. Journal of Financial Economics, 1990, 27 (2): 595-612.

[165] 宋冬林, 張跡. 機構投資者參與公司治理的經濟學分析 [J]. 經濟縱橫, 2002 (5): 24-29.

[166] 蘇振華. 論機構投資者介入上市公司治理 [J]. 浙江社會科學, 2002 (2): 61-64

[167] 楊合力, 周立, 王博. 公司治理、機構投資者與企業績效——來自中國上市公司的經驗證據 [J]. 財政研究, 2012 (8): 67-71.

[168] 潘愛玲, 潘清. 機構投資者持股對公司業績的影響分析——基於 2009—2011 年滬深上市公司的實證檢驗 [J]. 亞太經濟, 2013 (3): 101-104.

[169] 彭丁. 大股東控制、機構投資者治理與公司績效——基於深交所上市公司的經驗證據 [J]. 宏觀經濟研究, 2011 (7): 50-55.

[170] BAYSINGER, BARRY D. RITA D. KOSNIK, THOMAS A. TURK. Effects of board and ownership structure on corporate R&D strategy [J]. Academy of Management Journal, 1991, 34 (1): 205-214.

[171] LANG M, MCNICHOLS M. Institutional trading and corporate performance [R]. Working Paper, Stanford University, 1997.

[172] WAHAL S. Pension Fund Activism and Firm Performance [J]. Journal of Financial and Quantitative Analysis, 1996, 31 (1): 1-23.

[173] AL -AMARNEH. Corporate Governance, Ownership Structure and Bank Performance in Jordan [J]. International Journal of Economics & Finance, 2014, 6 (6): 131-152.

[174] 蔡慶豐, 宋友勇. 超常規發展的機構投資者能穩定市場嗎?——對中國基金業跨越式發展的反思 [J]. 經濟研究, 2010 (1): 90-101.

[175] 陳義華. 機構投資者參與中國上市公司治理的現實困境與對策初探 [J]. 改革與戰略, 2013 (6): 42-46.

[176] Attig N, Cleary S, Ghoul S E, et al. Institutional investment horizon

and investment-cash flow sensitivity [J]. Journal of Banking & Finance, 2012, 36 (4): 1164-1180.

[177] HALL BRONWYN H, LOTTI F, MAIRESSE J. Innovation and Productivity in SMEs: Empirical Evidence for Italy [J]. Springer Science Business Media Published online, 2009 (9): 1-19.

[178] NUNES P, ZELIA S and JOAO L. Is There a Linear Relationship between R&D Intensity and Growth? Empirical Evidence of Non-high-tech vs. High-tech SMEs [J]. Research Policy, 2012 (41): 36-53.

[179] 陳曉紅, 彭子晟, 韓文強. 中小企業技術創新與成長性的關係研究——基於中國滬深中小上市公司的實證分析 [J]. 科學學研究, 2008, 26 (5): 1098-1104.

[180] 王建瓊, 侯婷婷. 社會責任對企業可持續發展影響的實證分析 [J]. 科學進步與對策, 2009 (18): 94-96.

[181] LUMPKIN G T, DESS G. Clarifying the entrepreneurial orientation construct and linking it to performance [J]. The Academy of Management Review, 1996, 21 (1): 135-172.

[182] RELAND R, REUTZEL C R, WEBB J. Entrepreneurship research in AMJ: what has been published and what might the future hold? [J]. Academy of Management Journal, 2005 (48): 556-564.

# 附錄

## 附錄一　守住不發生系統性金融風險的底線（周小川）

金融是國家重要的核心競爭力，黨中央高度重視防控金融風險、保障金融安全。黨的十八大以來，在以習近平同志為核心的黨中央領導下，面對國際金融危機持續影響和國內經濟「三期疊加」的嚴峻挑戰，金融系統大力推進改革創新，切實加強宏觀調控和金融監管，金融機構實力不斷上升，金融產品日益豐富，金融服務普惠性提高，多層次金融市場逐步健全，金融基礎設施日趨完善，金融體系防控風險能力顯著增強。黨的十九大要求，「深化金融體制改革，增強金融服務實體經濟能力，提高直接融資比重，促進多層次資本市場健康發展，健全貨幣政策和宏觀審慎政策雙支柱調控框架，深化利率和匯率市場化改革。健全金融監管體系，守住不發生系統性金融風險的底線」。這是習近平新時代中國特色社會主義思想在金融領域的根本要求，是金融發展一般規律與中國金融改革實踐探索相結合的科學部署，是指導金融改革發展穩定的行動指南，是做好新時代金融工作的根本遵循。

### 一、主動防控系統性金融風險要靠加快金融改革開放

在今年 7 月召開的第五次全國金融工作會議上，習近平總書記對金融工作做出了一系列重大判斷、重要決策和明確要求：「黨的十八大以來，中國金融改革發展取得了新的重大成就。回顧改革開放以來中國金融業發展歷程，解決影響和制約金融業發展的難題必須深化改革。」「不斷擴大金融對外開放。通過競爭帶來優化和繁榮。」「防止發生系統性金融風險是金融工

作的根本性任務,也是金融工作的永恆主題。要把主動防範化解系統性金融風險放在更加重要的位置」。應對系統性風險,主題是防範,關鍵是主動。改革開放是主動防範化解系統性金融風險的歷史經驗和未來抉擇。

(一)改革開放提高了金融體系的整體健康性

一是基本金融制度逐步健全。改革開放特別是黨的十八大以來,中國的貨幣政策和金融監管制度立足國情,與國際標準接軌,探索構建宏觀審慎政策框架,建立存款保險制度,防控系統性風險衝擊的能力增強。股市、債市、衍生品和各類金融市場基礎設施等「四梁八柱」都已搭建完成,市場容量位列世界前茅。

二是人民幣國際化和金融業雙向開放促進了金融體系不斷完善。人民幣加入國際貨幣基金組織特別提款權貨幣籃子,中國參與國際金融治理地位顯著提升。一些國際金融機構參與中國金融業,促進了金融市場競爭,提升了國內金融機構經營水準和抗風險能力,國內金融機構「走出去」也取得積極進展,當前中國工農中建四大銀行都是全球系統重要性金融機構,銀行業較低的不良資產率、較高的資本充足率和盈利能力均處於世界領先水準。

(二)改革開放促進了金融機構和市場的結構優化

金融體系踐行「創新、協調、綠色、開放、共享」的發展理念,全面深化利率和匯率市場化改革,著力完善金融企業法人治理,積極穩妥鼓勵金融機構組織體系、金融產品和服務創新,系統推進多層次資本市場建設,引進並培育多元化市場主體,服務實體經濟效率和抗風險能力明顯提升。社會融資規模存量從2011年的76.7萬億元增加到2016年的156萬億元,直接融資比例從15.9%提高到23.8%。當前存貸匯、債券交易等傳統業務合規穩健,與改革開放初期金融業存在的帳外經營、挪用客戶資金、亂集資等混亂局面已不可同日而語,金融業已發展到了更高層次的市場准入,以及更廣泛參與國際國內金融市場的階段。

## 二、防止發生系統性金融風險是金融工作的永恆主題

(一)準確判斷中國當前面臨的金融風險

習近平總書記反覆強調,「金融安全是國家安全的重要組成部分,準確判斷風險隱患是保障金融安全的前提」。總體看,中國金融形勢是好的,但當前和今後一個時期中國金融領域尚處在風險易發高發期,在國內外多重因素壓力下,風險點多面廣,呈現隱蔽性、複雜性、突發性、傳染性、危害性特點,結構失衡問題突出,違法違規亂象叢生,潛在風險和隱患正在

累積，脆弱性明顯上升，既要防止「黑天鵝」事件發生，也要防止「灰犀牛」風險發生。

一是宏觀層面的金融高槓桿率和流動性風險。高槓桿是宏觀金融脆弱性的總根源，在實體部門體現為過度負債，在金融領域體現為信用過快擴張。2016年末，中國宏觀槓桿率為247%，其中企業部門槓桿率達到165%，高於國際警戒線，部分國有企業債務風險突出，「僵屍企業」市場出清遲緩。一些地方政府也以各類「名股實債」和購買服務等方式加槓桿。2015年年中的股市異常波動，以及一些城市出現房地產價格泡沫化，就與場外配資、債券結構化嵌套和房地產信貸過快發展等加槓桿行為直接相關。一些高風險操作打著「金融創新」的幌子，推動泡沫在多個市場積聚。國際經濟復甦乏力，主要經濟體政策外溢效應等也使中國面臨跨境資本流動和匯率波動等外部衝擊風險。

二是微觀層面的金融機構信用風險。近年來，不良貸款有所上升，侵蝕銀行業資本金和風險抵禦能力。債券市場信用違約事件明顯增加，債券發行量有所下降。信用風險在相當大程度上影響社會甚至海外對我金融體系健康性的信心。

三是跨市場跨業態跨區域的影子銀行和違法犯罪風險。一些金融機構和企業利用監管空白或缺陷「打擦邊球」，套利行為嚴重。理財業務多層嵌套，資產負債期限錯配，存在隱性剛性兌付，責權利扭曲。各類金融控股公司快速發展，部分實業企業熱衷投資金融業，通過內幕交易、關聯交易等賺快錢。部分互聯網企業以普惠金融為名，行龐氏騙局之實，線上線下非法集資多發，交易場所亂批濫設，極易誘發跨區域群體性事件。少數金融「大鱷」與握有審批權監管權的「內鬼」合謀，火中取栗，實施利益輸送，個別監管幹部被監管對象俘獲，金融投資者消費者權益保護尚不到位。

(二) 科學分析金融風險的成因

習近平總書記深刻指出：「透過現象看本質，當前的金融風險是經濟金融週期性因素、結構性因素和體制性因素疊加共振的必然後果」。具體而言，當前的金融風險隱患是實體經濟結構性失衡和逆週期調控能力、金融企業治理和金融業對外開放程度不足以及監管體制機制缺陷的鏡像反應。

一是宏觀調控和金融監管的體制問題引致風險的系統性。在宏觀調控上，對貨幣「總閘門」的有效管控受到干擾。在風險醞釀期，行業和地方追求增長的積極性很高，客觀上希望放鬆「銀根」，金融活動總體偏活躍，貨幣和社會融資總量增長偏快容易使市場主體產生錯誤預期，滋生資產泡沫。當風險累積達到一定程度，金融機構和市場承受力接近臨界點，各方

又呼籲增加貨幣供應以救助。宏觀調控很難有糾偏的時間窗口。在監管體制機制上，在新業態新機構新產品快速發展，金融風險跨市場、跨行業、跨區域、跨境傳遞更為頻繁的形勢下，監管協調機制不完善的問題更加突出。監管定位不準，偏重行業發展，忽視風險防控。「鐵路警察，各管一段」的監管方式，導致同類金融業務監管規則不一致，助長監管套利行為。系統重要性金融機構缺少統籌監管，金融控股公司存在監管真空。統計數據和基礎設施尚未集中統一，加大了系統性風險研判難度。中央和地方金融監管職能不清晰，一些金融活動遊離在金融監管之外。

二是治理和開放的機制缺陷引致風險的易發多發性。在公司治理上，國有金融資本管理體制仍未完全理順，資本對風險的覆蓋作用未充分體現，金融機構公司治理仍不健全，股東越位、缺位或者內部人控制現象較普遍，發展戰略、風險文化和激勵機制扭曲。在開放程度上，部分行業保護主義仍較流行，金融監管規制較國際通行標準相對落後，金融機構競爭力不足，風險定價能力弱，金融市場不能有效平抑羊群效應、資產泡沫和金融風險。境內外市場不對接，內外價差也造成套利機會，一些機構傾向跨境投機而非紮實經營。

### 三、防控金融風險要立足於標本兼治、主動攻防和積極應對兼備

科學防控風險，處理好治標和治本的辯證關係，要把握四個基本原則：一是迴歸本源，服從服務於經濟社會發展，避免金融脫實向虛和自我循環滋生、放大和擴散風險。二是優化結構，完善金融機構、金融市場、金融產品體系，夯實防控風險的微觀基礎。三是強化監管，提高防範化解金融風險能力，將金融風險對經濟社會的衝擊降至最低。四是市場導向，發揮市場在金融資源配置中的決定性作用，減少各種干預對市場機制的扭曲。

（一）堅持問題導向，推進金融機構和金融市場改革開放

一是增強金融服務實體經濟能力。金融和實體經濟是共生共榮的關係，服務實體經濟是金融立業之本，也是防範金融風險的根本舉措。為實體經濟發展創造良好貨幣金融環境。要著力加強和改進金融調控，堅持以供給側結構性改革為主線，以解決融資難融資貴問題為抓手，加強貨幣政策與其他相關政策協調配合，在穩增長、促改革、調結構、惠民生、防風險等方面形成調控合力。迴歸金融服務實體經濟本源。金融業要專注主業，注重發展普惠金融、科技金融和綠色金融，引導更多金融資源配置到經濟社會發展的重點領域和薄弱環節。強化金融機構防範風險主體責任。既要塑造金融機構資產負債表的健康，也要促進公司治理、內控體系、複雜金

產品交易清算的健康。要嚴把市場准入關，加強金融機構股東資質管理，防止利益輸送、內部交易、干預金融機構經營等行為。建立健全金融控股公司規制和監管，嚴格限制和規範非金融企業投資金融機構，從制度上隔離實業板塊和金融板塊。推進金融機構公司治理改革，切實承擔起風險管理、遏制大案要案滋生的主體責任。

二是深化金融市場改革，優化社會融資結構。積極有序發展股權融資，穩步提高直接融資比重。拓展多層次、多元化、互補型股權融資渠道，改革股票發行制度，減少市場價格（指數）干預，從根上消除利益輸送和腐敗滋生土壤。加強對中小投資者權益的保護，完善市場化併購重組機制。用好市場化法治化債轉股利器，發展私募股權投資基金（PE）等多元化投資主體，切實幫助企業降低槓桿率，推動「僵屍企業」市場出清。積極發展債券市場，擴大債券融資規模，豐富債券市場品種，統一監管標準，更好滿足不同企業的發債融資需求。深化市場互聯互通，完善金融基礎設施。拓展保險市場的風險保障功能，引導期貨市場健康發展。

三是不斷擴大金融對外開放，以競爭促進優化與繁榮。從更高層面認識對外開放的意義，堅持擴大對外開放的大方向，不斷推動有關政策改革，更好實現「三駕馬車」的對外開放：一是貿易投資的對外開放。二是深化人民幣匯率形成機制改革，既要積極有為，紮實推進，又要順勢而為，水到渠成。三是減少外匯管制，穩步推進人民幣國際化，便利對外經濟活動，穩妥有序實現資本項目可兌換。同時，在維護金融安全的前提下，放寬境外金融機構的市場准入限制，在立足國情的基礎上促進金融市場規制與國際標準進一步接軌和提高。

（二）堅持底線思維，完善金融管理制度

一是加強和改進中央銀行宏觀調控職能，健全貨幣政策和宏觀審慎政策雙支柱調控框架。隨著中國金融體系的槓桿率、關聯性和複雜性不斷提升，要更好地將幣值穩定和金融穩定結合起來。貨幣政策主要針對整體經濟和總量問題，保持經濟穩定增長和物價水準基本穩定。宏觀審慎政策則直接和集中作用於金融體系，著力減緩因金融體系順週期波動和跨市場風險傳染所導致的系統性金融風險。

二是健全金融監管體系，加強統籌協調。中央監管部門要統籌協調。建立國務院金融穩定發展委員會，強化人民銀行宏觀審慎管理和系統性風險防範職責，切實落實部門監管職責。充分利用人民銀行的機構和力量，統籌系統性風險防控與重要金融機構監管，對綜合經營的金融控股公司、跨市場跨業態跨區域金融產品，明確監管主體，落實監管責任，統籌監管

重要金融基礎設施，統籌金融業綜合統計，全面建立功能監管和行為監管框架，強化綜合監管。統籌政策力度和節奏，防止疊加共振。中央和地方金融管理要統籌協調。發揮中央和地方兩個積極性，全國一盤棋，監管無死角。中央金融監管部門進行統一監管指導，制定統一的金融市場和金融業務監管規則，對地方金融監管有效監督，糾偏問責。地方負責地方金融機構風險防範處置，維護屬地金融穩定，不得干預金融機構自主經營。嚴格監管持牌機構和堅決取締非法金融活動要統籌協調。金融監管部門和地方政府要強化金融風險源頭管控，堅持金融是特許經營行業，不得無證經營或超範圍經營。一手抓金融機構亂搞同業、亂加槓桿、亂做表外業務、違法違規套利，一手抓非法集資、亂辦交易場所等嚴重擾亂金融市場秩序的非法金融活動。穩妥有序推進互聯網金融風險專項整治工作。監管權力和責任要統籌協調。建立層層負責的業務監督和履職問責制度。

（三）加強黨的領導，確保金融改革發展正確方向

黨的十九大對金融改革開放和防範系統性風險明確了頂層設計。堅持黨中央對金融工作的集中統一領導，增強「四個意識」，落實全面從嚴治黨要求，確保國家金融安全。

一是按照黨中央決策落實各項工作部署。樹立全局觀念，相互配合支持，堅決貫徹落實金融領域重大方針政策、重大改革開放戰略及規劃，精心組織實施金融監管改革、金融機構改革、金融市場改革和防控金融風險的各項措施。

二是加強金融系統黨的領導和黨的建設。黨的領導同金融企業法人治理必須一體化，必須貫徹到公司治理全過程。二十國集團領導人安塔利亞峰會審議通過了《二十國集團/經濟合作與發展組織公司治理原則》，我們有條件推進改革與創新，形成符合中國國情的金融企業公司治理機制。

三是貫徹黨管幹部原則，發揮黨管人才優勢。金融業是人才和智力密集的行業。有優秀的經營人才隊伍，金融資源配置和風險管理效率就可以提高。有優秀的監管人才隊伍，金融安全就能得到保障。建設好金融系統領導班子，建設一支政治過硬、作風優良、業務精通的高素質金融人才隊伍。

站在新的歷史起點上，金融系統要堅定貫徹黨的十九大部署，更加緊密團結在以習近平同志為核心的黨中央周圍，全面落實黨中央戰略部署，遵循金融發展規律，深化金融改革，提高金融服務實體經濟能力，促進經濟和金融良性循環、健康發展，著力防範系統性金融風險。

（摘自《黨的十九大報告輔導讀本》）

# 附錄二　中華人民共和國商業銀行法（2015年修正）

（1995年5月10日第八屆全國人民代表大會常務委員會第十三次會議通過，根據2003年12月27日第十屆全國人民代表大會常務委員會第六次會議《關於修改〈中華人民共和國商業銀行法〉的決定》第一次修正，根據2015年8月29日第十二屆全國人民代表大會常務委員會第十六次會議《關於修改〈中華人民共和國商業銀行法〉的決定》第二次修正）

## 第一章　總則

第一條　為了保護商業銀行、存款人和其他客戶的合法權益，規範商業銀行的行為，提高信貸資產質量，加強監督管理，保障商業銀行的穩健運行，維護金融秩序，促進社會主義市場經濟的發展，制定本法。

第二條　本法所稱的商業銀行是指依照本法和《中華人民共和國公司法》設立的吸收公眾存款、發放貸款、辦理結算等業務的企業法人。

第三條　商業銀行可以經營下列部分或者全部業務：

（一）吸收公眾存款；
（二）發放短期、中期和長期貸款；
（三）辦理國內外結算；
（四）辦理票據承兌與貼現；
（五）發行金融債券；
（六）代理發行、代理兌付、承銷政府債券；
（七）買賣政府債券、金融債券；
（八）從事同業拆借；
（九）買賣、代理買賣外匯；
（十）從事銀行卡業務；
（十一）提供信用證服務及擔保；
（十二）代理收付款項及代理保險業務；
（十三）提供保管箱服務；
（十四）經國務院銀行業監督管理機構批准的其他業務。經營範圍由商業銀行章程規定，報國務院銀行業監督管理機構批准。商業銀行經中國人民銀行批准，可以經營結匯、售匯業務。

第四條　商業銀行以安全性、流動性、效益性為經營原則，實行自主經營，自擔風險，自負盈虧，自我約束。商業銀行依法開展業務，不受任何單位和個人的干涉。商業銀行以其全部法人財產獨立承擔民事責任。

第五條　商業銀行與客戶的業務往來，應當遵循平等、自願、公平和誠實信用的原則。

第六條　商業銀行應當保障存款人的合法權益不受任何單位和個人的侵犯。

第七條　商業銀行開展信貸業務，應當嚴格審查借款人的資信，實行擔保，保障按期收回貸款。商業銀行依法向借款人收回到期貸款的本金和利息，受法律保護。

第八條　商業銀行開展業務，應當遵守法律、行政法規的有關規定，不得損害國家利益、社會公共利益。

第九條　商業銀行開展業務，應當遵守公平競爭的原則，不得從事不正當競爭。

第十條　商業銀行依法接受國務院銀行業監督管理機構的監督管理，但法律規定其有關業務接受其他監督管理部門或者機構監督管理的，依照其規定。

## 第二章　商業銀行的設立和組織機構

第十一條　設立商業銀行，應當經國務院銀行業監督管理機構審查批准。未經國務院銀行業監督管理機構批准，任何單位和個人不得從事吸收公眾存款等商業銀行業務，任何單位不得在名稱中使用「銀行」字樣。

第十二條　設立商業銀行，應當具備下列條件：

（一）有符合本法和《中華人民共和國公司法》規定的章程；
（二）有符合本法規定的註冊資本最低限額；
（三）有具備任職專業知識和業務工作經驗的董事、高級管理人員；
（四）有健全的組織機構和管理制度；
（五）有符合要求的營業場所、安全防範措施和與業務有關的其他設施。設立商業銀行，還應當符合其他審慎性條件。

第十三條　設立全國性商業銀行的註冊資本最低限額為十億元人民幣。設立城市商業銀行的註冊資本最低限額為一億元人民幣，設立農村商業銀行的註冊資本最低限額為五千萬元人民幣。註冊資本應當是實繳資本。國務院銀行業監督管理機構根據審慎監管的要求可以調整註冊資本最低限額，但不得少於前款規定的限額。

第十四條　設立商業銀行，申請人應當向國務院銀行業監督管理機構提交下列文件、資料：

（一）申請書，申請書應當載明擬設立的商業銀行的名稱、所在地、註冊資本、業務範圍等；

（二）可行性研究報告；

（三）國務院銀行業監督管理機構規定提交的其他文件、資料。

第十五條　設立商業銀行的申請經審查符合本法第十四條規定的，申請人應當填寫正式申請表，並提交下列文件、資料：

（一）章程草案；

（二）擬任職的董事、高級管理人員的資格證明；

（三）法定驗資機構出具的驗資證明；

（四）股東名冊及其出資額、股份；

（五）持有註冊資本百分之五以上的股東的資信證明和有關資料；

（六）經營方針和計劃；

（七）營業場所、安全防範措施和與業務有關的其他設施的資料；

（八）國務院銀行業監督管理機構規定的其他文件、資料。

第十六條　經批准設立的商業銀行，由國務院銀行業監督管理機構頒發經營許可證，並憑該許可證向工商行政管理部門辦理登記，領取營業執照。

第十七條　商業銀行的組織形式、組織機構適用《中華人民共和國公司法》的規定。本法施行前設立的商業銀行，其組織形式、組織機構不完全符合《中華人民共和國公司法》規定的，可以繼續沿用原有的規定，適用前款規定的日期由國務院規定。

第十八條　國有獨資商業銀行設立監事會。監事會的產生辦法由國務院規定。監事會對國有獨資商業銀行的信貸資產質量、資產負債比例、國有資產保值增值等情況以及高級管理人員違反法律、行政法規或者章程的行為和損害銀行利益的行為進行監督。

第十九條　商業銀行根據業務需要可以在中華人民共和國境內外設立分支機構。設立分支機構必須經國務院銀行業監督管理機構審查批准。在中華人民共和國境內的分支機構，不按行政區劃設立。商業銀行在中華人民共和國境內設立分支機構，應當按照規定撥付與其經營規模相適應的營運資金額。撥付各分支機構營運資金額的總和，不得超過總行資本金總額的百分之六十。

第二十條　設立商業銀行分支機構，申請人應當向國務院銀行業監督

管理機構提交下列文件、資料：

（一）申請書，申請書應當載明擬設立的分支機構的名稱、營運資金額、業務範圍、總行及分支機構所在地等；

（二）申請人最近二年的財務會計報告；

（三）擬任職的高級管理人員的資格證明；

（四）經營方針和計劃；

（五）營業場所、安全防範措施和與業務有關的其他設施的資料；

（六）國務院銀行業監督管理機構規定的其他文件、資料。

第二十一條　經批准設立的商業銀行分支機構，由國務院銀行業監督管理機構頒發經營許可證，並憑該許可證向工商行政管理部門辦理登記，領取營業執照。

第二十二條　商業銀行對其分支機構實行全行統一核算，統一調度資金，分級管理的財務制度。商業銀行分支機構不具有法人資格，在總行授權範圍內依法開展業務，其民事責任由總行承擔。

第二十三條　經批准設立的商業銀行及其分支機構，由國務院銀行業監督管理機構予以公告。商業銀行及其分支機構自取得營業執照之日起無正當理由超過六個月未開業的，或者開業後自行停業連續六個月以上的，由國務院銀行業監督管理機構吊銷其經營許可證，並予以公告。

第二十四條　商業銀行有下列變更事項之一的，應當經國務院銀行業監督管理機構批准：

（一）變更名稱；

（二）變更註冊資本；

（三）變更總行或者分支行所在地；

（四）調整業務範圍；

（五）變更持有資本總額或者股份總額百分之五以上的股東；

（六）修改章程；

（七）國務院銀行業監督管理機構規定的其他變更事項。更換董事、高級管理人員時，應當報經國務院銀行業監督管理機構審查其任職資格。

第二十五條　商業銀行的分立、合併，適用《中華人民共和國公司法》的規定。商業銀行的分立、合併，應當經國務院銀行業監督管理機構審查批准。

第二十六條　商業銀行應當依照法律、行政法規的規定使用經營許可證。禁止偽造、變造、轉讓、出租、出借經營許可證。

第二十七條　有下列情形之一的，不得擔任商業銀行的董事、高級管

理人員：

（一）因犯有貪污、賄賂、侵占財產、挪用財產罪或者破壞社會經濟秩序罪，被判處刑罰，或者因犯罪被剝奪政治權利的；

（二）擔任因經營不善破產清算的公司、企業的董事或者廠長、經理，並對該公司、企業的破產負有個人責任的；

（三）擔任因違法被吊銷營業執照的公司、企業的法定代表人，並負有個人責任的；

（四）個人所負數額較大的債務到期未清償的。

第二十八條　任何單位和個人購買商業銀行股份總額百分之五以上的，應當事先經國務院銀行業監督管理機構批准。

## 第三章　對存款人的保護

第二十九條　商業銀行辦理個人儲蓄存款業務，應當遵循存款自願、取款自由、存款有息、為存款人保密的原則。對個人儲蓄存款，商業銀行有權拒絕任何單位或者個人查詢、凍結、扣劃，但法律另有規定的除外。

第三十條　對單位存款，商業銀行有權拒絕任何單位或者個人查詢，但法律、行政法規另有規定的除外；有權拒絕任何單位或者個人凍結、扣劃，但法律另有規定的除外。

第三十一條　商業銀行應當按照中國人民銀行規定的存款利率的上下限，確定存款利率，並予以公告。

第三十二條　商業銀行應當按照中國人民銀行的規定，向中國人民銀行交存存款準備金，留足備付金。

第三十三條　商業銀行應當保證存款本金和利息的支付，不得拖延、拒絕支付存款本金和利息。

## 第四章　貸款和其他業務的基本規則

第三十四條　商業銀行根據國民經濟和社會發展的需要，在國家產業政策指導下開展貸款業務。

第三十五條　商業銀行貸款，應當對借款人的借款用途、償還能力、還款方式等情況進行嚴格審查。商業銀行貸款，應當實行審貸分離、分級審批的制度。

第三十六條　商業銀行貸款，借款人應當提供擔保。商業銀行應當對保證人的償還能力，抵押物、質物的權屬和價值以及實現抵押權、質權的可行性進行嚴格審查。經商業銀行審查、評估，確認借款人資信良好，確

能償還貸款的，可以不提供擔保。

第三十七條　商業銀行貸款，應當與借款人訂立書面合同。合同應當約定貸款種類、借款用途、金額、利率、還款期限、還款方式、違約責任和雙方認為需要約定的其他事項。

第三十八條　商業銀行應當按照中國人民銀行規定的貸款利率的上下限，確定貸款利率。

第三十九條　商業銀行貸款，應當遵守下列資產負債比例管理的規定：

（一）資本充足率不得低於百分之八；

（二）流動性資產餘額與流動性負債餘額的比例不得低於百分之二十五；

（三）對同一借款人的貸款餘額與商業銀行資本餘額的比例不得超過百分之十；

（四）國務院銀行業監督管理機構對資產負債比例管理的其他規定。本法施行前設立的商業銀行，在本法施行後，其資產負債比例不符合前款規定的，應當在一定的期限內符合前款規定。具體辦法由國務院規定。

第四十條　商業銀行不得向關係人發放信用貸款；向關係人發放擔保貸款的條件不得優於其他借款人同類貸款的條件。前款所稱關係人是指：

（一）商業銀行的董事、監事、管理人員、信貸業務人員及其近親屬；

（二）前項所列人員投資或者擔任高級管理職務的公司、企業和其他經濟組織。

第四十一條　任何單位和個人不得強令商業銀行發放貸款或者提供擔保。商業銀行有權拒絕任何單位和個人強令要求其發放貸款或者提供擔保。

第四十二條　借款人應當按期歸還貸款的本金和利息。借款人到期不歸還擔保貸款的，商業銀行依法享有要求保證人歸還貸款本金和利息或者就該擔保物優先受償的權利。商業銀行因行使抵押權、質權而取得的不動產或者股權，應當自取得之日起二年內予以處分。借款人到期不歸還信用貸款的，應當按照合同約定承擔責任。

第四十三條　商業銀行在中華人民共和國境內不得從事信託投資和證券經營業務，不得向非自用不動產投資或者向非銀行金融機構和企業投資，但國家另有規定的除外。

第四十四條　商業銀行辦理票據承兌、匯兌、委託收款等結算業務，應當按照規定的期限兌現、收付入帳，不得壓單、壓票或者違反規定退票。有關兌現、收付入帳期限的規定應當公布。

第四十五條　商業銀行發行金融債券或者到境外借款，應當依照法律、

行政法規的規定報經批准。

第四十六條　同業拆借，應當遵守中國人民銀行的規定。禁止利用拆入資金發放固定資產貸款或者用於投資。拆出資金限於交足存款準備金、留足備付金和歸還中國人民銀行到期貸款之後的閒置資金。拆入資金用於彌補票據結算、聯行匯差頭寸的不足和解決臨時性週轉資金的需要。

第四十七條　商業銀行不得違反規定提高或者降低利率以及採用其他不正當手段，吸收存款，發放貸款。

第四十八條　企業事業單位可以自主選擇一家商業銀行的營業場所開立一個辦理日常轉帳結算和現金收付的基本帳戶，不得開立兩個以上基本帳戶。任何單位和個人不得將單位的資金以個人名義開立帳戶存儲。

第四十九條　商業銀行的營業時間應當方便客戶，並予以公告。商業銀行應當在公告的營業時間內營業，不得擅自停止營業或者縮短營業時間。

第五十條　商業銀行辦理業務，提供服務，按照規定收取手續費。收費項目和標準由國務院銀行業監督管理機構、中國人民銀行根據職責分工，分別會同國務院價格主管部門制定。

第五十一條　商業銀行應當按照國家有關規定保存財務會計報表、業務合同以及其他資料。

第五十二條　商業銀行的工作人員應當遵守法律、行政法規和其他各項業務管理的規定，不得有下列行為：

（一）利用職務上的便利，索取、收受賄賂或者違反國家規定收受各種名義的回扣、手續費；

（二）利用職務上的便利，貪污、挪用、侵占本行或者客戶的資金；

（三）違反規定徇私向親屬、朋友發放貸款或者提供擔保；

（四）在其他經濟組織兼職；

（五）違反法律、行政法規和業務管理規定的其他行為。

第五十三條　商業銀行的工作人員不得洩露其在任職期間知悉的國家秘密、商業秘密。

## 第五章　財務會計

第五十四條　商業銀行應當依照法律和國家統一的會計制度以及國務院銀行業監督管理機構的有關規定，建立、健全本行的財務、會計制度。

第五十五條　商業銀行應當按照國家有關規定，真實記錄並全面反應其業務活動和財務狀況，編製年度財務會計報告，及時向國務院銀行業監督管理機構、中國人民銀行和國務院財政部門報送。商業銀行不得在法定

的會計帳冊外另立會計帳冊。

第五十六條　商業銀行應當於每一會計年度終了三個月內，按照國務院銀行業監督管理機構的規定，公布其上一年度的經營業績和審計報告。

第五十七條　商業銀行應當按照國家有關規定，提取呆帳準備金，衝銷呆帳。

第五十八條　商業銀行的會計年度自公歷1月1日起至12月31日止。

## 第六章　監督管理

第五十九條　商業銀行應當按照有關規定，制定本行的業務規則，建立、健全本行的風險管理和內部控制制度。

第六十條　商業銀行應當建立、健全本行對存款、貸款、結算、呆帳等各項情況的稽核、檢查制度。商業銀行對分支機構應當進行經常性的稽核和檢查監督。

第六十一條　商業銀行應當按照規定向國務院銀行業監督管理機構、中國人民銀行報送資產負債表、利潤表以及其他財務會計、統計報表和資料。

第六十二條　國務院銀行業監督管理機構有權依照本法第三章、第四章、第五章的規定，隨時對商業銀行的存款、貸款、結算、呆帳等情況進行檢查監督。檢查監督時，檢查監督人員應當出示合法的證件。商業銀行應當按照國務院銀行業監督管理機構的要求，提供財務會計資料、業務合同和有關經營管理方面的其他信息。中國人民銀行有權依照《中華人民共和國中國人民銀行法》第三十二條、第三十四條的規定對商業銀行進行檢查監督。

第六十三條　商業銀行應當依法接受審計機關的審計監督。

## 第七章　接管和終止

第六十四條　商業銀行已經或者可能發生信用危機，嚴重影響存款人的利益時，國務院銀行業監督管理機構可以對該銀行實行接管。接管的目的是對被接管的商業銀行採取必要措施，以保護存款人的利益，恢復商業銀行的正常經營能力。被接管的商業銀行的債權債務關係不因接管而變化。

第六十五條　接管由國務院銀行業監督管理機構決定，並組織實施。國務院銀行業監督管理機構的接管決定應當載明下列內容：

（一）被接管的商業銀行名稱；

（二）接管理由；

（三）接管組織；

（四）接管期限。

接管決定由國務院銀行業監督管理機構予以公告。

第六十六條　接管自接管決定實施之日起開始。自接管開始之日起，由接管組織行使商業銀行的經營管理權力。

第六十七條　接管期限屆滿，國務院銀行業監督管理機構可以決定延期，但接管期限最長不得超過二年。

第六十八條　有下列情形之一的，接管終止：

（一）接管決定規定的期限屆滿或者國務院銀行業監督管理機構決定的接管延期屆滿；

（二）接管期限屆滿前，該商業銀行已恢復正常經營能力；

（三）接管期限屆滿前，該商業銀行被合併或者被依法宣告破產。

第六十九條　商業銀行因分立、合併或者出現公司章程規定的解散事由需要解散的，應當向國務院銀行業監督管理機構提出申請，並附解散的理由和支付存款的本金和利息等債務清償計劃。經國務院銀行業監督管理機構批准後解散。商業銀行解散的，應當依法成立清算組，進行清算，按照清償計劃及時償還存款本金和利息等債務。國務院銀行業監督管理機構監督清算過程。

第七十條　商業銀行因吊銷經營許可證被撤銷的，國務院銀行業監督管理機構應當依法及時組織成立清算組，進行清算，按照清償計劃及時償還存款本金和利息等債務。

第七十一條　商業銀行不能支付到期債務，經國務院銀行業監督管理機構同意，由人民法院依法宣告其破產。商業銀行被宣告破產的，由人民法院組織國務院銀行業監督管理機構等有關部門和有關人員成立清算組，進行清算。商業銀行破產清算時，在支付清算費用、所欠職工工資和勞動保險費用後，應當優先支付個人儲蓄存款的本金和利息。

第七十二條　商業銀行因解散、被撤銷和被宣告破產而終止。

## 第八章　法律責任

第七十三條　商業銀行有下列情形之一，對存款人或者其他客戶造成財產損害的，應當承擔支付遲延履行的利息以及其他民事責任：

（一）無故拖延、拒絕支付存款本金和利息的；

（二）違反票據承兌等結算業務規定，不予兌現，不予收付入帳，壓單、壓票或者違反規定退票的；

(三) 非法查詢、凍結、扣劃個人儲蓄存款或者單位存款的；

(四) 違反本法規定對存款人或者其他客戶造成損害的其他行為。有前款規定情形的，由國務院銀行業監督管理機構責令改正，有違法所得的，沒收違法所得，違法所得五萬元以上的，並處違法所得一倍以上五倍以下罰款；沒有違法所得或者違法所得不足五萬元的，處五萬元以上五十萬元以下罰款。

第七十四條 商業銀行有下列情形之一，由國務院銀行業監督管理機構責令改正，有違法所得的，沒收違法所得，違法所得五十萬元以上的，並處違法所得一倍以上五倍以下罰款；沒有違法所得或者違法所得不足五十萬元的，處五十萬元以上二百萬元以下罰款；情節特別嚴重或者逾期不改正的，可以責令停業整頓或者吊銷其經營許可證；構成犯罪的，依法追究刑事責任：

(一) 未經批准設立分支機構的；

(二) 未經批准分立、合併或者違反規定對變更事項不報批的；

(三) 違反規定提高或者降低利率以及採用其他不正當手段，吸收存款，發放貸款的；

(四) 出租、出借經營許可證的；

(五) 未經批准買賣、代理買賣外匯的；

(六) 未經批准買賣政府債券或者發行、買賣金融債券的；

(七) 違反國家規定從事信託投資和證券經營業務，向非自用不動產投資或者向非銀行金融機構和企業投資的；

(八) 向關係人發放信用貸款或者發放擔保貸款的條件優於其他借款人同類貸款的條件的。

第七十五條 商業銀行有下列情形之一，由國務院銀行業監督管理機構責令改正，並處二十萬元以上五十萬元以下罰款；情節特別嚴重或者逾期不改正的，可以責令停業整頓或者吊銷其經營許可證；構成犯罪的，依法追究刑事責任：

(一) 拒絕或者阻礙國務院銀行業監督管理機構檢查監督的；

(二) 提供虛假的或者隱瞞重要事實的財務會計報告、報表和統計報表的；

(三) 未遵守資本充足率、資產流動性比例、同一借款人貸款比例和國務院銀行業監督管理機構有關資產負債比例管理的其他規定的。

第七十六條 商業銀行有下列情形之一，由中國人民銀行責令改正，有違法所得的，沒收違法所得，違法所得五十萬元以上的，並處違法所得一倍以上五倍以下罰款；沒有違法所得或者違法所得不足五十萬元的，處

五十萬元以上二百萬元以下罰款；情節特別嚴重或者逾期不改正的，中國人民銀行可以建議國務院銀行業監督管理機構責令停業整頓或者吊銷其經營許可證；構成犯罪的，依法追究刑事責任：

（一）未經批准辦理結匯、售匯的；

（二）未經批准在銀行間債券市場發行、買賣金融債券或者到境外借款的；

（三）違反規定同業拆借的。

第七十七條　商業銀行有下列情形之一，由中國人民銀行責令改正，並處二十萬元以上五十萬元以下罰款；情節特別嚴重或者逾期不改正的，中國人民銀行可以建議國務院銀行業監督管理機構責令停業整頓或者吊銷其經營許可證；構成犯罪的，依法追究刑事責任：

（一）拒絕或者阻礙中國人民銀行檢查監督的；

（二）提供虛假的或者隱瞞重要事實的財務會計報告、報表和統計報表的；

（三）未按照中國人民銀行規定的比例交存存款準備金的。

第七十八條　商業銀行有本法第七十三條至第七十七條規定情形的，對直接負責的董事、高級管理人員和其他直接責任人員，應當給予紀律處分；構成犯罪的，依法追究刑事責任。

第七十九條　有下列情形之一，由國務院銀行業監督管理機構責令改正，有違法所得的，沒收違法所得，違法所得五萬元以上的，並處違法所得一倍以上五倍以下罰款；沒有違法所得或者違法所得不足五萬元的，處五萬元以上五十萬元以下罰款：

（一）未經批准在名稱中使用「銀行」字樣的；

（二）未經批准購買商業銀行股份總額百分之五以上的；

（三）將單位的資金以個人名義開立帳戶存儲的。

第八十條　商業銀行不按照規定向國務院銀行業監督管理機構報送有關文件、資料的，由國務院銀行業監督管理機構責令改正，逾期不改正的，處十萬元以上三十萬元以下罰款。商業銀行不按照規定向中國人民銀行報送有關文件、資料的，由中國人民銀行責令改正，逾期不改正的，處十萬元以上三十萬元以下罰款。

第八十一條　未經國務院銀行業監督管理機構批准，擅自設立商業銀行，或者非法吸收公眾存款、變相吸收公眾存款，構成犯罪的，依法追究刑事責任；並由國務院銀行業監督管理機構予以取締。偽造、變造、轉讓商業銀行經營許可證，構成犯罪的，依法追究刑事責任。

第八十二條　借款人採取詐欺手段騙取貸款，構成犯罪的，依法追究刑事責任。

第八十三條　有本法第八十一條、第八十二條規定的行為，尚不構成犯罪的，由國務院銀行業監督管理機構沒收違法所得，違法所得五十萬元以上的，並處違法所得一倍以上五倍以下罰款；沒有違法所得或者違法所得不足五十萬元的，處五十萬元以上二百萬元以下罰款。

第八十四條　商業銀行工作人員利用職務上的便利，索取、收受賄賂或者違反國家規定收受各種名義的回扣、手續費，構成犯罪的，依法追究刑事責任；尚不構成犯罪的，應當給予紀律處分。有前款行為，發放貸款或者提供擔保造成損失的，應當承擔全部或者部分賠償責任。

第八十五條　商業銀行工作人員利用職務上的便利，貪污、挪用、侵占本行或者客戶資金，構成犯罪的，依法追究刑事責任；尚不構成犯罪的，應當給予紀律處分。

第八十六條　商業銀行工作人員違反本法規定玩忽職守造成損失的，應當給予紀律處分；構成犯罪的，依法追究刑事責任。違反規定徇私向親屬、朋友發放貸款或者提供擔保造成損失的，應當承擔全部或者部分賠償責任。

第八十七條　商業銀行工作人員洩露在任職期間知悉的國家秘密、商業秘密的，應當給予紀律處分；構成犯罪的，依法追究刑事責任。

第八十八條　單位或者個人強令商業銀行發放貸款或者提供擔保的，應當對直接負責的主管人員和其他直接責任人員或者個人給予紀律處分；造成損失的，應當承擔全部或者部分賠償責任。商業銀行的工作人員對單位或者個人強令其發放貸款或者提供擔保未予拒絕的，應當給予紀律處分；造成損失的，應當承擔相應的賠償責任。

第八十九條　商業銀行違反本法規定的，國務院銀行業監督管理機構可以區別不同情形，取消其直接負責的董事、高級管理人員一定期限直至終身的任職資格，禁止直接負責的董事、高級管理人員和其他直接責任人員一定期限直至終身從事銀行業工作。商業銀行的行為尚不構成犯罪的，對直接負責的董事、高級管理人員和其他直接責任人員，給予警告，處五萬元以上五十萬元以下罰款。

第九十條　商業銀行及其工作人員對國務院銀行業監督管理機構、中國人民銀行的處罰決定不服的，可以依照《中華人民共和國行政訴訟法》的規定向人民法院提起訴訟。

## 第九章　附則

第九十一條　本法施行前，按照國務院的規定經批准設立的商業銀行不再辦理審批手續。

第九十二條　外資商業銀行、中外合資商業銀行、外國商業銀行分行適用本法規定，法律、行政法規另有規定的，依照其規定。

第九十三條　城市信用合作社、農村信用合作社辦理存款、貸款和結算等業務，適用本法有關規定。

第九十四條　郵政企業辦理商業銀行的有關業務，適用本法有關規定。

第九十五條　本法自1995年7月1日起施行。

# 附錄三　中華人民共和國銀行業監督管理法
## （2006年修正）

(2003年12月27日第十屆全國人民代表大會常務委員會第六次會議通過，根據2006年10月31日第十屆全國人民代表大會常務委員會第二十四次會議《關於修改〈中華人民共和國銀行業監督管理法〉的決定》修正)

## 第一章　總　則

第一條　為了加強對銀行業的監督管理，規範監督管理行為，防範和化解銀行業風險，保護存款人和其他客戶的合法權益，促進銀行業健康發展，制定本法。

第二條　國務院銀行業監督管理機構負責對全國銀行業金融機構及其業務活動監督管理的工作。本法所稱銀行業金融機構，是指在中華人民共和國境內設立的商業銀行、城市信用合作社、農村信用合作社等吸收公眾存款的金融機構以及政策性銀行。對在中華人民共和國境內設立的金融資產管理公司、信託投資公司、財務公司、金融租賃公司以及經國務院銀行業監督管理機構批准設立的其他金融機構的監督管理，適用本法對銀行業金融機構監督管理的規定。國務院銀行業監督管理機構依照本法有關規定，對經其批准在境外設立的金融機構以及前二款金融機構在境外的業務活動實施監督管理。

第三條　銀行業監督管理的目標是促進銀行業的合法、穩健運行，維護公眾對銀行業的信心。銀行業監督管理應當保護銀行業公平競爭，提高銀行業競爭能力。

第四條　銀行業監督管理機構對銀行業實施監督管理，應當遵循依法、公開、公正和效率的原則。

第五條　銀行業監督管理機構及其從事監督管理工作的人員依法履行監督管理職責，受法律保護。地方政府、各級政府部門、社會團體和個人不得干涉。

第六條　國務院銀行業監督管理機構應當和中國人民銀行、國務院其他金融監督管理機構建立監督管理信息共享機制。

第七條　國務院銀行業監督管理機構可以和其他國家或者地區的銀行業監督管理機構建立監督管理合作機制，實施跨境監督管理。

## 第二章　監督管理機構

第八條　國務院銀行業監督管理機構根據履行職責的需要設立派出機構。國務院銀行業監督管理機構對派出機構實行統一領導和管理。國務院銀行業監督管理機構的派出機構在國務院銀行業監督管理機構的授權範圍內，履行監督管理職責。

第九條　銀行業監督管理機構從事監督管理工作的人員，應當具備與其任職相適應的專業知識和業務工作經驗。

第十條　銀行業監督管理機構工作人員，應當忠於職守，依法辦事，公正廉潔，不得利用職務便利牟取不正當的利益，不得在金融機構等企業中兼任職務。

第十一條　銀行業監督管理機構工作人員，應當依法保守國家秘密，並有責任為其監督管理的銀行業金融機構及當事人保守秘密。國務院銀行業監督管理機構同其他國家或者地區的銀行業監督管理機構交流監督管理信息，應當就信息保密作出安排。

第十二條　國務院銀行業監督管理機構應當公開監督管理程序，建立監督管理責任制度和內部監督制度。

第十三條　銀行業監督管理機構在處置銀行業金融機構風險、查處有關金融違法行為等監督管理活動中，地方政府、各級有關部門應當予以配合和協助。

第十四條　國務院審計、監察等機關，應當依照法律規定對國務院銀行業監督管理機構的活動進行監督。

## 第三章　監督管理職責

第十五條　國務院銀行業監督管理機構依照法律、行政法規制定並發布對銀行業金融機構及其業務活動監督管理的規章、規則。

第十六條　國務院銀行業監督管理機構依照法律、行政法規規定的條

件和程序,審查批准銀行業金融機構的設立、變更、終止以及業務範圍。

第十七條　申請設立銀行業金融機構,或者銀行業金融機構變更持有資本總額或者股份總額達到規定比例以上的股東的,國務院銀行業監督管理機構應當對股東的資金來源、財務狀況、資本補充能力和誠信狀況進行審查。

第十八條　銀行業金融機構業務範圍內的業務品種,應當按照規定經國務院銀行業監督管理機構審查批准或者備案。需要審查批准或者備案的業務品種,由國務院銀行業監督管理機構依照法律、行政法規作出規定並公布。

第十九條　未經國務院銀行業監督管理機構批准,任何單位或者個人不得設立銀行業金融機構或者從事銀行業金融機構的業務活動。

第二十條　國務院銀行業監督管理機構對銀行業金融機構的董事和高級管理人員實行任職資格管理。具體辦法由國務院銀行業監督管理機構制定。

第二十一條　銀行業金融機構的審慎經營規則,由法律、行政法規規定,也可以由國務院銀行業監督管理機構依照法律、行政法規制定。前款規定的審慎經營規則,包括風險管理、內部控制、資本充足率、資產質量、損失準備金、風險集中、關聯交易、資產流動性等內容。銀行業金融機構應當嚴格遵守審慎經營規則。

第二十二條　國務院銀行業監督管理機構應當在規定的期限,對下列申請事項作出批准或者不批准的書面決定;決定不批准的,應當說明理由:

（一）銀行業金融機構的設立,自收到申請文件之日起六個月內;

（二）銀行業金融機構的變更、終止,以及業務範圍和增加業務範圍內的業務品種,自收到申請文件之日起三個月內;

（三）審查董事和高級管理人員的任職資格,自收到申請文件之日起三十日內。

第二十三條　銀行業監督管理機構應當對銀行業金融機構的業務活動及其風險狀況進行非現場監管,建立銀行業金融機構監督管理信息系統,分析、評價銀行業金融機構的風險狀況。

第二十四條　銀行業監督管理機構應當對銀行業金融機構的業務活動及其風險狀況進行現場檢查。國務院銀行業監督管理機構應當制定現場檢查程序,規範現場檢查行為。

第二十五條　國務院銀行業監督管理機構應當對銀行業金融機構實行並表監督管理。

第二十六條　國務院銀行業監督管理機構對中國人民銀行提出的檢查銀行業金融機構的建議，應當自收到建議之日起三十日內予以回復。

第二十七條　國務院銀行業監督管理機構應當建立銀行業金融機構監督管理評級體系和風險預警機制，根據銀行業金融機構的評級情況和風險狀況，確定對其現場檢查的頻率、範圍和需要採取的其他措施。

第二十八條　國務院銀行業監督管理機構應當建立銀行業突發事件的發現、報告崗位責任制度。銀行業監督管理機構發現可能引發系統性銀行業風險、嚴重影響社會穩定的突發事件的，應當立即向國務院銀行業監督管理機構負責人報告；國務院銀行業監督管理機構負責人認為需要向國務院報告的，應當立即向國務院報告，並告知中國人民銀行、國務院財政部門等有關部門。

第二十九條　國務院銀行業監督管理機構應當會同中國人民銀行、國務院財政部門等有關部門建立銀行業突發事件處置制度，制定銀行業突發事件處置預案，明確處置機構和人員及其職責、處置措施和處置程序，及時、有效地處置銀行業突發事件。

第三十條　國務院銀行業監督管理機構負責統一編製全國銀行業金融機構的統計數據、報表，並按照國家有關規定予以公布。

第三十一條　國務院銀行業監督管理機構對銀行業自律組織的活動進行指導和監督。銀行業自律組織的章程應當報國務院銀行業監督管理機構備案。

第三十二條　國務院銀行業監督管理機構可以開展與銀行業監督管理有關的國際交流、合作活動。

## 第四章　監督管理措施

第三十三條　銀行業監督管理機構根據履行職責的需要，有權要求銀行業金融機構按照規定報送資產負債表、利潤表和其他財務會計、統計報表、經營管理資料以及註冊會計師出具的審計報告。

第三十四條　銀行業監督管理機構根據審慎監管的要求，可以採取下列措施進行現場檢查：

（一）進入銀行業金融機構進行檢查；

（二）詢問銀行業金融機構的工作人員，要求其對有關檢查事項作出說明；

（三）查閱、複製銀行業金融機構與檢查事項有關的文件、資料，對可能被轉移、隱匿或者毀損的文件、資料予以封存；

（四）檢查銀行業金融機構運用電子計算機管理業務數據的系統。進行現場檢查，應當經銀行業監督管理機構負責人批准。現場檢查時，檢查人員不得少於二人，並應當出示合法證件和檢查通知書；檢查人員少於二人或者未出示合法證件和檢查通知書的，銀行業金融機構有權拒絕檢查。

第三十五條　銀行業監督管理機構根據履行職責的需要，可以與銀行業金融機構董事、高級管理人員進行監督管理談話，要求銀行業金融機構董事、高級管理人員就銀行業金融機構的業務活動和風險管理的重大事項作出說明。

第三十六條　銀行業監督管理機構應當責令銀行業金融機構按照規定，如實向社會公眾披露財務會計報告、風險管理狀況、董事和高級管理人員變更以及其他重大事項等信息。

第三十七條　銀行業金融機構違反審慎經營規則的，國務院銀行業監督管理機構或者其省一級派出機構應當責令限期改正；逾期未改正的，或者其行為嚴重危及該銀行業金融機構的穩健運行、損害存款人和其他客戶合法權益的，經國務院銀行業監督管理機構或者其省一級派出機構負責人批准，可以區別情形，採取下列措施：

（一）責令暫停部分業務、停止批准開辦新業務；

（二）限制分配紅利和其他收入；

（三）限制資產轉讓；

（四）責令控股股東轉讓股權或者限制有關股東的權利；

（五）責令調整董事、高級管理人員或者限制其權利；

（六）停止批准增設分支機構。銀行業金融機構整改後，應當向國務院銀行業監督管理機構或者其省一級派出機構提交報告。國務院銀行業監督管理機構或者其省一級派出機構經驗收，符合有關審慎經營規則的，應當自驗收完畢之日起三日內解除對其採取的前款規定的有關措施。

第三十八條　銀行業金融機構已經或者可能發生信用危機，嚴重影響存款人和其他客戶合法權益的，國務院銀行業監督管理機構可以依法對該銀行業金融機構實行接管或者促成機構重組，接管和機構重組依照有關法律和國務院的規定執行。

第三十九條　銀行業金融機構有違法經營、經營管理不善等情形，不予撤銷將嚴重危害金融秩序、損害公眾利益的，國務院銀行業監督管理機構有權予以撤銷。

第四十條　銀行業金融機構被接管、重組或者被撤銷的，國務院銀行

業監督管理機構有權要求該銀行業金融機構的董事、高級管理人員和其他工作人員，按照國務院銀行業監督管理機構的要求履行職責。在接管、機構重組或者撤銷清算期間，經國務院銀行業監督管理機構負責人批准，對直接負責的董事、高級管理人員和其他直接責任人員，可以採取下列措施：

（一）直接負責的董事、高級管理人員和其他直接責任人員出境將對國家利益造成重大損失的，通知出境管理機關依法阻止其出境；

（二）申請司法機關禁止其轉移、轉讓財產或者對其財產設定其他權利。

第四十一條　經國務院銀行業監督管理機構或者其省一級派出機構負責人批准，銀行業監督管理機構有權查詢涉嫌金融違法的銀行業金融機構及其工作人員以及關聯行為人的帳戶；對涉嫌轉移或者隱匿違法資金的，經銀行業監督管理機構負責人批准，可以申請司法機關予以凍結。

第四十二條　銀行業監督管理機構依法對銀行業金融機構進行檢查時，經設區的市一級以上銀行業監督管理機構負責人批准，可以對與涉嫌違法事項有關的單位和個人採取下列措施：

（一）詢問有關單位或者個人，要求其對有關情況作出說明；

（二）查閱、複製有關財務會計、財產權登記等文件、資料；

（三）對可能被轉移、隱匿、毀損或者偽造的文件、資料，予以先行登記保存。銀行業監督管理機構採取前款規定措施，調查人員不得少於二人，並應當出示合法證件和調查通知書；調查人員少於二人或者未出示合法證件和調查通知書的，有關單位或者個人有權拒絕。對依法採取的措施，有關單位和個人應當配合，如實說明有關情況並提供有關文件、資料，不得拒絕、阻礙和隱瞞。

## 第五章　法律責任

第四十三條　銀行業監督管理機構從事監督管理工作的人員有下列情形之一的，依法給予行政處分；構成犯罪的，依法追究刑事責任：

（一）違反規定審查批准銀行業金融機構的設立、變更、終止，以及業務範圍和業務範圍內的業務品種的；

（二）違反規定對銀行業金融機構進行現場檢查的；

（三）未依照本法第二十八條規定報告突發事件的；

（四）違反規定查詢帳戶或者申請凍結資金的；

（五）違反規定對銀行業金融機構採取措施或者處罰的；

（六）違反本法第四十二條規定對有關單位或者個人進行調查的；

　（七）濫用職權、玩忽職守的其他行為。銀行業監督管理機構從事監督管理工作的人員貪污受賄，洩露國家秘密、商業秘密和個人隱私，構成犯罪的，依法追究刑事責任；尚不構成犯罪的，依法給予行政處分。

　第四十四條　擅自設立銀行業金融機構或者非法從事銀行業金融機構的業務活動的，由國務院銀行業監督管理機構予以取締；構成犯罪的，依法追究刑事責任；尚不構成犯罪的，由國務院銀行業監督管理機構沒收違法所得，違法所得五十萬元以上的，並處違法所得一倍以上五倍以下罰款；沒有違法所得或者違法所得不足五十萬元的，處五十萬元以上二百萬元以下罰款。

　第四十五條　銀行業金融機構有下列情形之一，由國務院銀行業監督管理機構責令改正，有違法所得的，沒收違法所得，違法所得五十萬元以上的，並處違法所得一倍以上五倍以下罰款；沒有違法所得或者違法所得不足五十萬元的，處五十萬元以上二百萬元以下罰款；情節特別嚴重或者逾期不改正的，可以責令停業整頓或者吊銷其經營許可證；構成犯罪的，依法追究刑事責任：

　（一）未經批准設立分支機構的；

　（二）未經批准變更、終止的；

　（三）違反規定從事未經批准或者未備案的業務活動的；

　（四）違反規定提高或者降低存款利率、貸款利率的。

　第四十六條　銀行業金融機構有下列情形之一，由國務院銀行業監督管理機構責令改正，並處二十萬元以上五十萬元以下罰款；情節特別嚴重或者逾期不改正的，可以責令停業整頓或者吊銷其經營許可證；構成犯罪的，依法追究刑事責任：

　（一）未經任職資格審查任命董事、高級管理人員的；

　（二）拒絕或者阻礙非現場監管或者現場檢查的；

　（三）提供虛假的或者隱瞞重要事實的報表、報告等文件、資料的；

　（四）未按照規定進行信息披露的；

　（五）嚴重違反審慎經營規則的；

　（六）拒絕執行本法第三十七條規定的措施的。

　第四十七條　銀行業金融機構不按照規定提供報表、報告等文件、資料的，由銀行業監督管理機構責令改正，逾期不改正的，處十萬元以上三十萬元以下罰款。

第四十八條　銀行業金融機構違反法律、行政法規以及國家有關銀行業監督管理規定的，銀行業監督管理機構除依照本法第四十四條至第四十七條規定處罰外，還可以區別不同情形，採取下列措施：

（一）責令銀行業金融機構對直接負責的董事、高級管理人員和其他直接責任人員給予紀律處分；

（二）銀行業金融機構的行為尚不構成犯罪的，對直接負責的董事、高級管理人員和其他直接責任人員給予警告，處五萬元以上五十萬元以下罰款；

（三）取消直接負責的董事、高級管理人員一定期限直至終身的任職資格，禁止直接負責的董事、高級管理人員和其他直接責任人員一定期限直至終身從事銀行業工作。

第四十九條　阻礙銀行業監督管理機構工作人員依法執行檢查、調查職務的，由公安機關依法給予治安管理處罰；構成犯罪的，依法追究刑事責任。

## 第六章　附　則

第五十條　對在中華人民共和國境內設立的政策性銀行、金融資產管理公司的監督管理，法律、行政法規另有規定的，依照其規定。

第五十一條　對在中華人民共和國境內設立的外資銀行業金融機構、中外合資銀行業金融機構、外國銀行業金融機構的分支機構的監督管理，法律、行政法規另有規定的，依照其規定。

第五十二條　本法自 2004 年 2 月 1 日起施行。

# 附錄四　深化金融合作 促進中國與中東歐國家共同發展

2018 年 7 月 7 日，第七次中國-中東歐國家（16+1）領導人會晤在保加利亞索非亞舉行，並發布了《中國-中東歐國家合作索非亞綱要》（簡稱「綱要」）。在金融領域，綱要提出的成果主要包括投融資、金融機構網絡化佈局、金融監管、金融科技等領域的合作。

一是各方鼓勵中國與中東歐國家金融機構在自願基礎上加強現有投融資合作，並根據市場需求開闢投融資新渠道，推出新的融資工具，增強銀企聯動，探討開展人民幣融資及發行綠色金融債券合作。中方歡迎中東歐

國家央行將人民幣納入外匯儲備。

投融資合作是中國與中東歐國家合作的重要一環。綱要強調，鼓勵金融機構「在自願基礎上」加強合作，根據「市場需求」開闢投融資新渠道、推出新工具，突出體現了中國與中東歐國家金融合作的市場化、商業化原則。同時，由於中東歐國家多為發展中國家，有巨大的基礎設施投資缺口，相應的投資週期長、資金需求大，這就要求金融機構多管齊下、創新思路，通過股權融資、債權融資、銀團貸款、政府與社會資本合作（PPP）、銀企聯動、出口信用保險、裝備租賃等多種融資模式滿足中東歐國家多樣化的融資需求。

綱要還提出探討開展人民幣融資及發行綠色金融債券合作，這是中國與中東歐國家融資模式創新的體現。一方面，2016年人民幣正式加入國際貨幣基金組織特別提款權（SDR）以後，國際儲備貨幣地位獲得正式認定，人民幣資產吸引力大幅增加，也得到了越來越多中東歐國家的歡迎。目前，中國已與多個中東歐國家在簽訂本幣互換協議、貨幣直接交易、人民幣清算行和人民幣跨境支付系統等方面開展了合作，一些中東歐國家有意將人民幣納入外匯儲備。這不僅將有助於充分調動中國的儲蓄資源，實現合理回報，也能降低中資企業換匯成本和匯率波動引發的風險，維護金融穩定。另一方面，經濟發展不能以犧牲環境為代價。中國是全球最大的綠債市場之一，在發行綠色債券方面有較豐富經驗。將綠色金融融入中東歐建設，引導更多金融資源流向綠色產業，不僅能滿足當地經濟的短期需求，還有利於實現長期可持續發展。

二是各方支持中國和中東歐國家有關銀行和金融機構之間加強合作，推動貿易規模進一步擴大，基礎設施、能源等領域合作進一步深化。歡迎中國與更多中東歐國家簽署雙邊金融監管合作諒解備忘錄，加強金融監管合作。

伴隨中國企業「走出去」，中資金融機構也需要進行金融機構和金融服務的網絡化佈局，為中資企業更好地開展海外業務提供投融資服務及代理行、銀團貸款、資金結算和清算等配套金融服務，以提高對貿易的金融服務能力，形成金融與經濟相互促進的良性循環。近年來，越來越多的中東歐國家對中資金融機構在當地設立分支機構表示歡迎，並主動提出希望中資金融機構入駐。目前，已有3家中資銀行在波蘭、捷克、塞爾維亞、匈牙利4個中東歐國家設立了8家分支機構。同時，中國金融監管部門也與多個中東歐國家金融監管當局簽署了或正在探討簽署雙邊金融監管合作諒解備

忘錄，以加強信息交流，共同消除各種不合理的准入壁壘和限制，提供開放、公平、有序的監管環境，從而更好地推進金融機構和金融服務網絡化佈局。

三是各方支持立陶宛成立 16+1 金融科技協調中心，2019 年在立陶宛舉辦 16+1 高級別金融科技論壇。

近年來，中國金融科技發展迅猛，在國際上處於領先地位，而中東歐國家金融科技的發展程度參差不齊，與中國加強合作可幫助中東歐國家增進對金融科技的理解，彌補目前 16+1 框架下關於金融科技的空白。在中東歐國家中，立陶宛在發展金融科技方面具有立法、監管、基礎設施、人才、營商環境、創業條件等方面的先天優勢。同時，立陶宛也是歐元區國家，將 16+1 金融科技協調中心設在立陶宛，也將為中國與歐元區加強金融科技領域的合作架構一座新的橋樑。

（資料來源：中國人民銀行官網）

## 附錄五　易綱行長在 2018 年金融街論壇年會上的講話

尊敬的陳吉寧市長、各位來賓：

很高興參加金融街論壇。我想借這個機會就擴大金融業對內、對外開放講幾點意見，供大家參考。

習近平總書記在博鰲亞洲論壇上宣布，中國將大幅放寬包括金融業在內的市場准入。一個多月以來，人民銀行和各金融監管部門明確了下一步開放的時間表，許多政策已經落地，其他政策正在有效、有序地推進。

今年是中國改革開放 40 週年，中國金融業取得的巨大成績，實力的顯著提高離不開改革開放。現在，我們站在改革開放新的起點上，我們叫作「新時代、新使命、新作為」。截至 2017 年底，中國銀行業金融機構的總資產超過了 250 萬億人民幣，居全球第一位。全球十大系統重要性的銀行，中國占了四家，利潤和資本指標都居於前列。中國股票市場的總市值居全球第二位，債券的市值居全球第三位，僅次於美國和日本，整個資本市場包括債券市場的結構、廣度、深度和發達國家趨於一致。保險業按保費收入已經居全球第二位。中國的移動支付和許多金融創新在全世界居於領先水準。

當然，我們追求的不是規模的大小，就像今天主題講的，我們追求的

更重要的是高質量、高效率、安全可靠的金融服務。

在新時代，與經濟金融發展的要求相比，金融業對內、對外開放還有很大空間。截至2017年末，外資銀行在中國的總資產占中國銀行業總資產的比重為1.3%，2007年這個比重是2.3%。可以看出，雖然外資銀行在中國也在發展，但是他們發展的速度要慢於我們銀行業資產負債的整體發展速度，所以其比重是下降的。現在，境外投資者在銀行間債券份額只有1.8%。這些金融領域的開放程度遠遠低於全球發達國家和發展中國家的平均水準，不管用哪個水準來比較，我們的開放程度都是比較低的。所以，我們金融業進一步對內、對外開放是提高質量的重要途徑，也是我們今後一段工作的重點。

在博鰲論壇上，我對金融開放的路線圖和時間表做了一些說明，提出擴大金融對內、對外開放需要遵循的三條原則。在此，我對這三條原則做進一步的闡述。

第一條原則，准入前國民待遇和負面清單。大家注意到這條原則對許多領域都適用。我們說金融本質上是一個競爭性的服務業，要遵循准入前國民待遇和負面清單這個原則。

首先，金融是服務業。通過金融服務，我們可以降低交易成本，提高效率，節約時間。金融業是社會分工發展到一定階段必然出現的一個行業，也是一個非常重要的行業。概括起來說，金融服務主要是兩個方面：

第一個方面是配置資源。我們現在是社會主義市場經濟，市場在配置資源過程中要發揮決定性的作用，其中許多資源都是通過資金來配置的。金融通過資金的融通傳遞信息，發現和決定資產的價格，提供流動性，從而能夠提高配置資源的效率。

第二個方面是管理風險。金融配置資源以後，資源可能配置的對，也可能配置的有問題，有的效率高，有的效率低，要不斷動態地管理風險。金融是通過大數定律提供專業的服務，運用套期保值、降低風險、分散風險，從而達到管理風險的目的。

金融的配置資源和管理風險這兩大服務的功能在整個現代經濟中都是非常重要的。

其次，金融是一個競爭性行業。競爭體現在金融是多元化、多樣化的，有許多機構提供金融服務。市場上需要的絕大多數金融服務都是可以通過市場機制提供的，所以必然要引入競爭，要競爭就必然要開放，對內、對外都要開放。我們相信通過競爭，中國的金融業可以提供更好的服務。

金融服務得越好，整個經濟就發展越好、越有效率。所以我們說，無論對內資還是外資，無論是什麼樣的所有制，只要能夠改善金融的服務，都要鼓勵進入。也就是，要遵循准入前國民待遇和負面清單的開放原則，對各種市場主體一視同仁，都可以依法平等地進入，在同等條件下競爭。

第二個原則，金融對內對外開放和匯率形成機制、資本項目可兌換，這三件事要互相配合，共同推進。所以，也可以把這三件事說成三駕馬車。首先我剛才講了，金融要對內、對外擴大開放，在開放中對於匯率形成機制，一定要進行市場化改革。靈活的匯率機制是整個經濟的穩定器，也是國際收支調節和跨境資金流動的穩定器和調節器，有了市場化的匯率形成機制，很多的風險可以通過這個機制來不斷釋放，不斷地有效配置資源。

同時，資本項目可兌換也要同步進行。人民幣國際化要求我們穩步地推進資本項目可兌換。如果有很多資本項目是管制的，金融業對內、對外開放就名不副實；只有實現資本項目基本可兌換，金融業實行雙向開放，匯率形成機制以市場供求為基礎，整個金融業才能協調發展。

在實踐過程中，金融業的開放、匯率形成機制改革、資本項目可兌換改革的進度有時可能有快有慢，但總體上必須是相協調的。在中國，這個過程是漸進的，穩步向前推進的。

關於這個原則的重要性，可以舉很多例子。比如 1997 年的泰國和現在的一些發展中國家會發生一些問題，可能因為僵硬的匯率制度，或因為資本項目可兌換的開放程度把握得不好。我們在中國的金融對內、對外開放過程中，一定要處理好這三駕馬車之間的關係。

第三條原則，金融的開放程度要與金融監管能力相匹配。隨著金融的開放，會出現跨市場、跨地域、跨國界的資本流動，會產生很多的金融創新。提高金融的開放水準，必須要提高金融監管能力。國際經驗表明，只有在監管到位的情況下，金融開放才能夠起到促改革、促發展的好的作用。所以，我們在開放的過程中一定要加強監管，使我們的監管能力和開放水準相適應。

一方面，我們要做好自身的工作和自己的功課，打好防範和化解金融風險攻堅戰，加強宏觀審慎管理，補齊金融監管的短板，做好政策配套，不斷健全與金融開放相適應的法律法規、會計體系，完善支付、託管、清算、金融統計等金融基礎設施，推動各金融市場、在岸和離岸市場的協調發展。

另一方面，我們要更加學習探索、總結經驗，提高我們的監管能力，培養監管人才。

我在這裡要強調的是，金融的對內、對外開放，實行剛才說的這三條原則，絕不意味著國門大開、一放了之。在開放的過程中，我們的金融管理部門，一是要加強依法金融監管，二是要堅持持牌經營。金融是一個特殊行業，一般經營管理的是別人的錢，只有一小部分是自己的資本金，有很高的放大倍數。這就說明金融是一個特殊的行業，有很高的敏感性和外部性。正因如此，金融服務是一個牌照業務，一定要持牌經營。對金融業務開放，並不是說誰都可以來做這個業務，無論是內資、外資，做金融業務之前都要取得金融管理部門的牌照，嚴格依法經營。金融監管部門要加強事中、事後監管。

同時，我要強調一下，在金融開放的過程中，要加強對投資者的教育和消費者的保護。

在消費者保護這個問題上，內資和外資也是一視同仁的，都要樹立負責任金融的理念，把金融產品和服務的信息準確地傳達給消費者，讓消費者知道應該承擔的風險和後果。金融的服務不是越複雜越好，而是越有效、越精準、越適合消費者的需求越好。投資者要樹立收益自享、風險自擔的理念，要加強風險意識，在選擇金融產品和服務的時候，要注意維護好自身的合法權益。天上掉餡餅的事是不會發生的。如果你看到一個投資機會，他告訴你又保本，又有一個兩位數的收益，你一定要小心，一定要問一問，它投資的是什麼項目才能夠有這樣的結果。金融管理部門要完善相關的法律法規，加強投資者適當性管理，推進金融知識的普及教育，完善個人信息的保護，嚴格依法監管，嚴格執行金融市場的紀律。

下一步，人民銀行將按照中央統一部署，遵循金融開放的基本原則，積極推動進一步的金融業的對內和對外的開放。

北京集聚了大量的金融機構和金融人才，有條件在落實國家金融對內對外開放重大措施、加強國際金融交流和市場建設等方面發揮重要作用。感謝北京市長期以來對人民銀行工作的支持，人民銀行也將一如既往地支持北京市的金融工作。剛才，陳市長的講話對下一步北京市的金融工作做了部署，我完全贊同，將全力支持。

預祝本屆金融街論壇取得圓滿成功。謝謝大家！

(資料來源：中國人民銀行官網)

# 附錄六　易綱行長在博鰲亞洲論壇宣布進一步擴大金融業對外開放的具體措施和時間表

昨天，習近平總書記宣布，中國將大幅放寬包括金融業在內的市場准入。人民銀行和各金融監管部門正抓緊落實，按照黨中央、國務院的部署，大幅度放開金融業對外開放，提升國際競爭力。

下一步，我們將遵循以下三條原則推進金融業對外開放：一是准入前國民待遇和負面清單原則；二是金融業對外開放將與匯率形成機制改革和資本項目可兌換進程相互配合，共同推進；三是在開放的同時，要重視防範金融風險，要使金融監管能力與金融開放度相匹配。

根據習主席所說的落實開放措施「宜早不宜遲，宜快不宜慢」的精神，以下金融領域的開放措施將在未來幾個月內落實：

1. 取消銀行和金融資產管理公司的外資持股比例限制，內外資一視同仁；允許外國銀行在中國境內同時設立分行和子行；

2. 將證券公司、基金管理公司、期貨公司、人身險公司的外資持股比例上限放寬至51%，三年後不再設限；

3. 不再要求合資證券公司境內股東至少有一家是證券公司；

4. 為進一步完善內地與香港兩地股票市場互聯互通機制，從5月1日起把互聯互通每日額度擴大四倍，即滬股通及深股通每日額度從130億調整為520億元人民幣，港股通每日額度從105億調整為420億元人民幣；

5. 允許符合條件的外國投資者來華經營保險代理業務和保險公估業務；

6. 放開外資保險經紀公司經營範圍，與中資機構一致。

在今年年底以前，我們還將推出以下措施：

1. 鼓勵在信託、金融租賃、汽車金融、貨幣經紀、消費金融等銀行業金融領域引入外資；

2. 對商業銀行新發起設立的金融資產投資公司和理財公司的外資持股比例不設上限；

3. 大幅度擴大外資銀行業務範圍；

4. 不再對合資證券公司業務範圍單獨設限，內外資一致；

5. 全面取消外資保險公司設立前需開設2年代表處要求。

此外，經中英雙方共同努力，目前滬倫通準備工作進展順利，我們將爭取於2018年內開通「滬倫通」。

此前宣布的各項開放措施均在順利推進，我們已經放開了銀行卡清算機構和非銀行支付機構的市場准入限制，放寬了外資金融服務公司開展信用評級服務的限制，對外商投資徵信機構實行國民待遇。

目前，各部門正在抓緊修改法律法規相關程序，將在上述時間節點前落地實施。為促進金融業開放相關工作順利實施，我們還將做好配套措施，在擴大金融業開放的同時加強金融監管。在放寬外資准入和業務範圍的時候，依然要按照相關法規對各類所有制企業進行一視同仁的審慎監管。通過加強金融監管，我們可以有效防範和化解金融風險，維護金融穩定。

（資料來源：中國人民銀行官網）

# 附錄七　2016 年農村地區支付業務發展總體情況

## 一、農村地區基本情況

截至 2016 年末，所統計農村地區擁有縣級行政區 2,194 個，鄉級行政區 3.18 萬個，村級行政區 54.68 萬個，農村地區人口數量 9.1 億人。

截至 2016 年末，農村地區銀行網點數量 12.67 萬個。每萬人擁有的銀行網點數量為 1.39 個，縣均銀行網點 57.75 個，鄉均銀行網點 3.98 個，村均銀行網點 0.23 個。這些指標相比 2015 年末均略有增加。

## 二、農村銀行結算帳戶和銀行卡情況

（一）單位銀行結算帳戶開戶數量依然穩步增長，增幅有所下降。截至 2016 年末，農村地區累計開立單位銀行結算帳戶 1,823.07 萬戶，2016 年（以下簡稱當年）淨增 192.77 萬戶，增長 11.82%。增幅相比 2015 年（以下簡稱上年）降低了 7.84 個百分點。

（二）個人銀行結算帳戶及銀行卡數量持續增長，增幅放緩。截至 2016 年末，農村地區個人銀行結算帳戶 35.61 億戶，人均 3.91 戶；當年淨增 2.57 億戶，增長 7.78%，增幅相比上年降低了 13.2 個百分點。其中，借記卡 23.87 億張，2016 年淨增 3.02 億張，增長 14.48%，增幅下降 13.58 個百分點；信用卡 1.65 億張，2016 年淨增 0.29 億張，增長 21.32%，增幅下降 3.94 個百分點；人均持卡量 2.8 張。

（三）農村電子銀行開通戶數增長較快，手機銀行業務量增長突出。截至 2016 年末，農村地區網上銀行開通數累計 4.29 億戶，較上年淨增 0.73

億戶，增幅 20.5%。2016 年發生網銀支付業務筆數 98.29 億筆，金額 152.06 萬億元，與上年持平。手機銀行開通數累計 3.73 億戶，較上年淨增 0.97 億戶，增長 35.14%，發生手機支付業務筆數 50.86 億筆，金額 23.40 萬億元，分別增長 61.51%、71.05%；電話銀行開通數累計 2.15 億戶，較上年淨增 0.34 億戶，增長 18.78%，發生支付業務筆數 1.82 億筆，金額 2,721.58 億元，同比分別下降 26.9%、38.56%。容易看到，網上銀行、手機銀行、電話銀行開通數依然增長較快，但僅有手機銀行交易繼續增長且十分迅速，網上銀行交易未見增長，而電話銀行交易出現明顯下降。

### 三、農村地區支付系統覆蓋情況

（一）人民銀行支付系統銀行網點全覆蓋持續穩固。截至 2016 年末，農村地區接入人民銀行大小額支付系統的銀行網點 8.41 萬個，代理銀行網點 3.43 萬個，合計 11.84 萬個，覆蓋比率為 93.46%，比較穩固。2016 年農村地區通過人民銀行大小額支付系統辦理業務 20.06 億筆，金額 227.14 萬億元。

（二）農信銀支付清算系統業務增長迅速。截至 2016 年末，以參與者身分接入農信銀支付清算系統的銀行網點 43,433 個，基本覆蓋農信社等合作金融機構營業網點。2016 年農村地區通過農信銀支付清算系統辦理業務 16.81 億筆，金額 5.43 萬億元，增幅均超過 50%，交易增長十分迅速。

### 四、農村地區銀行卡受理市場建設情況

（一）農村特約商戶數量穩步增長，增幅有所下降。截至 2016 年末，農村地區特約商戶 468.32 萬戶，當年淨增 44.91 萬戶，增長 10.6%。

（二）ATM 總量持續增長，增幅放緩。截至 2016 年末，農村地區 ATM 34.32 萬臺，當年淨增 3.4 萬臺，增長 11%，萬人擁有數量 3.77 臺。當年發生交易 171.87 億筆，金額 22.45 萬億元，分別增長 3.94%、5.85%；單筆金額 1,306.22 元，人均辦理 18.89 筆/年，依然是人均使用頻率最高的各類支付終端機具。

（三）POS 機數量高位企穩，交易量下降。截至 2016 年末，農村地區 POS 機 676.96 萬臺（其中，轉帳電話數量 286.77 萬臺），2016 年淨增 29.91 萬臺（轉帳電話減少 14.82 萬臺，出現下降），增長 4.6%；萬人擁有 74.32 臺。2016 年發生交易 38.75 億筆，金額 7.83 萬億元，同比分別下降 37.62%、7%；POS 單筆金額 2,020.31 元，人均辦理 4.25 筆/年。

（四）自助服務終端等創新型機具數量保持穩定，交易量略有增長。截

至 2016 年末，農村地區除 ATM、POS 機之外的其他自助服務終端（如多媒體終端）18.92 萬臺，減少 0.24 萬臺。2016 年發生交易 6.26 億筆，金額 2.18 萬億元，同比略有增長；單筆金額 3472.58 元/筆，萬人擁有數量 2.07 臺，人均辦理 0.69 筆/年。

（五）農民工銀行卡特色服務業務量持續萎縮。2016 年農民工銀行卡特色服務取款業務交易 666.60 萬筆，金額 124.86 億元。同比分別下降 29.11%、29.71%。這反應，隨著助農取款服務、銀行電子渠道、非銀行支付機構業務在縣域的快速發展，對依託部分農村金融機構櫃臺辦理跨行取款的農民工銀行卡特色服務產生明顯替代效應。

### 五、助農取款服務發展情況

（一）助農取款服務行政村全覆蓋保持穩定，結構優化。截至 2016 年末，農村地區擁有助農取款服務點 98.34 萬個，覆蓋村級行政區 53.17 萬個，村級行政區覆蓋率超 90%，村均擁有量為 1.8 個。非銀行支付機構在農村設立的服務點數量共 2.18 萬個，占全部服務點數量比重為 2.22%。

2016 年，助農取款服務點辦理支付業務（包括取款、匯款、代理繳費）合計 4.95 億筆，金額 4247.78 億元。同比分別增長 13.53%、5.96%，增幅放緩。

（二）取款業務筆數仍然占服務點支付業務一半以上，查詢功能使用頻繁。2016 年助農取款服務點辦理取款業務 2.55 億筆，金額為 1,257.88 億元，同比增長 8.05%、23.7%。取款業務筆數占全部支付業務筆數的 51.52%，仍然占據服務點一半業務量。2016 年服務點查詢共計 1.83 億筆。取款查詢比仍約為 4∶3，查詢業務頻繁，在查詢業務免費的情況下，收單機構查詢業務成本較高。

（三）匯款筆數繼續增長，金額微幅下降；代理繳費依然增長較快。2016 年取款服務點辦理匯款（含現金匯款和轉帳匯款）業務達 1.35 億筆，同比增長 17.39%，金額為 2,880.3 億元，同比下降 0.7%；代理繳費業務達 1.05 億筆，金額達 109.63 億元，同比分別增長 24.32%、21.35%。

（四）各類業務筆均金額變化不大。服務點支付業務單筆交易金額 919.37 元。其中，匯款、取款、代理繳費的筆均金額依次為 2,130.56 元、493.17 元、104.56 元。

（五）單點及人均業務筆數保持增長。2016 年，單個服務點平均辦理支付業務 1.38 筆/天，同比增長 15%。其中，辦理取款、匯款、代理繳費分別為 0.71、0.38、0.29 筆/天，同比分別增長 9.23%、18.75%、26.08%。服

務點人均辦理支付業務 0.55 筆/年，同比增長 17.39%，其中，人均辦理取款、匯款、代理繳費分別為 0.28、0.15、0.12 筆/年，同比分別增長 12%、25%、33.33%。

### 六、非現金支付代理發放情況

2016 年，銀行機構和非銀行支付機構以非現金支付方式（包括存折、銀行卡）代理「新農保」「新農合」（分別指新型農村養老保險和新型農村合作醫療）以及各類財政涉農補貼資金發放合計 20.27 億筆，金額 4,985 億元。其中，代理發放「新農保」11.19 億筆、金額 1,553.04 億元，單筆金額 138.73 元。代理發放「新農合」2.11 億筆、金額 625.45 億元，單筆金額 309.2 元。代理發放各類財政涉農補貼 6.97 億筆、金額 2,779.52 億元，單筆金額 398.84 元。

（資料來源：中國農業農村部官網）

## 附錄八　中國經濟的對外開放：從製造業擴展到服務業
### ——周小川行長在 2017 陸家嘴論壇上的主旨演講

各位來賓，女士們、先生們：

上午好！

很高興參加 2017 年陸家嘴論壇。中國建設社會主義市場經濟，就是要通過參與競爭，優化資源配置，實現經濟社會的進步和繁榮。在此過程中，對外開放起到了重要作用。這裡，我想結合對國際國內的有關經驗和背景，就對外開放問題談幾點理解，供大家參考。

### 一、製造業開放讓中國成長為世界工廠

製造業在中國開放較早，早期也有爭議，但相對易於形成共識，使製造業成為開放充分的產業。對製造業開放的一條觀察是，較早參與開放和競爭的大多數行業最終都發展壯大得快、競爭力強。開放是資源配置優化的進程，通過市場和競爭機制帶來優化配置。

具體來說，在「引進來」方面，開放通過進口和引進國外企業到國內投資辦廠，與國內企業形成競爭。回想改革開放之前，國內企業就沒有來自外資企業競爭，只面臨少量的國內競爭。參與競爭給工業企業帶來了巨大的動力、壓力和進步。

在「走出去」方面，通過出口和國內企業走出國門，參與國際競爭。開始時國內企業也不大參與國際競爭，出口也只是一些大宗資源類產品。80年代，很少有人相信中國製成品出口能有什麼太大的前途。然而對外開放後，從加工貿易到工業製成品都參與國際競爭，隨後「走出去」辦企業，中國的製造業和企業不僅沒有被衝垮，反而快速發展，中國成長為全球製造業強國、世界工廠，不少領域正邁向全球產業鏈的中高端。

通過競爭改掉了壟斷。過去國內競爭也不充分，外貿企業之間也缺乏競爭，過去的外貿有中化、五礦、中糧、土畜產、紡織、輕工、機械、儀器儀表等外貿公司都是按行業切塊，分別負責各自領域的進出口，相互之間財務規則不同，不允許競爭。為了吸引外資，1979年中國專門頒布了第一部中外合資企業法，外資企業對國內企業形成了競爭壓力，製造業的行業切分和壟斷開始消散。

有了競爭之後，國內企業有了很大進步。越是開放充分、競爭激烈的行業，進步就越快。製造業開始走向繁榮和強大。

## 二、開放促進了國內的政策改革

開放過程中強烈衝擊了傳統的集中計劃型政策體系，並引發國內一系列重大改革，包括價格體制改革、增值稅改革、出口退稅、匯率市場化、開啟關貿總協定及WTO談判等影響深遠的改革。80年代初要想吸引外資，國內政策體系就要加快向市場經濟規則靠攏，要有平等競爭，隨後還要考慮與其他國家的企業在國際市場上平等競爭。

平等競爭和開放是相互關聯的，不僅是國內企業與外資企業競爭，也必然包括國內企業之間的公平、充分競爭。對外開放促進了放開國內民營資本的准入，隨後引入了國民待遇的概念。無論是對內資還是外資，准入條件應該是一致的。對外開放推動了貿易與投資自由化和便利化、匯率市場化、放寬外匯管制三大政策改革，其中包括降低市場准入門檻等，漸使競爭和市場變為普遍適用的政策機制。

## 三、服務業開放的類似歷程

過去，經濟學把服務業列為非貿易或不可貿易行業，但隨著信息、交通運輸的大幅進步，隨著全球化的進展，有不少服務已變成可貿易，人們開始說「世界是平的」。中國服務業開放體現了與製造業類似的規律，也是通過對外開放，引入競爭，推動經營效率和服務質量提升，並帶動國內相關政策改革。

工業領域，人們知道有國防等個別例外行業不適用於一般的市場競爭原則，但絕大部分行業都是可以開放引入競爭的。服務業也有一些領域涉及敏感行業，也有一些服務難以跨境遞交，市場機制難以全部覆蓋。但其他大多數服務業是可以開放的。對服務業開放的認識和政策改革進程與製造業也相似。在「引進來」方面，服務業先從酒店、餐飲、交通等行業的吸引外資起步，隨後不斷向其他服務行業拓展。在「走出去」方面，一開始是工業企業的出口產品+售後服務一起「走出去」。後來發展為銀行、保險、醫療、航運、旅遊、軟件、零售、支付、文化等多領域。上海的航運業是比較典型的例子。

## 四、地區性試點的經驗增強了開放的信心

早期，中國決定開放、開發四個經濟特區，當時有不同意見，後來特區取得了效果，並向其他地區進行了推廣。中國加入 WTO 時也很有爭議，但事實證明「入世」對中國產生了深刻的積極影響。本屆政府成立以來，有力推動上海自貿區試點，開始也有不同聲音，現在自貿區數量已擴大到 11 個，很多先行先試的經驗推向全國，說明大家看到開放帶來了實實在在的好處。

## 五、金融服務業是競爭性服務業

金融是服務業的重要組成部分。不管是從 WTO 談判的內容還是中國統計體系對服務業的分類都可以看出，金融是服務業的重要組成部分。人們經常說，金融是現代經濟的核心。1993 年黨的十四屆三中全會將金融業描述為國民經濟命脈行業。我理解當時的背景有：一是金融業特別是銀行業對資源配置的作用很突出；二是銀行業尚是四大專業銀行各管一個專業，相互競爭較少；三是大金融機構尚承擔少量政策性業務，未充分市場化；四是金融如不穩定，往往出大亂子。這是否妨礙金融業的市場性質？金融業是否屬於競爭性服務業？

應該看到，20 世紀 90 年代，按十四屆三中全會確定的社會主義市場經濟的 50 條，已將專業銀行的政策性義務剝離另設；四大專業銀行全面轉入競爭性市場中的全方位商業銀行。十八屆三中全會明確說市場在資源配置中起決定性作用，說明越是重要角色越要靠市場化。全球經濟危機告訴大家，要防金融危機，首先要保證金融機構的健康性，高槓桿、低資本、不良貸款等現象均不得寬容，而不開放、不競爭往往縱容了低標準。為此，金融服務業作為市場經濟中的競爭性服務業的屬性已十分清晰。

從全球經驗看，絕大多數金融行業都是競爭性服務業。當年中國引入外資銀行，最開始期望引入資本，回頭來看，國內商業銀行從競爭中學到了很多內容，為中國金融業帶來產品演變、市場建設、業務模式、管理經驗等一系列變化。後又通過競爭性股改上市，國內銀行的經營效率、資產質量、公司治理等都有了較大提高。外資銀行的進入也對國內政策帶來改革壓力，包括會計準則、監管標準以及營改增等。

　　個別人從自身利益出發，主張對金融業進行保護，等成長壯大了再開放，再參與國際競爭。各國經驗（包括中國自身經驗）都表明，保護易導致懶惰、財務軟約束、尋租等問題，反而使競爭力更弱，損害行業發展，市場和機構不健康、不穩定。其中一個例子是亞洲金融危機前後所發生的的那些現象。

　　現在，國內很多金融機構都已經「走出去」了，適應了國際競爭，特別是風險管理、定價、反洗錢都有了實質性變化。目前，已有五家金融機構躋身全球系統重要性金融機構，成為資本金充足、經營穩健的市場化經營主體。金融市場的發展和健康化已受到國際債市、新興市場股票指數機構的關注。這些均說明，金融服務業是競爭性服務業，受益於對外開放，還要進一步擴大開放。

### 六、「一帶一路」為中國金融業開放提供了新機遇

　　中央提出建設「一帶一路」號召以來，各方面都積極回應，推動各項政策落地生效。「一帶一路」是開放之路，涉及大量的新型金融合作，會帶來進一步開放的需求，也為中國金融開放和國際合作提供了新的機遇。

　　開發性金融可以在「一帶一路」建設中發揮積極作用。中國首先探索的開發性金融是以服務國家戰略、市場運作、自主經營、注重長期投資、依託信用支持、不靠政府補貼、保本微利、財務上可持續性的金融模式。這種模式可在「一帶一路」中更好地發揮。該模式不會形成對財政資源的擠佔，避免滋生道德風險和導致市場扭曲等問題。「一帶一路」建設也為金融機構開展海外佈局，為貿易、投資、資本運作等提供更好金融服務提供了發展空間。

　　總之，回顧國內外的改革歷程，應該提高認識，堅定信心，堅定不移地走對外開放的道路。從製造業、服務業開放的經驗可推導出，金融行業不是例外，同樣適用於競爭與開放規律。金融服務業在對外開放過程中，由競爭機制帶來壓力、動力、進步和繁榮，會發展得更好。

我相信，在各方的大力支持和共同努力下，中國的對外開放一定能再上新臺階，上海自貿區的實驗與推廣、上海國際金融中心建設也將取得新成就。

謝謝大家！

(資料來源：中國人民銀行官網)

## 附錄九　創新機制 推進產業交叉融合互動發展
——農業部農產品加工局負責人就《全國農產品加工業與農村一二三產業融合發展規劃（2016—2020年）》答記者問

近日，農業部印發《全國農產品加工業與農村一二三產業融合發展規劃（2016—2020年）》（以下簡稱《規劃》），對「十三五」期間全國農產品加工業與農村一二三產業融合發展（以下簡稱「產業融合發展」）做出部署安排。為此，記者專訪了農業部農產品加工局負責人。

記者：請介紹一下《規劃》的出抬背景。

答：黨中央、國務院高度重視「三農」工作。黨的十八屆五中全會、國家「十三五」規劃綱要和2016年中央1號文件均對推進農村一二三產業融合發展、發展農產品加工業、休閒農業和鄉村旅遊等提出了明確要求。2015年國辦《關於推進農村一二三產業融合發展的指導意見》對產業融合發展做出具體部署。

推進產業融合發展，基礎在一產，關鍵在二產，亮點在三產。尤其是農產品加工業，連接工農、溝通城鄉，行業覆蓋面寬、產業關聯度高、帶動農民就業增收作用強，是產業融合的必然選擇，已經成為農業現代化的重要標誌、國民經濟的重要支柱、建設健康中國保障群眾營養健康的重要民生產業。「十三五」時期，是中國全面建成小康社會的決戰決勝階段，加快推進農業供給側結構性改革，充分發揮農產品加工業引領帶動作用，大力發展休閒農業和鄉村旅遊，促進產業融合發展，是拓展農民增收渠道、構建現代農業產業體系、生產體系和經營體系的重要舉措，是轉變農業發展方式、探索中國特色農業現代化道路的必然要求，是實現「四化同步」、推動城鄉協調發展的戰略選擇。

記者：我看到，「十一五」「十二五」農業部都編製了《全國農產品加工業發展規劃》，此次編製的《規劃》有什麼新特點？

答：特點有三個字：「延、融、新」。「延」，就是《規劃》延續了前兩

個五年規劃對農產品加工業的整體佈局和發展脈絡。「融」，就是《規劃》將融合理念貫穿始終，融合環節方面，涉及生產、加工、流通銷售及服務；融合主體方面，涉及農民、企業、政府以及新型經營主體；融合業態方面，除傳統業態外，涉及新型流通、「互聯網+」、休閒農業和鄉村旅遊等；融合方式方面，涉及一產連二產帶三產，二產前延後伸，三產連通一二產，產業、產村、產城融合等。「新」，就是《規劃》適應新常態、遵循新理念、重視新技術，新常態方面，要求適應消費結構升級、新型城鎮化帶來的市場變化；新理念方面，將創新、協調、綠色、開放、共享五大發展理念貫徹《規劃》始終；新技術方面，要求適應信息技術、智能製造、生物技術等新技術變革帶來生產模式、消費模式變化。

記者：當前，推進全國農產品加工業與農村一二三產業融合發展具備什麼樣的條件？

答：「十二五」時期，中國農業農村經濟形勢持續向好。農業生產基礎堅實，糧食生產實現連續三年超過 6,000 億千克，2015 年全國農村居民人均可支配收入達到 11,422 元，農業科技進步貢獻率、農作物耕種收綜合機械化率分別達到 56% 和 63%。農產品加工業快速發展，2015 年全國規模以上農產品加工業完成主營業務收入近 20 萬億元，農產品加工業與農業總產值比提高到 2.2：1，農產品加工轉化率達到 65%。新型經營主體蓬勃發展，到 2015 年底，超過 250 萬個。新業態新模式不斷湧現，2015 年各類涉農電商超過 3 萬家，休閒農業和鄉村旅遊「十二五」期間年均增速超過 10%。

「十三五」時期，「創新、協調、綠色、開放、共享」五大發展理念、農業供給側結構性改革等系列「三農」政策為加工業和產業融合營造了良好的發展環境；新型城鎮化和全面深化農村改革為加工業和產業融合提供了難得的發展機遇；城鄉居民消費結構升級，加工產品消費需求快速擴張，新型服務消費不斷擴大，為加工業和產業融合創造了巨大的發展空間；新一代信息技術發展迅猛，「互聯網+」農業服務產業迅速興起，新興技術加速創新應用，為加工業和產業融合注入了不竭的發展動力。

總的來說，推進農產品加工業與產業融合發展基礎堅實、機遇難得。

記者：推進全國農產品加工業與農村一二三產業融合發展的總體思路是什麼？

答：總的思路是，牢固樹立「創新、協調、綠色、開放、共享」的發展理念，按照「基在農業、利在農民、惠在農村」的要求，以市場需求為導向，以促進農業提質增效、農民就業增收和激活農村發展活力為目標，以新型農業經營主體為支撐，以完善利益聯結機制和保障農民分享二、三

產業增值收益為核心，以制度、技術和商業模式創新為動力，強化農產品加工業等供給側結構性改革，著力推進全產業鏈和全價值鏈建設，開發農業多種功能，推動要素集聚優化，大力推進農產品加工業與農村產業交叉融合互動發展。重點把握堅持創新驅動、激發融合活力，堅持協調發展、優化產業佈局，堅持綠色生態、促進持續發展，堅持開放合作、拓展融合空間，堅持利益共享、增進人民福祉等五項發展原則。

　　記者：請您描述一下，「產業融合發展總體水準明顯提升」的目標是個什麼樣子？

　　答：我們在目標定位上，重點把握了兩個詞，「產業」與「融合」，然後定性定量描繪。產業鏈條完整、功能多樣、業態豐富、利益聯結更加穩定的新格局基本形成，農業生產結構更加優化，農產品加工業引領帶動作用顯著增強，新業態新模式加快發展，產業融合機制進一步完善，主要經濟指標比較協調、企業效益有所上升，產業逐步邁向中高端水準，帶動農業競爭力明顯提高，促進農民增收和精準扶貧、精準脫貧作用持續增強。具體表現在三方面：一是農產品加工業引領帶動作用顯著增強。到2020年，力爭規模以上農產品加工業主營業務收入年均增長6%左右，農產品加工業與農業總產值比達到2.4：1，主要農產品加工轉化率達到68%左右。二是新業態新模式發展更加活躍。到2020年，力爭農林牧漁服務業產值年均增速保持在9.5%左右，企業電商銷售普及率達到80%，農產品電子商務交易額年均增速保持在40%左右，休閒農業營業收入年均增長10%左右。三是產業融合機制進一步完善。

　　記者：為推進農村一二三產業融合發展，對一產、二產、三產發展分別有什麼要求？

　　答：第一，做優農村第一產業，夯實產業融合發展基礎。一是發展綠色循環農業。促進三元種植結構協調發展，大力發展種養結合循環農業，加快構建糧經飼統籌、農林牧漁結合、種養加一體、一二三產業融合的現代農業產業體系。二是推進優質農產品生產。開展農產品加工特性研究，篩選推廣加工專用品種，鼓勵引導企業帶動建設專用原料基地。三是優化農業發展設施條件。推進高標準農田建設，加強農產品倉儲物流設施建設，支持農村公共設施和人居環境改善，不斷完善休閒農業和鄉村旅遊配套設施建設。

　　第二，做強農產品加工業，提升產業融合發展帶動能力。一是大力支持發展農產品產地初加工。開展主要及特色農產品的干燥、儲藏保鮮等初加工設施建設，擴大農產品產地初加工補助政策實施區域、品種範圍及資

金規模。二是全面提升農產品精深加工整體水準。支持糧食主產區發展糧食特別是玉米深加工；培育主食加工產業集群，開發多元化、多功能、多特點主食產品。三是努力推動農產品及加工副產物的綜合利用。重點開展秸秆、稻殼、果蔬皮渣、畜禽骨血等副產物梯次加工和全值高值利用。

第三，做活農村第三產業，拓寬產業融合發展途徑。一是大力發展各類專業流通服務。健全農產品產地行銷體系，鼓勵各類服務主體向全方位城鄉社區服務拓展。二是積極發展電子商務等新業態新模式。推進新一代信息技術向農業各領域滲透應用，鼓勵電商與新型農業經營主體互聯互通，完善農村物流、金融、倉儲體系。三是加快發展休閒農業和鄉村旅遊。加快公共基礎設施建設，發展農（林、牧、漁）家樂、休閒農莊、聚集村等，發展觀光、體驗、創意農業等新業態。

記者：農村一二三產業融合發展關鍵是要創新融合機制，這方面有什麼考慮？

答：主要從三個方面考慮。一是培育多元化產業融合主體。鼓勵一批優勢企業突出主業，大力發展農產品精深加工、流通服務、休閒旅遊、電子商務等，帶動產業鏈前延後伸，力爭成為產業融合領軍企業。二是發展多類型產業融合方式。積極引導一產接二連三、二產前延後伸等多種融合，打造產業融合先導區。三是建立多形式利益聯結機制。鼓勵農產品產銷合作，發展農民股份合作，健全風險防範機制。

記者：在推進產業融合發展區域佈局、產業結構優化上，有什麼要求？

答：總的要求是，根據各地自然資源和區域佈局，因地制宜推進融合發展。依託自然和區位優勢，大力發展優質原料基地和加工專用品種生產，積極推動科技研發、電子商務等平臺建設，培育優勢產業集群。依託重點加工產業，合理佈局初加工、精深加工、副產物綜合利用以及傳統食品加工業，推進冷鏈物流、智能物流等設施建設。依託各地特色農業農村資源和農業文化遺產，發展美麗休閒鄉村，培育特色小鎮，打造休閒農業品牌體系。依託重點產業和優勢產業集群，推動產業融合試點示範，培育一批集專用品種、原料基地、加工轉化、現代物流、便捷行銷為一體的農產品加工園區和產業融合先導區。

具體來講，就是對糧油生產核心區、經濟作物生產優勢區、養殖產品優勢區、大中城市郊區及都市農業區、貧困地區等融合發展區域進行功能定位；對糧棉油糖加工業、果蔬茶加工業、畜禽加工業、水產品加工業、休閒農業和鄉村旅遊等融合發展重點產業進行產業內及產業間的佈局；對重點產業園區、集聚區進行佈局，逐步打造成產業融合先導區。

記者：實現《規劃》的目標任務，有哪些務實舉措？

答：為實現目標任務，《規劃》在關鍵領域和薄弱環節有針對性地提出了4項重大工程。一是專用原料基地建設工程。重點開展專用品種、原料基地、農產品生產標準化等能力建設。二是農產品加工業轉型升級工程。重點開展初加工、主食加工、質量品牌提升、技術集成、綜合利用能力建設。三是休閒農業和鄉村旅遊提升工程。重點開展基礎配套服務設施改造、品牌培育、農業文化遺產保護能力建設。四是產業融合試點示範工程。重點開展產業融合試點示範、百縣千鄉萬村試點工程、產業融合先導區、優勢及貧困區能力建設。

（資料來源：中國農業農村部官網）

# 附錄十　易綱行長在博鰲亞洲論壇2018年年會分論壇「貨幣政策正常化」的問答實錄

主持人：中國怎樣看待主要經濟體的貨幣政策正常化？

易綱：中國目前實行的是穩健中性的貨幣政策，並沒有實行量化寬鬆政策及零利率政策。關於主要經濟體央行資產負債表收縮問題，我們在很早前就已經預期到了這種變化，所以已經完全準備好了。目前，中國十年期國債收益率約為3.7%，美國十年期國債收益率約為2.8%，中美利差處於比較舒服的區間。包括貨幣市場的隔夜利率和七天利率，中美利差也在舒適的範圍內。簡短地說，面對主要經濟體貨幣政策正常化，我們已經做好了準備。

主持人：中國目前是否有上調基準利率的考慮？

易綱：中國正繼續推進利率市場化改革。目前中國仍存在一些利率「雙軌制」，一是在存貸款方面仍有基準利率，二是貨幣市場利率是完全由市場決定的。目前我們已放開了存貸款利率的限制，也就是說商業銀行存貸款利率可根據基準利率上浮和下浮，根據商業銀行自身情況來決定真正的存貸款利率。其實我們的最佳策略是讓這兩個軌道的利率逐漸統一，這就是我們要做的市場改革。

主持人：金融業開放之後，外資機構是否會對國內機構產生衝擊，未來幾年內，國內金融市場是否會有巨大的改變？

易綱：在對外開放的過程中，我們歡迎外資金融機構在中國投資和運作，我們將平等地對待國內資本和外國資本。外資機構是否是強有力的競

爭者，要看這些機構本身的公司金融、治理結構等情況。目前我們提高了持股比例限制，其實是為很多細分領域的開放提供了機會。雖然每個細分領域還有相應的法律法規，但現在我們的原則是清楚的，就是在目前審慎監管體系下，對中外資一視同仁。在幾年之後，我相信中國市場會更具競爭力，金融業的服務能力會進一步提高，會在一個公平競爭的環境裡更好的服務實體經濟。我們的監管環境也會更好，金融安全程度也會加強。

主持人：中國的債務占 GDP 比重增長得非常快，您對這個問題有什麼看法？

易綱：中國目前的確存在槓桿率高、債務水準高的問題。從審慎的貨幣政策和金融穩定的角度出發，我們認為，首要的任務是要保持債務水準的穩定，第二個任務是讓債務結構更加優化，平衡好政府債務、企業債務及個人債務。第三個任務是讓總槓桿率更加合理。通過以上做法，來實現一個漂亮的去槓桿。

主持人：您如何看待中美貿易摩擦？

易綱：作為世界前兩大經濟體，中美之間的貿易失衡問題是比較複雜的。我有以下幾個觀察。首先，這是一個結構性問題。中國處於亞洲產業鏈的末端，會從日本、韓國和臺灣省等進口部件，加工完成後對美出口成品。中國對美的順差其實反應的是整個東亞產業鏈對美的順差，所以還是應從多邊視角來看待貿易平衡問題。其次，這是一個宏觀問題。如果看國民帳戶恒等式，等式的左邊是經常帳戶，等式右邊是政府赤字、投資和私人儲蓄，現在美國財政赤字在擴大，財政赤字越大，經常帳戶逆差也會越大。美國的投資在增加、儲蓄率在下降，經常帳戶逆差也都會擴大。根據這個恒等式，美國的貿易逆差問題是比較難解決的。第三，如果我們看貿易，不能只看貨物貿易，還得看服務貿易。美國在服務貿易有比較優勢，中國對美服務貿易逆差增長很快，過去十幾年年均增速接近 20%，去年這個逆差超過 380 億美元。金融業進一步開放之後，美國還可以更好地利用比較優勢，所以商品和服務貿易加在一起，兩國的貿易關係是更平衡的。最後一點我想說，我們需要看一下美國的跨國公司。他們在中國賣了很多產品，利潤也很高，但都是通過這些跨國公司在中國的商業存在進行的。當我們看中美貿易失衡的時候，並沒有把這些包含進去。如果我們把這個考慮進去，可能能看得更全面。總結一下，我們需要認真分析，認識到這是個結構性問題，並且是個長期的問題，所以要更理性地解決。

主持人：中國是否會使用貨幣政策的手段來應對中美貿易問題？

易綱：中國的貨幣政策主要是依據國內經濟綜合考量，是服務實體經

濟的。我們的貨幣政策以及外匯市場現在運行得很好。目前外匯市場是以市場供求為基礎、參考一籃子貨幣進行調節、實行有管理的浮動匯率制度。人民銀行在過去的相當長一段時間內沒有進行過外匯干預。並且目前的外匯市場可以很好地服務個人和企業，也可以讓中國及外國公司方便地進行貿易和投資。我認為未來外匯市場也會運行得更好。

主持人：貨幣政策正常化及金融業開放會對中國實體經濟帶來什麼益處？中國的銀行業怎麼提升自己在國際上的競爭力？

易綱：貨幣政策的正常化和金融業開放對實體經濟肯定是有好處的。我們所有的措施設計的目的都是為了讓金融業更好的服務實體經濟。這些政策都有利於中國銀行業提升在國內的競爭力，也有利於中國銀行業走出去之後的國際競爭力。

騰訊：去年九月份人民銀行對虛擬貨幣加強監管，禁止一切 ICO 和虛擬貨幣交易所。請問今年人民銀行是否會出抬新的措施，以及人民銀行如何看待區塊鏈？

易綱：我們確實認為，虛擬貨幣對實體經濟的服務比較少，並且其中有一些投機行為，甚至還有一些洗錢行為，所以人民銀行對虛擬貨幣一直比較謹慎。但實際上，在目前全球對數字貨幣（digital currency）的研究中，中國是走在前列的。中國正對數字貨幣，區塊鏈技術以及金融科技進行研究，來探討如何以最好的形式服務實體經濟，並且要安全發展這些技術，來避免可能的負面影響。整體來說，我們對虛擬貨幣的監管是非常嚴格的，同時我們也在研究如何發揮數字貨幣的正能量，讓其更好地服務實體經濟。

經濟學人：中國是否會受到「流動性陷阱」的影響？

易綱：簡單來說，目前中國離「流動性陷阱」還比較遠。不過，「流動性陷阱」這種極端的情形可以為制定貨幣政策提供一個有益的考慮。

中國國際電視臺、鳳凰財經：中國在資本項目可兌換方面有沒有新的措施？下一步如何推動人民幣國際化？金融業進一步開放之後，監管模式會如何變化，會走向「混業監管」模式嗎？

易綱：我們一直在穩步推進資本項目可兌換。與過去相比，不管是外商直接投資（FDI）、對外直接投資（ODI），還是在金融市場方面，如何讓外資進入股市及債市，如何將中國股指納入全世界主要指數，這些工作我們一直都在做。包括剛才宣布的提高滬股通、深股通及港股通的每日額度，實際上都是在有序實現資本項目可兌換，使大家在資本項目下越來越方便。同時，我們改革的步驟是穩妥的，還是要控制風險，使得步驟平穩。人民幣國際化是個水到渠成、市場驅動的過程。如果企業和金融機構有這種需

求,人民幣國際化可以節約交易成本、對沖貨幣錯配的風險,我們都樂見其成。但是主要還是靠市場驅動,我們要使得人民幣和美元、日元、歐元等其他貨幣的競爭是平等的,讓企業可自由選擇用哪個貨幣。關於監管,目前我們的方向是一定要加強監管,但基本框架還是分業監管,各監管機構職責是清晰的。但從過去這些年的經驗來看,我們要特別關注跨市場、跨產品、跨機構的風險傳染。比如我們的大資管指導意見,目的就是要讓銀行、證券及保險的資產管理業務都要在同一個規則下競爭,盡量減少監管套利。

問:成立網聯的監管意義是什麼?

易綱:成立網聯主要是從支付系統的公平競爭和安全的角度考慮的。中國的第三方支付,包括手機支付及移動支付,是走在世界前列的。全世界都在說中國的手機支付非常方便。但在這個發展過程中確實發現了一些風險,如何在有效防範風險的同時鼓勵競爭、鼓勵創新,這是一個挺難解的題目,我們要做好平衡。我們的制度設計就是往這個方向努力的。

騰訊新聞等:我們注意到央行現在更多通過公開市場操作來調節市場流動性,利率調整似乎更具象徵性,這是否意味著是從利率雙軌制逐步向市場化利率的調整?目前,美國加息預期強烈,中國是否會跟進?去年房貸利率的上調是否是變相加息?下一步房貸利率是否會繼續上升?

易綱:關於利率,我剛才說了,其實中國的貨幣政策一直是很穩健的。大家看我們的隔夜利率、七天利率、十年期國債收益率,在很多發達國家實行零利率時,我們這幾個利率依然很穩健。既然我們有穩健的基礎,當其他國家開啓貨幣政策正常化時,我們依然會保持穩健。比如美國目前已加息了6次,但人民幣的收益率曲線還是一直比美元收益率曲線高80-100個基點,保持了穩定的利差。我們認為,目前貨幣政策格局和利差格局總體上都是穩定的,有利於中國經濟發展。觀察政策是否穩定,是否是好政策,一是看對實體經濟產生了什麼樣的影響,看我們的融資情況怎麼樣、金融支持實體經濟的力度怎麼樣。二是看預期,就是大家怎麼看待未來的事。就這兩個方面考慮分析,我們都處於比較適度的區間。

中國日報:中國進一步推動金融業開放過程中可能會出現跨境資本流動波動,如何管理此方面波動?

易綱:目前跨境資本流動平穩。當我們進一步推動金融業開放時,我們會考慮資本流動這個問題,我們希望資本流動平穩,其有利於全球配置資源。從外國投資者角度看,隨著中國股票和債券納入MSCI和彭博指數,外國機構投資者需要配置此類資產,因而需要投資中國股市、債市。與此

同时，中国投资者也需要在全球配置资产。目前，中国投资者的全球资产配置比例偏低。随着中国开放度进一步扩大，中国百姓和机构可以更大程度地在全球配置资产。鉴于国内和国外投资者都有需求，跨境资本流动可以平稳高效。

主持人：您刚才宣布的金融业开放的措施，是否是中国的「大爆炸（big bang）改革」？

易纲：中国的哲学讲究「逐步」和「渐进」。我们在推动各项政策时都是非常谨慎的。我刚才说，推进金融业对外开放要遵循三个原则，一是准入前国民待遇和负面清单管理；二是金融业对外开放要与汇率形成机制改革和资本项目可兑换改革进程相互配合，共同推进；三是在开放的同时，要重视防范金融风险，要使金融监管能力与金融开放度相匹配。因此，这些措施是我们经过慎重考虑后，在评估各项条件已经成熟、监管已到位、数据已到位后，才往前推进的，不能把它形容为大爆炸式的改革。

（资料来源：中国人民银行官网）

## 附录十一　稳中求进 积极有为 更好服务实体经济
—— 中国人民银行行长易纲在中国发展高层论坛上的讲话

女士们、先生们，各位来宾：

很高兴又来到中国发展高层论坛，和大家一起分享供给侧结构性改革过程的金融政策。我愿意利用这个机会与大家分享一下我工作的一些体会和思路。

首先我们欣喜地看到，当前中国经济总体呈现稳中向好态势。在党中央、国务院的正确领导下，中国经济社会发展取得了举世瞩目的成就，各项改革事业有了长足进展。刚刚过去的2017年，中国经济稳中向好、好于预期，交出了一份高质量发展的答卷。一是主要指标好于预期。GDP增速出现2010年以来的首次增速回升，就业形势向好，物价平稳。2018年经济开局延续好的态势。二是供给侧结构性改革初见成效。2017年工业产能利用率达77%，创5年来比较高的水准，规模以上工业企业利润大幅增长21%，互联网、大数据、人工智能等新技术、新业态大量涌现，经济质量和效益提高。三是人民群众生活水准继续提升。2017年居民人均可支配收入实际增长7.3%，高于GDP增速0.4个百分点，脱贫攻坚超额完成目标；重点城市的污染有了明显的减少，「绿水青山就是金山银山」的发展理念更加

深入人心。

當前金融方面的主要工作，可以概括為三句話：第一句話是實施好穩健中性的貨幣政策，第二句話是推動金融業改革開放，第三句話是打好防範化解重大風險攻堅戰、保持金融業整體穩定。我下面的講話主要圍繞這三句話展開。

第一是實施好穩健中性的貨幣政策，增強金融服務實體經濟的能力。

大家都知道，中國社會主要矛盾和所處發展階段已發生重大變化，由高速增長階段轉向高質量發展階段。這是一個重大的判斷。2017年以來，貨幣政策更多關注質量的提高，在保持對實體經濟較強支持的同時，更加側重為轉變發展方式、優化經濟結構、轉換增長動力創造條件，助力經濟提質增效。一是貨幣政策保持流動性合理穩定，引導貨幣信貸和社會融資規模適度增長。綜合運用多種工具組合和期限搭配，保持銀行體系流動性合理穩定，引導金融機構加大對實體經濟的支持力度，既保障了合理的流動性需求，也促進了宏觀槓桿的趨穩。二是適當發揮貨幣政策的結構引導作用。積極運用信貸政策支持再貸款、抵押補充貸款、定向降準等結構性工具，引導金融機構加大對經濟重點領域和薄弱環節的支持，促進經濟結構調整和轉型升級。去年第四季度，我們對涵蓋小微、「三農」、扶貧、「雙創」的普惠金融領域實施定向降準，單戶授信500萬以下的小微企業貸款可以享受定向降準，有效提高政策精準性。定向降準政策在今年1月份已經完全到位。三是適時適度運用價格工具預調微調。發揮好利率槓桿的調節作用，增強人民幣匯率彈性，保持人民幣匯率在合理均衡水準上的基本穩定。穩健中性的貨幣政策取得了良好成效，在金融體系穩步去槓桿的同時，有力支持了經濟平穩健康發展。2018年2月末，廣義貨幣M2、人民幣貸款和社會融資規模同比分別增長8.8%、12.8%和11.2%。

下一步，貨幣政策將繼續保持穩健中性，為供給側結構性改革和高質量發展營造適宜的貨幣金融環境。總量上要鬆緊適度，管好貨幣供給總閘門，維護銀行體系流動性合理穩定，保持M2、信貸和社會融資規模合理增長。今年的政府工作報告沒有對M2和社會融資規模提出預期數量目標，這是體現高質量發展要求的新變化。在控制好總量的前提下，結構上將更加注重質量的提高，適當地、有針對性地支持經濟中的薄弱環節，更好地服務實體經濟。對社會資本參與較少的重點領域和薄弱環節適度採取「精準滴灌」，加大對扶貧、小微企業、「三農」「雙創」等普惠金融及綠色金融的支持，尤其向深度貧困地區做一些傾斜，助力打好精準脫貧、污染防治攻堅戰。

第二是積極推進金融業改革開放，提升中國金融業競爭力。

黨的十九大報告和政府工作報告，都對深化金融體制改革和擴大開放提出了明確要求。我們在推進金融業改革開放上取得了明顯成效。首先，穩步推進金融改革，完善市場機制和調控機制，使市場在資源配置中起決定性作用，更好發揮政府作用。一是深入推進利率市場化改革。在有序放開存貸款利率管制的同時，努力培育金融市場基準利率體系的形成，健全市場利率定價自律機制，完善中央銀行利率調控和傳導機制，推動貨幣政策從以數量型調控為主向以價格型調控為主轉變。二是堅定推進匯率市場化改革。發揮市場在匯率形成中的決定性作用，人民幣匯率彈性有所增強，市場供求決定人民幣匯率，保持了人民幣匯率在合理均衡水準上的基本穩定，使得匯率發揮宏觀經濟「自動穩定器」的作用。三是建立健全宏觀審慎政策框架。黨的十九大報告明確要求健全貨幣政策和宏觀審慎政策雙支柱調控框架。在宏觀審慎調控方面，中國人民銀行和中國的各監管部門應該說是走在了世界前列。近年來人民銀行有效實施宏觀審慎評估（MPA），跨境資本流動宏觀審慎管理和住房金融宏觀審慎管理體系已開始工作一段時間並在不斷完善。

第二，擴大金融業開放，提升金融業競爭能力。開放帶來進步，封閉必然落後。改革開放以來的實踐證明，越開放的領域，越有競爭力；越不開放的領域，越容易落後，而且還不斷累積風險。金融業開放有三條規律要遵循：一是金融業作為競爭性服務業，應遵循准入前國民待遇和負面清單原則。二是金融業對外開放須與匯率形成機制改革和資本項目可兌換進程相互配合，共同推進。三是金融業開放要與防範金融風險並重，金融開放程度要與金融監管能力相匹配。如果我們遵循這些規律，就會不斷將金融業開放推向前進。一是放寬金融業准入限制。我們已放寬了外資金融服務公司開展信用評級服務限制，明確了銀行卡清算機構外資准入政策，同時進一步放寬銀行、證券和保險業股比限制。未來還將繼續推進放寬市場准入等一系列的改革。當然，放寬或取消外資股比限制，並不意味著不要監管，外資機構准入或開展業務時，仍應按照相關法律進行和內資機構一樣的審慎監管。所以我們放開股比限制，實際上是內外資一視同仁，內外資受到同樣的審慎監管。二是穩步推進人民幣國際化。人民幣於 2016 年 10 月 1 日正式加入 SDR。人民幣跨境使用基礎設施也在進一步完善，跨境支付系統（CIPS）一期已上線運行，二期預計近期上線。未來我們還將有序推進資本項目開放，提高人民幣可自由使用程度。三是提升金融市場雙向開放程度。債券市場方面，推出了「債券通」。股票市場方面，先後推出了

「滬港通」「深港通」。繼去年6月明晟公司宣布將A股納入MSCI指數之後，今年3月23日，彭博宣布將逐步把中國債券正式納入彭博巴克萊全球綜合債券指數。外匯市場方面，不斷擴大對境外交易主體開放力度。下一步還將全面實施市場准入負面清單制度，繼續推動金融市場的雙向開放。

第三是防範化解重大風險，保持整個金融業的穩定。

黨的十九大把防範化解重大風險作為全面建成小康社會決勝期三大攻堅戰的首位。目前中國面臨的一些潛在金融風險主要體現為：一是宏觀上仍然存在高槓桿風險。特別是企業部門槓桿率依然較高，部分國有企業槓桿率居高不下，地方政府隱性債務問題、居民部門槓桿率較快上升都值得關注。二是部分領域和地區金融「三亂」問題仍然突出。例如，不規範的影子銀行快速上升勢頭雖有所遏制但存量仍較為龐大；一些機構在沒有取得金融牌照情況下非法從事金融業務，部分非法金融活動憑藉金融創新和互聯網金融之名迅速擴張等。三是少數野蠻生長的金融控股集團存在風險。抽逃資本、循環註資、虛假註資以及通過不當關聯交易進行利益輸送等問題較為突出，帶來跨機構跨市場跨業態傳染風險。

對於這些風險，我們要提高警惕，但同時應當看到，中國有很好的條件做好金融風險防控工作。一是我們有社會主義市場經濟的制度優勢。二是我們有改革開放四十年累積的雄厚物質基礎。三是我們有市場化、法治化處置金融風險的豐富經驗。下一步，我們將繼續按照黨中央、國務院的統一部署，穩中求進，依法合規打好防範化解重大風險的攻堅戰，堅決守住不發生系統性風險底線。具體來看：一是穩住宏觀槓桿。健全貨幣政策和宏觀審慎政策雙支柱調控框架，加強宏觀審慎管理，提高系統性風險防範能力。大力發展多層次資本市場，穩步提高直接融資比重。通過市場化債轉股、推進混合所有制改革、發展直接融資、強化資本約束、規範表外業務與通道類業務等多種方式，使社會整體債務增長較快的情況進一步平穩下來，抑制風險隱患累積。二是深化金融和其他關鍵領域改革。認真貫徹落實《深化黨和國家機構改革方案》，深化金融監管體制改革。從防範系統性風險角度支持財稅體制改革，健全地方政府債務融資新體制。完善金融企業公司治理，增強國有企業債務約束。完善房地產金融調控政策，推動建立防範金融風險的長效機制。三是加強和改進金融監管，盡快補齊監管短板。進一步明確「監管姓監」，優化監管力量，嚴格監管執法，抓緊出抬金融機構資產管理業務指導意見、非金融企業投資金融機構指導意見、金融控股公司監管辦法等審慎監管基本制度。四是堅決取締非法金融活動。強化金融風險源頭管控，加強金融領域准入管理，清理整頓各類無照經營

和超範圍經營金融業務，未經金融管理部門批准，不得從事或變相從事金融業務。

今年是中國改革開放四十週年，注定將是不平凡的一年，做好金融工作任重而道遠。我們要以習近平新時代中國特色社會主義思想為指導，把握中國發展新的歷史方位，緊扣社會主要矛盾的變化，貫徹新發展理念，推動經濟高質量發展，精心實施好穩健中性的貨幣政策，穩步推進金融業改革開放，堅決打好防範重大風險的攻堅戰，保持金融業平穩健康發展。

謝謝大家！

（資料來源：中國人民銀行官網）

## 附錄十二
## 中國人民銀行 工業和信息化部 銀監會 證監會 保監會 關於金融支持製造強國建設的指導意見

為貫徹落實黨的十八大和十八屆三中、四中、五中、六中全會精神，按照《中國製造2025》《國務院關於深化製造業與互聯網融合發展的指導意見》等要求，進一步建立健全多元化金融服務體系，大力推動金融產品和服務創新，加強和改進對製造強國建設的金融支持和服務，現提出如下意見：

### 一、高度重視和持續改進對製造強國建設的金融支持和服務

（一）堅持問題導向，著力加強對製造業科技創新、轉型升級和科技型中小製造企業的金融支持。製造業是實體經濟的主體，是科技創新的主戰場，是供給側結構性改革的主攻領域。當前，中國製造業仍存在大而不強，創新能力弱，關鍵核心技術與高端裝備對外依存度高等問題。金融部門應聚焦製造業發展的難點痛點，堅持區別對待、有扶有控原則，不斷優化金融支持方向和結構，著力加強對製造業科技創新和技術改造升級的中長期金融支持，積極拓寬技術密集型和中小型製造業企業的多元化融資渠道，促進製造業結構調整、轉型升級、提質增效和由大變強。

（二）突出支持重點，改進和完善製造業重點領域和關鍵任務的金融服務。金融部門要緊緊圍繞《中國製造2025》重點任務和「1+X」規劃體系，改進和完善金融服務水準。探索為製造業創新中心等公共服務平臺提供創新型、多元化融資服務，支持關鍵共性技術研發和科技成果轉化應用。著

力加強對核心基礎零部件等「四基」企業的融資支持，促進提升工業基礎水準。切實加強對企業技術改造中長期貸款支持，合理安排授信期限和還款方式，支持製造業兩化融合發展和智能化升級。大力發展綠色金融業務，促進製造業綠色發展。積極運用信貸、租賃、保險等多種金融手段，支持高端裝備領域突破發展和擴大應用。加強對工業互聯網重點項目的金融支持力度，支持製造業個性化定制和服務型製造。

**二、積極發展和完善支持製造強國建設的多元化金融組織體系**

（三）發揮各類銀行機構的差異化優勢，形成金融服務協同效應。開發性、政策性金融機構要在重點領域和薄弱環節切實發揮引領作用，在業務範圍內以財務可持續為前提，加大對重大項目、重大技術推廣和重大裝備應用的融資支持。全國性商業銀行要積極發揮網絡渠道、業務功能協同等優勢，為製造業企業提供綜合性金融服務，不斷改進和提升對中小型製造業企業金融服務的質量效率。地方法人金融機構要注重發揮管理半徑短、經營機制靈活等優勢，立足當地，服務中小，積極開發針對中小型製造業企業的特色化、專業化金融產品和服務。

（四）完善銀行機構組織架構，提升金融服務專業化水準。鼓勵有條件的金融機構探索建立先進製造業融資事業部制，加強對信息技術、高端裝備、新材料、生物醫藥等戰略重點行業的專業化支持。鼓勵符合條件的銀行業金融機構在新型工業化產業示範基地等先進製造業聚集地區設立科技金融專營機構，在客戶准入、信貸審批、風險偏好、業績考核等方面實施差異化管理。積極推動小微企業專營機構建設，圍繞製造業中量大面廣的小微企業、民營企業，提供批量化、規模化、標準化的金融服務。要完善小微企業授信工作盡職免責管理制度，激勵基層機構和信貸人員支持中小微製造業企業發展。

（五）規範發展製造業企業集團財務公司。支持符合條件的製造業企業集團設立企業集團財務公司，充分發揮財務公司作為集團「資金歸集平臺、資金結算平臺、資金監控平臺、融資營運平臺、金融服務平臺」的功能，有效提高企業集團內部資金運作效率和精細化管理水準。鼓勵具備條件的製造業企業集團財務公司在有效防控風險的前提下，通過開展成員單位產品的買方信貸、消費信貸和融資租賃服務，促進集團產品銷售。穩步推進企業集團財務公司開展延伸產業鏈金融服務試點工作，通過「一頭在外」的票據貼現業務和應收帳款保理業務，促進降低產業鏈整體融資成本，更好的支持集團主業發展。

（六）加快製造業領域融資租賃業務發展。積極支持符合條件的金融機構和製造業企業在製造業集聚地區，通過控股、參股等方式發起設立金融租賃公司，支持大型飛機、民用航天、先進軌道交通、海洋工程裝備和高技術船舶、智能電網成套設備等高端裝備重點領域擴大市場應用和提高國際競爭力。大力發展直接租賃、售後回租等業務，充分發揮融資租賃業務支持企業融資與融物的雙重功能，通過「以租代購」、分期償還等方式，支持製造業企業實施設備更新改造和智能升級。積極發揮融資租賃「以租代售」功能，支持製造業企業擴大銷售和出口。

### 三、創新發展符合製造業特點的信貸管理體制和金融產品體系

（七）優化信貸管理體制。鼓勵金融機構圍繞製造業新型產業鏈和創新鏈，積極改進授信評價機制，創新金融產品和服務。合理考量製造業企業技術、人才、市場前景等「軟信息」，將相關因素納入銀行客戶信用評級體系，挖掘企業潛在價值。鼓勵有條件的金融機構在風險可控、商業可持續的前提下，結合企業「三表」「三單」「兩品」等非財務信息，運用信用貸款、知識產權質押貸款、股權質押貸款、應收帳款質押貸款和以品牌為基礎的商標專利權質押貸款等方式，積極滿足創新型製造業企業和生產性服務業的資金需求。

（八）大力發展產業鏈金融產品和服務。鼓勵金融機構依託製造業產業鏈核心企業，積極開展倉單質押貸款、應收帳款質押貸款、票據貼現、保理、國際國內信用證等各種形式的產業鏈金融業務，有效滿足產業鏈上下游企業的融資需求。充分發揮人民銀行應收帳款融資服務平臺的公共服務功能，降低銀企對接成本。鼓勵製造業核心企業、金融機構與人民銀行應收帳款融資服務平臺進行對接，開發全流程、高效率的線上應收帳款融資模式。研究推動製造業核心企業在銀行間市場註冊發行供應鏈融資票據。

（九）推動投貸聯動金融服務模式創新。穩妥有序推進投貸聯動業務試點，鼓勵和指導試點銀行業金融機構以投貸聯動方式，為科創型製造業企業提供持續資金支持，促進企業融資結構合理化，有效降低融資成本。建立銀行及其投資功能子公司、政府貸款風險補償基金、融資擔保公司、保險公司間的風險分擔和補償機制，有效降低銀行信貸風險。鼓勵銀行業金融機構與外部投資公司、各類基金開展合作，積極整合各自的資金、信息和管理優勢，探索多樣化的投貸聯動業務，促進銀企信息交流共享，實現合作共贏。

（十）完善製造業兼併重組的融資服務。推動金融機構對兼併重組企業

實行綜合授信。鼓勵金融機構完善併購貸款業務，在綜合考慮併購方的資信狀況、經營管理能力、財務穩健性、自籌資本金充足情況，以及併購標的的市場前景、未來盈利、併購協同效應等因素的基礎上，合理確定貸款期限和利率，支持企業通過兼併重組實現行業整合。允許符合條件的製造業企業通過發行優先股、可轉換債券、併購債券等方式籌集兼併重組資金。鼓勵證券公司、資產管理公司、股權投資基金以及產業投資基金等參與企業兼併重組，擴大企業兼併重組資金來源。

（十一）切實擇優助強，有效防控風險。銀行業金融機構要堅持獨立審貸、自主決策、自擔風險原則，擇優支持有核心競爭力的產業聚集區和企業，注重從源頭把控風險。要發揮銀行業同業溝通、協調、自律作用，通過聯合授信、銀團貸款等方式，形成融資協同效應，切實防止多頭授信、過度授信，避免一哄而上、重複建設形成新的過剩產能。支持製造業企業按照市場化、法制化原則實施債轉股，合理加大股權融資力度，加強企業自身債務槓桿約束，降低企業槓桿率。要穩妥有序退出過剩產能領域，對冶金、建材、石化化工、船舶等行業中有市場、有效益、有技術、經營規範的企業和技改項目，要支持其合理信貸需求。

**四、大力發展多層次資本市場，加強對製造強國建設的資金支持**

（十二）充分發揮股權融資作用。積極支持符合條件的優質、成熟製造業企業在主板市場上市融資，促進重點領域製造業企業做優做強。加快推進高技術製造業企業、先進製造業企業在中小企業板、創業板、全國中小企業股份轉讓系統和區域性股權交易市場上市或掛牌融資，充實中長期資本實力。在上市融資企業儲備庫裡，對創新能力強、成長性好的製造業企業重點扶持。支持製造業企業在境外上市融資，提升中國製造業企業的國際競爭力。鼓勵製造業企業通過資本市場併購重組，實現行業整合和佈局調整優化，支持中西部地區承接產業轉移。

（十三）促進創業投資持續健康發展。進一步完善扶持創業投資發展的政策體系，促進創業投資發展，有效彌補創新型、成長型製造業企業的融資缺口。鼓勵種子基金等各類創業投資基金、天使投資人等創業投資主體加大對種子期、初創期創新型製造業企業的支持力度，通過提供企業管理、商業諮詢、財務顧問等多元化服務，支持技術創新完成從科技研發到商業推廣的成長歷程。鼓勵創業投資基金、產業投資基金投向「四基」領域重點項目。發揮先進製造業產業投資基金、國家新興產業投資引導基金等作用，鼓勵建立按市場化方式運作的各類高端裝備創新發展基金。

(十四）支持製造業企業發行債券融資。充分發揮公司信用類債券部際協調機制作用，支持符合條件的製造業企業發行公司債、企業債、短期融資券、中期票據、永續票據、定向工具等直接融資工具，拓寬融資渠道，降低融資成本，調整債務結構。設計開發符合先進製造業和戰略新興產業特點的創新債券品種。支持高新技術產業開發區的園區營運機構發行雙創專項債務融資工具，用於建設和改造園區基礎設施，以及為入園入區製造業企業提供信用增信等服務。支持符合條件的優質製造業企業在註冊發行分層分類管理體系下統一註冊、自主發行多品種債務融資工具，提升儲架發行便利。

（十五）支持製造業領域資產證券化。鼓勵金融機構將符合國家產業政策、兼顧收益性和導向性的製造業領域信貸資產作為證券化基礎資產，發行信貸資產證券化產品。鼓勵製造業企業通過銀行間市場發行資產支持票據，以及通過交易所市場開展企業資產證券化，改善企業流動性狀況。大力推進高端技術裝備、智能製造裝備、節能及新能源裝備等製造業融資租賃債權資產證券化，拓寬製造業融資租賃機構資金來源，更好服務企業技術升級改造。在依法合規、風險可控的前提下，鼓勵符合條件的銀行業金融機構穩妥開展不良資產證券化試點，主動化解製造業過剩產能領域信貸風險。

### 五、發揮保險市場作用，助推製造業轉型升級

（十六）積極開發促進製造業發展的保險產品。進一步鼓勵保險公司發展企業財產保險、科技保險、專利保險、安全生產責任保險等保險業務，為製造業提供多方面的風險保障。鼓勵發展製造業貸款保證保險，支持輕資產科創型高技術企業發展壯大。大力發展產品質量責任保險，提高中國製造品牌信任度。深入推進首臺（套）重大技術裝備保險補償機制試點工作，推動重大技術裝備和關鍵零部件市場化應用。研究啟動重點新材料首批次保險補償機制試點工作。鼓勵地方政府結合本地實際，建立符合本地製造業發展導向的保費補貼和風險補償機制。

（十七）擴大保險資金對製造業領域投資。積極發揮保險長期資金優勢，在符合保險資金運用安全性和收益性的前提下，通過債權、股權、基金、資產支持計劃等多種形式，為製造業轉型升級提供低成本穩定資金來源。支持保險機構投資製造業企業發行的優先股、併購債券等新型金融工具。鼓勵保險機構與銀行業金融機構共享信息、優勢互補，合作開展製造業領域股債結合、投貸聯動等業務。鼓勵有條件的保險機構投資設立製

業保險資產管理機構。允許保險資金投資製造業創業投資基金等私募基金。擴大中國保險投資基金對製造業轉型升級項目的投入。

### 六、拓寬融資渠道，積極支持製造業企業「走出去」

（十八）拓寬製造業「走出去」的融資渠道。金融機構要根據企業「走出去」需要，進一步優化完善海外機構佈局，提高全球化金融服務能力。要積極運用銀團貸款、併購貸款、項目融資、出口信貸等多種方式，為製造業企業在境外開展業務活動提供多元化和個性化的金融服務。支持「走出去」企業以境外資產和股權等權益為抵押獲得貸款，提高企業融資能力。支持製造業企業開展外匯資金池、跨境雙向人民幣資金池業務，支持製造業企業在全口徑跨境融資宏觀審慎管理政策框架下進行跨境融資。支持符合條件的境內製造業企業利用境外市場發行股票、債券和資產證券化產品。

（十九）完善對製造業企業「走出去」的支持政策。不斷優化外匯管理，滿足製造業企業「走出去」過程中真實、合理的購匯需求。支持製造業企業在對外經濟活動中使用人民幣計價結算，優化對外人民幣貸款項目管理，鼓勵企業使用人民幣對外貸款和投資。推動設立人民幣海外合作基金，為製造業企業「走出去」項目提供成本適當的人民幣貸款或投資。鼓勵進一步擴大短期出口信用保險規模，加大對中小微企業和新興市場開拓的保障力度。發揮好中長期出口信用保險的風險保障作用，實現大型成套設備出口融資應保盡保。

### 七、加強政策協調和組織保障

（二十）深入推動產業和金融合作。建立和完善工業和信息化部、人民銀行、銀監會信息共享和工作聯動機制，加強產業政策與金融政策的溝通協調。建立產融信息對接合作平臺，促進產業政策信息、企業生產經營信息、金融產品信息交流共享。探索對製造業部分重點行業建立企業「白名單」制度，為金融機構落實差別化的信貸政策提供參考依據。開展產融合作城市試點，促進試點城市聚合產業資源、金融資源、政策資源，支持製造強國建設，鼓勵和引導產融合作試點城市探索產業與金融良性互動、實現互利共贏。

（二十一）加大貨幣信貸政策的支持力度。保持貨幣政策穩健中性，綜合運用多種流動性管理工具，加強預調微調，保持流動性水準合理適度，引導貨幣信貸平穩增長，營造良好的貨幣金融環境，為製造業企業加強技術創新、實現轉型升級創造有利的外部條件。充分發揮再貸款、再貼現等

貨幣政策工具的正向激勵作用，對支持製造業轉型升級工作成績突出的金融機構要優先予以支持。進一步引導銀行業金融機構完善存貸款利率定價機制，增強自主理性定價能力，合理確定對製造業企業的貸款利率水準。

（二十二）優化政策配套和協調配合。鼓勵地方政府通過設立產業引導基金、股權投資引導基金，按照政府引導、市場化運作、專業化管理的原則，加大對先進製造業的投資力度，撬動各類社會資本支持製造業轉型升級。積極探索多樣化的信貸風險分擔機制，通過設立風險補償基金、政府性擔保基金、應急轉貸基金等方式，支持金融機構加大製造業領域的信貸投入。進一步完善銀行與融資擔保機構的合作機制，建立合理的企業貸款風險分擔和利率協商機制。進一步加強社會信用體系建設，對惡意逃廢債行為要給予嚴厲打擊，維護金融機構合法權益。

（二十三）加強監督引導和統計監測。建立金融支持製造強國建設工作的部際協調機制，加強信息溝通和監督引導。人民銀行分支機構、銀監會、證監會、保監會派出機構要根據當地產業發展實際情況，適時研究制定配套金融政策措施，切實加強對金融機構的指導。要依託行業主管部門支持，研究建立支持製造強國建設的金融統計制度，進一步加強對高技術製造業、先進製造業融資情況的統計監測分析。

請人民銀行上海總部，各分行、營業管理部、省會（首府）城市中心支行、副省級城市中心支行會同所在省（區、市）工業和信息化主管部門、銀監局、證監局、保監局等部門，將本意見聯合轉發至轄區內相關機構，並協調做好本意見的貫徹實施工作。

# 後　記

　　近年來,從國際看,國際經濟金融風險溢出不斷增大,經濟增長動力不足,特別是「黑天鵝事件」頻現,成為影響全球經濟增長的最大不確定性因素;宏觀金融風險、市場主體風險和金融市場風險交織,非法金融活動問題突出。中國日後金融穩定工作任務更加艱鉅,金融穩定系統要將思想和認識,把防控金融風險放到更加突出的位置。要加強重點領域風險防控,進一步摸清風險底數,堅決整治金融亂象,更加重視防範風險交叉傳染和系統性金融風險。要繼續深化金融業改革開放,積極參與全球金融治理。穩步推進金融改革,完善市場機制和調控機制,使市場在資源配置中起決定性作用,更好發揮政府作用。但是,我們也應該清楚地認識到,系統性風險的爆發往往只在轉瞬之間。抑制銀行體系內風險隱患的累積,是一個任重而道遠的過程,也是一個十分值得研究的課題。

　　基於此,本書主要討論了近年來對中國社會發展具有重大影響的若干宏觀政策對商業銀行風險承擔行為的影響,以瞭解各類宏觀政策對商業銀行經營過程中風險累積的影響和商業銀行對待不同政策給予的反應和態度,從而更加科學地加強宏觀審慎管理,提高政策制定者對中國金融系統性風險防範水準的預判能力。

　　在書稿完成之際,我不禁想到,在我人生最為輝煌的四年青春時間裡,一邊擔任大學講師的教學與科研工作,一邊完成了金融學博士階段的課程學習和科研要求。大量的文獻閱讀和講座讓我領略到了專業知識的魅力,

增強了科研工作的信心，而對統計軟件的學習和學術論文的寫作又讓我品嘗了科研的艱辛。不得不承認，這四年是一個雜糅了挑戰、艱辛、挫折和喜悅的複雜過程。我只能說自己並不後悔當初的選擇，因為我從優秀的老師和同學身上學到了很多金融學的理論知識與實踐經驗。回顧這些年科研生涯，我最大的收穫是建立了系統性和科學化的科研思路與學術論文寫作方法，對中國商業銀行與金融體系的研究更加深入與系統，這不僅有助於我對所研究的金融領域建立更深層次的理解與認知，還有助於在金融市場有效防範系統性風險的研究得以繼續。

　　謹以此書獻給帶給我無盡溫暖的家人們。

鐘　晨

國家圖書館出版品預行編目（CIP）資料

中國宏觀政策下的商業銀行風險承擔行為：實踐、經驗與挑戰 / 鐘晨、吳雄 著 . -- 第一版. -- 臺北市：財經錢線文化, 2019.10
　　面；　公分
POD版

ISBN 978-957-680-379-6(平裝)

1.商業銀行 2.風險管理

562.5　　　　　　　　　　　　　　　　　　　　108016724

書　　名：中國宏觀政策下的商業銀行風險承擔行為：實踐、經驗與挑戰
作　　者：鐘晨、吳雄 著
發 行 人：黃振庭
出 版 者：財經錢線文化事業有限公司
發 行 者：財經錢線文化事業有限公司
E-mail：sonbookservice@gmail.com
粉絲頁：　　　　　網址：
地　　址：台北市中正區重慶南路一段六十一號八樓 815 室
8F.-815, No.61, Sec. 1, Chongqing S. Rd., Zhongzheng Dist., Taipei City 100, Taiwan (R.O.C.)
電　　話：(02)2370-3310　傳　真：(02) 2388-1990
總 經 銷：紅螞蟻圖書有限公司
地　　址：台北市內湖區舊宗路二段 121 巷 19 號
電　　話：02-2795-3656 傳真:02-2795-4100　網址：
印　　刷：京峯彩色印刷有限公司（京峰數位）

本書版權為西南財經出版社所有授權崧博出版事業股份有限公司獨家發行電子書及繁體書繁體字版。若有其他相關權利及授權需求請與本公司聯繫。

定　　價：450元
發行日期：2019 年 10 月第一版
◎ 本書以 POD 印製發行